本研究受到以下项目资助

国家社科基金后期资助项目（12FYY019）

国家留学基金委项目（CSC201507150009）

中国博士后一等资助项目（2015M570424）

广东外语外贸大学出版资助项目

非对称性信息补偿假说

花园幽径模式的困惑商研究

杜家利 著

中国社会科学出版社

图书在版编目(CIP)数据

非对称性信息补偿假说：花园幽径模式的困惑商研究／杜家利著．—北京：中国社会科学出版社，2015.10

ISBN 978-7-5161-7004-5

Ⅰ.①非… Ⅱ.①杜… Ⅲ.①语言理解—研究 Ⅳ.①H0

中国版本图书馆 CIP 数据核字(2015)第 262421 号

出版人 赵剑英
责任编辑 刘志兵
责任校对 周 昊
责任印制 李寡寡

出 版 中国社会科学出版社
社 址 北京鼓楼西大街甲 158 号
邮 编 100720
网 址 http://www.csspw.cn
发行部 010-84083685
门市部 010-84029450
经 销 新华书店及其他书店

印刷装订 三河市君旺印务有限公司
版 次 2015 年 10 月第 1 版
印 次 2015 年 10 月第 1 次印刷

开 本 710×1000 1/16
印 张 20.25
插 页 2
字 数 338 千字
定 价 70.00 元

序　言

1970年，贝弗（T. G. Bever）在《语言结构的认知基础》[1]一文中指出，在英语中存在一种叫作"花园幽径句"（garden path sentence）的特别句子。例如，"The horse raced past the barn fell"（跑过饲料房的马倒下了）这个句子。当我们读到前一段"The horse raced past the barn"（马跑过了饲料房）的时候，绝大多数人都以为这已经是一个完整的句子了，raced作为主要动词，是句子的谓语。只有极少数人，才会想到raced还可能作为horse的定语，修饰名词horse。但是，当我们继续往下读，读到另外一个动词fell的时候，才恍然大悟，raced原来并不是句子中的主要动词，它是修饰名词horse的，而最后读到的fell才是这个句子中的主要动词。对于前一段句子，大多数人原来认为是正确的理解最后却是错误的，而少数人认为可能是错误的理解最后却是正确的。我们理解这样的句子的过程真是一波三折，道路极为坎坷。

我们在理解这个句子的时候，正如我们走进一个风景如画的花园，要寻找这个花园的出口，大多数人都认为出口一定在花园的主要路径的末端，因此可以信步沿着主要路径自然而然地、悠然自得地走向花园的出口。正当我们沿着花园中的主要路径欣赏花园中的美景而心旷神怡的时候，突然发现这条主要路径是错的，它并不通向花园的出口。能够通向花园出口的正确的路径，却是在主要路径旁边的另一条几乎被游人遗忘的毫不起眼的荒僻的幽径。因此，贝弗把这样的句子叫作"花园幽径句"。

对于这样的花园幽径句，我们在读到fell之前与读到fell之后，可以发现句子的结构发生了巨大的变化。因而在理解这种句子的过程中，我们

---

① T. G. Bever, "The cognitive basis for linguistic structures", in J. R. Hayes (ed.), *Cognition and the Development of Language*, New York: John Wiley and Sons, 1970, pp. 279 – 352.

往往会有扑朔迷离、难以捉摸的感觉。而当我们读到句子的结尾时才恍然大悟。这时我们又常常会产生“山重水复疑无路，柳暗花明又一村”的清新之感。

“花园幽径句”的提出，引起了学术界对语言结构认知基础研究的兴趣。后来，学者们发现在英语中还存在着如下的花园幽径句：

“The complex houses married and single students and their families.”（综合建筑物中住着结婚的和独身的大学生以及他们的家庭。）

在读到“The complex houses”时，大多数人会以为这是一个名词词组，complex 是形容词，它修饰名词 houses。但是当继续往下读，句子中出现 married and single 的时候，会感到非常迷惘，不明白究竟是什么意思。最后读到句子末尾的时候，才恍然领悟到 complex 不应该理解为形容词而应该理解为名词。而 houses 也不应该理解为名词，而应该理解为动词。这时，整个句子的意思才真相大白。

在这个花园幽径句中，我们往往会按照常规的方式，错误地把 complex 分析为形容词，把 houses 分析为名词，但正确的结果却应该把 complex 分析为名词，把 houses 分析为动词，尽管这样的分析是非常规的，是大多数人不愿意做的。可是，这样的非常规分析却恰恰是正确的分析。

1993 年，特鲁斯威尔（J. C. Trueswell）等在《句子处理中动词的特定约束：花园幽径句中词语优先性的分离效应》[①] 中，讨论了如下的花园幽径句：

“The student forgot the solution was in the back of the book.”（学生们忘记了答案在这本书的背面。）

在读到“The student forgot the solution”的时候，大多数人按照常规的方式，会认为这是一个“主谓宾”齐全的句子，solution 是动词 forget 的宾语，句子已经结束了。可是，继续往后看，后面还有 was，就马上感到迷惘，一直读到句子末尾时，才恍然领悟到动词 forget 后面的成分原来不是一个单独的名词词组 the solution，而是一个宾语从句“the solution was in the back of the book”。

---

① J. C. Trueswell, M. K. Tanenhaus, C. Kello, “Verb - specific constraints in sentence processing: separating effects of lexical preference from garden-paths”, *Journal of Experimental Psychology: Learning, Memory, and Cognition*, 1993, 19 (3), pp. 528 - 553.

在这个花园幽径句中，大多数人往往把“the solution”分析为“forgot”的直接宾语，而实际上“the solution”却应该分析为 forget 的宾语从句中的主语。从 forget 的宾语的优先性来看，forget 优先要求 NP 做直接宾语（VP →V NP），其次才是要求从句做宾语（VP →V S）。但是，在这个花园幽径句中，优先要求的 NP 做 forget 的直接宾语恰恰是错误的分析结果，而其次才要求的宾语从句做 forget 的宾语却是正确的分析结果。

通过对上面三个例句的分析，我们可以归纳出花园幽径句具有如下三个特性：

第一，花园幽径句是临时的歧义句，整个句子是没有歧义的，但是，这个句子的前段是有歧义的。

第二，当人在理解花园幽径句前面的歧义段的过程中，不同的歧义结果之间存在优先性差异，有的歧义解释是人们所乐于接受的，有的歧义解释是人们不太愿意接受的。

第三，人们不愿意接受的解释恰恰是这个花园幽径句的正确分析结果。

花园幽径句是临时的歧义句，这种特殊句子的研究与自然语言中的歧义现象（Ambiguity）有着密切的关系。

过去，我曾经提出“潜在歧义论”（Potential Ambiguity Theory，简称 PA 论）来解释自然语言中歧义现象。[①] 潜在歧义论是对中国著名语言学家朱德熙教授对“歧义格式”概念的进一步发展。

朱德熙教授在《汉语句法中的歧义现象》一文中，曾经提出“歧义格式”这个概念。他认为，句子的歧义“是代表了这些句子的抽象的‘句式’所固有的”[②]。因此，他主张用“歧义格式”来概括汉语中的同形歧义结构。朱德熙教授的这种见解是很有价值的，因为语言中的任何一个有结构歧义的形式，都不是孤零零地存在的，它往往代表具有某种格式的许许多多形式。分析歧义格式是研究歧义的必要途径。

朱德熙教授关于“歧义格式”的见解有不完全之处。我在自然语言处理的研究中发现，歧义格式所反映的类别歧义，在具体的语言中有时存

---

① Feng Zhiwei, “On Potential Ambiguity in Chinese Terminology”, *Proceedings of TSTT'91*, Beijing.

② 朱德熙：《汉语句法中的歧义现象》，《现代汉语语法研究》，商务印书馆 1980 年版。

在，有时并不存在。当我们把具体的单词代入歧义格式的范畴符号（也就是类别符号）中，而使歧义格式变为具体的句子和词组的时候，有的句子或词组中仍然可以保持歧义格式原有的歧义，而在有的句子或词组中，歧义格式原有的歧义却消失了。这说明，在研究同形歧义问题时，我们归纳概括出来的歧义格式中所反映的歧义，并不是现实的歧义，而是一种潜在的歧义；当用具体的单词去替换歧义格式中的范畴符号时，在所形成的具体的句子或词组中，这种潜在歧义有可能继续保持，也有可能不再继续保持而消失得无影无踪了。朱德熙教授关于“歧义格式”的概念，无法解释这种带有普遍性的语言现象。

因此，我才提出了“潜在歧义论”①，来弥补朱德熙的“歧义格式”概念的不足。在“潜在歧义论”中，我详细地说明了，当我们在自然语言的歧义研究中，把具体的歧义词组或歧义句子概括为某种抽象的歧义格式的时候，这种抽象的歧义格式中所包含的歧义只是一种潜在的歧义。这种潜在的歧义在该歧义格式被替换为其他的词组或句子时，有可能继续保持，也有可能消失。这是自然语言歧义格式研究区别于自然语言一般句法研究的一个重要特点。我们把用具体的实际的单词来替换潜在歧义结构中的抽象的词类语法范畴的过程，称为潜在歧义结构的“实例化”（instanciation）。潜在歧义结构必须在实例化之后，才能成为现实的歧义结构。

通过对花园幽径句的研究，我们又进一步发现，在潜在歧义结构实例化的过程中，不仅潜在歧义结构需要在实例化之后才能判定是否真正有歧义，而且，实例化所得到的各种不同的歧义解释之间，还存在着优先性。有的解释是优先的，有的解释是非优先的。在理解歧义句子的过程中，由于人们的记忆容量有限，人们总是乐于选择优先的歧义解释作为句子的正确解释。而在花园幽径句中，正确的解释恰恰是非优先的解释。人们理解句子的过程出现重大转折，因而形成花园幽径句。我们对于潜在歧义结构实例化中各种不同的歧义解释优先性的研究，又把我原来提出的“潜在歧义论”推进了一步。② 这是潜在歧义论的新发展。

杜家利是我的博士研究生，他在读博士之前就关注到花园幽径句这种

---

① 冯志伟：《论歧义结构的潜在性》，《中文信息学报》1995 年第 2 期。

② 参见冯志伟《花园幽径句的自动分析算法》，《当代语言学》2003 年第 5 期，第 339—349 页。

独特的语言现象。在读博士学位期间，他潜心研究了花园幽径现象。在本书中，他提出了“非对称性信息补偿假说”（Asymmetric Information Compensation Hypothesis），尝试利用“困惑商”（Confusion Quotient）这一概念来解释语言理解过程中出现的花园幽径现象。

非对称性信息补偿假说认为，人类语言理解的过程就是试探性提取认知存留模式的过程，涉及词汇、句法、语义和语用多个层面；花园幽径句的困惑商指数可反映认知解码的难易程度。通过分析花园幽径句潜在歧义的产生和重新解码的困难，杜家利博士在本书中探讨了不对称信息的补偿过程，即信息接收者如何接纳对称的潜藏信息而忽略不对称的显著信息。他指出，花园幽径句的解码过程是一种非常规的解码过程。在这个过程中，信息的接收者被潜在歧义引入歧途，解码信息逐渐偏离常规，加重了认知负荷的不对称现象，直至解歧点出现，信息的接收者才从解歧点获取解读不对称信息的补偿性编码，并从潜在歧义中折返至常规，从而实现信息的对称。杜家利博士的这种解释很新颖，深入到了语言认知的层面，具有明显的创新性，也比我自己过去对于花园幽径现象的解释更胜一筹。

杜家利博士的专著就要出版了，我对本书的出版表示热烈的祝贺，写出了上面这些不成熟的想法，作为本书的序言。希望杜家利博士再接再厉，继续探索自然语言的奥秘，在语言学研究中取得更大的成就。

冯志伟

于杭州市余杭区章太炎故居近侧

2014 年 8 月

目　录

图目录

表目录

第一章 花园幽径模式简介

歧义普遍存在于人类语言中，主要分显性和隐性两类。前者是自动的、潜意识的，认知解码是“多车道单向通行”的多元兼容模式，可称为“通达性歧义”。后者通常是受控的、有意识的，认知解码是“单车道单向通行”的独立排他模式，可称为“潜在性歧义”。本章主要讨论具有潜在歧义的花园幽径模式。

花园幽径句是指包含潜在歧义的句子集合，是花园幽径模式在句法层面存在的语义流中途折返、另路通过的特殊语义短路现象。对具有认知过载和行进错位特性的花园幽径句来说，错误解码通常来源于信息发出者与接收者的信息不对称。当这种不对称随着解歧点的出现而呈现趋同的对称状态时，认知系统的信息补偿机制启动，接收者获取到便于正确解码的更多信息，直至顺利完成解码。

汉语是通过虚词和词序来表达语法意义的语言，这与利用屈折变化来表达的英语形成了较大的对比。但在语言加工中，两者都存在信息不对称所导致的花园幽径模式。

汉语中的词组类型结构（phrase type structure）、句法功能结构（syntactical functional structure）和逻辑语义结构（logic semantic structure）在语言加工中相互重叠，形成了特有的“潜在歧义理论”（Potential Ambiguity Theory）（冯志伟，1989、1995、2005），构成了汉语特色的花园幽径模式。

例 1－1 我明天有计算语言学的课。

例 1－2#我明天有计算语言学的课才怪。①

---

① 为便于区分和对比，本书采用 Gibson（1991）的标注方法，将所有花园幽径句或可能解读有误的句子在句首标注“#”。

上例“我明天有计算语言学的课”中，“我”既可以是施事，实施讲授课程的教师功能，也可以是“受事”，履行听课的学生本分，两种解码模式并行不悖，所以在没有具体语境支撑下不管哪种解释都能够在发出者与接收者间实现信息对称。

对照例“我明天有计算语言学的课才怪”中，解歧点“才怪”出现前，接收者认知系统逐渐构建与上例相同的解码模式并形成虚拟的信息对称。但解歧点出现后，信息伪对称局面被颠覆，强烈的信息不对称迫使认知系统激活被抑制的信息补偿机制，弥合先期错误解码带来的信息鸿沟。该过程经历了认知过载和行进错位的跌宕起伏，形成了花园幽径效应。

英语语言句子处理中存在很多变量，包括句法因素、词汇预期、语言经历等。对英语花园幽径模式的批判性研究推进了语言处理的进步。许多学者专注于多个制约因素的互动效应以全面理解整个处理过程。(Frazier and Rayner, 1982; Frazier, 1989; MacDonald, 1994; Trueswell et al., 1994; Boland et al., 1995; Pearlmutter and MacDonald, 1995)

在认知模型构建影响下，英语句法处理常被认为是结构的渐进式处理，符合句法树形结构复杂性的一般原则。句法信息是影响初始解码模式的关键因素，而且基于句法的讨论也是解决花园幽径句的有效途径(Frazier and Fodor, 1978)。英语中的花园幽径模式具有独特的句法嵌套特点。

例 1－3 The sniper saw the murder suspect on the hill with the telescope.

例 1－4 # The horse raced past the barn fell. (Bever, 1970)

例 1－5 The horse that was raced past the barn fell. (Bever, 1970)

例 1－6 The horse sent past the barn fell. (Bever, 1970)

例 1－7 The horse that was sent past the barn fell. (Bever, 1970)

例 1－8 The horse stumbled past the barn and fell. (Bever, 1970)

在上面的例句中，“The sniper saw the murder suspect on the hill with the telescope”有 5 种不同解释的通达性歧义，每种解码都具有达到信息对称的可能，类似在并行的 5 个同行车道上疾驰，彼此的存在不以对方退出为前提。具体请见表 1－1。

表 1－1　　　　with 与 on 多信息对称的通达歧义组合

with 歧义 / on 歧义	saw... with the telescope	the murder suspect... with the telescope	the hill with the telescope
[saw [the murder suspect on the hill] NP] VP	(1) 用望远镜看到山上的杀人嫌犯	(2) 看到山上的拿着望远镜的杀人嫌犯	(3) 看到在装有望远镜山上的杀人嫌犯
[[saw the murder suspect] VP [on the hill] PP] VP	(4) 在山上用望远镜看到杀人嫌犯	(5) ＊＊（在山上看到拿着望远镜的杀人嫌犯）	(6) 在装有望远镜的山上看到杀人嫌犯

如表 1－1 所示，前三种解码模式中“on the hill”都修饰“the murder suspect”，构成 [the murder suspect on the hill] NP 结构。

第一种解码模式，“with the telescope”修饰“saw”，构成 [[saw the murder suspect on the hill] VP [with the telescope] PP] VP 结构，整句句法结构为 [[[The] DET [sniper] N] NP [[saw] V [[[the] DET [murder] N [suspect] N] NP [[on] P [[the] DET [hill] N] NP] PP] NP] VP [[with] P [[the] DET [telescope] N] NP] PP] S，中文翻译为“狙击手用望远镜看到了山上的杀人嫌犯”。

第二种解码模式，“with the telescope”修饰“the murder suspect”，构成 [[the murder suspect on the hill] NP [with the telescope] PP] NP 的结构，整句句法结构为 [[[The] DET [sniper] N] NP [[saw] V [[[the] DET [[[murder] N [suspect] N] NP [[on] P [[the] DET [hill] N] NP] PP] NP] NP [[with] P [[the] DET [telescope] N] NP] PP] NP] VP] S，中文翻译为“狙击手看到了山上的拿着望远镜的杀人嫌犯”。

第三种解码模式，“with the telescope”修饰“the hill”，构成 [[[the murder suspect] NP [on the [hill with the telescope] NP] PP] NP 的结构，整句句法结构为 [[[The] DET [sniper] N] NP [[saw] V [[[the] DET [[murder] N [suspect] N] NP] NP [[on] P [[the] DET [[hill] N [[with] P [[the] DET [telescope] N] NP] PP] NP] NP] PP] NP] VP] S，中文翻译为“狙击手看到了在装有望远镜山上的杀人嫌犯”。

后三种解码模式中“on the hill”都修饰“saw”，构成 [[saw the murder suspect] VP [on the hill] PP] VP 结构。

第四种解码模式，“with the telescope” 修饰 “saw”，构成 [[[saw the murder suspect] VP [on the hill] PP] VP [with the telescope] PP] VP 结构，整句句法结构为 [[[The] DET [sniper] N] NP [[[[saw] V [[the] DET [[murder] N [suspect] N] NP] NP] VP [[on] P [[the] DET [hill] N] NP] PP] VP [[with] P [[the] DET [telescope] N] NP] PP] VP] S，中文翻译为“狙击手在山上用望远镜看到了杀人嫌犯”。

第五种解码模式，“with the telescope” 按规则可用于修饰 “the murder suspect”，但在结构 [[saw the murder suspect] VP [on the hill] PP] VP + [with the telescope] PP 中只能形成与第四种解码模式重叠的 [VP + PP] VP 结构，而不能形成类似第二种解码模式的 [V [NP + PP] NP] VP 的结构。尽管中文有可能翻译为“狙击手在山上看到了拿着望远镜的杀人嫌犯”，但在句法结构中通常将 with the telescope 提到 on the hill 前才会如此，即 “The sniper saw the murder suspect with the telescope on the hill”。这与吉布森（1991）的分析是一致的。

第六种解码模式，“with the telescope” 修饰 “the hill”，构成的结构 [[saw the murder suspect] VP [on the [hill with the telescope] NP] PP] VP，整句句法结构为 [[[The] DET [sniper] N] NP [[[saw] V [[the] DET [[murder] N [suspect] N] NP] NP] VP [[on] P [[the] DET [hill with the telescope] NP] NP] PP] VP] S，中文翻译为“狙击手在装有望远镜的山上看到杀人嫌犯”。

在贝弗提出的这 5 个句子中，“The horse raced past the barn fell” 成为花园幽径模式研究的经典例句，其余 4 句都是为了衬托该句提出的对照句。解码的核心在于对动词 raced 的理解上。

在基于依存语法的统计关系解析器中，研究者可以凭借词对词的关系来确定语法字符的相对位置，并以此直观地讨论花园幽径模式。请见图 1－1 和图 1－2：

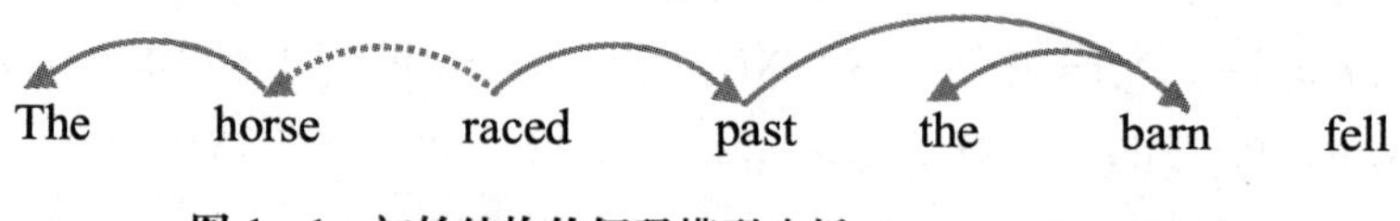

图 1－1　初始结构的解码模型分析（main verb model）

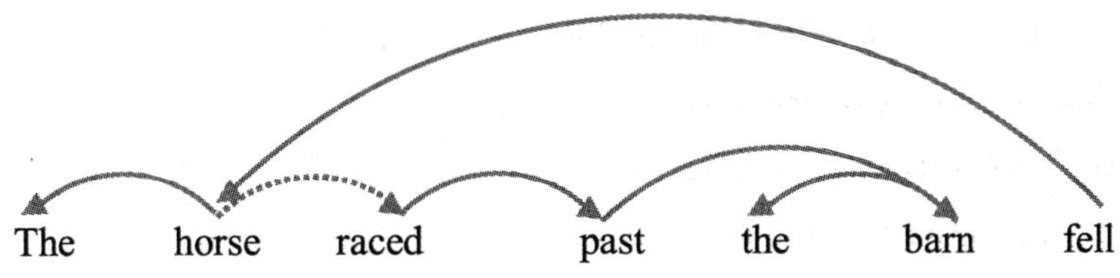

图 1－2 终极结构的解码模型分析（reduced relative model）

如图 1－1、图 1－2 所示，折返性回溯的直接结果是在人类临时记忆和认知中出现行进错位（processing breakdown）和暂时性潜在歧义。这两个图可以清晰地表明花园幽径模式是怎样进行回溯的，这与通达性歧义不同[①]。潜在歧义涉及重新解码后的语义唯一性而通达性歧义只产生语义的多重性。图 1－1 中动词“raced”被解码为主动词（MV：main verb），图 1－2 中被解码为从句动词（RR：reduced relative），花园幽径模式的产生源于动词“raced”在过去式[②]和过去分词使用频率的差异上（Burgess and Hollbach，1988）。花园幽径效应的颠覆性解释是合理的和可能的，词汇偏好可作为选择项过滤器，最小附着（minimal attachment）原则具有认知的首选性。（Frazier and Rayner 1982；Rayner and Frazier，1987）

英语是屈折语，具有较多的屈折变化。动词 raced、sent 和 stumbled 的形态既可能是过去式（past tense）也可能是过去分词（past participle）。如果是前者，在主句中就充当施事角色的谓语动词；如果是后者，则在从句中充当受事角色。根据规定语法（prescriptive grammar）的要求，及物动词（transitive verb）具有施事和受事双重角色功能而不及物动词（intransitive verb）只有施事功能。

我们以 LDOCE（Longman Dictionary of Contemporary English）（http：//www.ldoceonline.com）为信息源讨论该花园幽径句如何经历由信息不对称到对称的行进错位过程。请见三组动词释义对比：

race：

[intransitive，transitive always + adverb/preposition]

to move very quickly or take someone or something to a place very quickly：

---

① 国外文献通常把通达性歧义称为 global ambiguity，暂时性潜在歧义称为 local ambiguity.

② 本书中针对动词而言，采用过去式与过去分词相对；针对时态，采用过去时与现在时、将来时相对。

He raced into the village on his bike.

I had to race home for my bag.

race somebody to something etc

She was raced to hospital.

race to do something

He raced to meet her.

send:

[transitive always + adverb/preposition]

to arrange for someone to go to a place such as a school, prison, or hospital and spend some time there

send somebody to something

I can't afford to send my kid to private school.

He was sent to prison for five years.

send somebody away/off

I was sent away to school at the age of six.

send somebody on something

New employees are sent on a training course.

stumble:

[intransitive]

to hit your foot against something or put your foot down awkwardly while you are walking or running, so that you almost fall [= trip]:

In her hurry she stumbled and spilled the milk all over the floor.

stumble over/on

Vic stumbled over the step as he came in.

从上面的释义可以看出，动词及物和不及物状态都具有的 raced 有施事和受事双重角色。sent 只有及物状态，当后续成分不是宾语的时候（如 past the barn）唯一正确的解码方式是充当受事角色。stumbled 只有不及物状态且充当施事角色。这样，"The horse sent past the barn fell" 和 "The horse stumbled past the barn and fell" 在解码中信息很快实现对称，不会遇到加工困难。另外两句中引导词 "that" 的功能提示了动词 raced 和 sent

作为受事角色的功能，句子“The horse that was raced past the barn fell”和“The horse that was sent past the barn fell”在加工过程中也没有认知过载和行进错位效应的产生。

花园幽径句“The horse raced past the barn fell”的加工较为复杂，经历了解码信息由虚拟对称到不对称再过渡到重新对称的“否定之否定”的过程。源于不对称的信息断层造成强烈的认知落差，一旦补偿机制提供足量解码信息，便可形成顿悟的“啊哈”体验。花园幽径潜在歧义模式通常包括缺省、折返、通畅三个解码期。

初期信息虚拟对称形成缺省模式。我们通过对动词 raced 在现实语言中的应用来推测认知系统的缺省模式选择。英国国家语料库（British National Corpus，BNC）① 具有广泛的语料来源，收词量达到 1 亿词，涵盖了代表性的现代英语口语和书面语，以其为语料统计来源符合统计学取样要求。请见图 1－3。

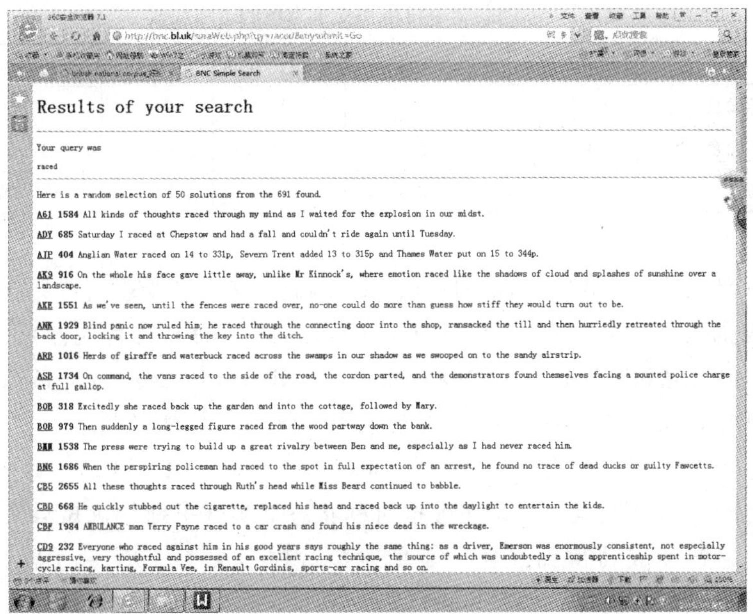

图 1－3　动词“raced”在英国国家语料库中随机取样截图

---

① http：//www. natcorp. ox. ac. uk.

我们在 BNC 中输入“raced”，返回如图 1－3 所示的随机样例。对样例进行标注分类。施事角色和受事角色分列两侧。频数结果得到如下比例：“施事∶受事＝46∶4”。根据统计学知识，非参数统计（nonparametric statistics）可对频数数据进行分析以判定是否存在选择的偏好模型。单样本卡方检验可用来测定“raced”施事角色和受事角色选择差异。请见公式：

$$X^2 = \sum \frac{(O - E)^2}{E} \quad \cdots\cdots\cdots\cdots\cdots\cdots\cdots\cdots\cdots\cdots\cdots\cdots (\text{公式 } 1)$$

X^2表示卡方值；O 表示观察频数（Observered Frequency），这里指实际统计的频数（如 46 和 4）；E 表示预期频数（Expected Frequency），这里指统计无差异时的平均频数（如 25）。如此可得到自由度 df（degree of freedom）为 1 时（即分类数减 1，此处为 2－1＝1），卡方值 $X^2_{(1)} = 35.28$，$p < .05$。

表 1－2　　**动词“raced”施事角色和受事角色的卡方检验**

分类	观察频数 O	预期频数 E	偏差 D	D^2	D^2/E
施事角色	46	25	21	441	17.64
受事角色	4	25	21	441	17.64
总计	50	50			35.28

统计结果 $p < .05$ 说明动词“raced”的施事角色和受事角色具有统计学意义的显著差异，施事角色具有认知解码的偏好性（即优先性），信息通常在优先通道首先通过并实现对称。在“The horse raced past the barn”的解码中，动词“raced”的施事角色得到认可，句法结构［［［The］DET［horse］N］NP［［raced］V［［past］P［［the］DET［barn］N］NP］PP］VP］S 得到构建，信息在虚拟对称状态下实现平衡，认知语义环路闭合，解码伪成功得到强化。信息虚拟对称形成了［NP＋［V＋PP］VP］S 初期缺省模式。

中期信息非对称性补偿形成折返模式。随着解码的继续，解歧点“fell”的出现打破了信息虚拟对称下的平衡，原来的句法结构和语义特征被颠覆。信息非对称加重认知负荷，由此形成的行进错位带来信息断层的强烈落差。认知系统被迫启动对原解码模式缺损信息进行快速修复补充的补偿机制。随着大量有效信息对信息断层的快速弥合，初期信息对称模式被否定，系统进入信息不对称的非平衡状态，直至返回到原处重新解码，形成折返模式。请见信息虚拟对称和信息非对称时的句法结构和语义特征对比①：

（信息虚拟对称时的句法加工和语义特征）

The horse raced past the barn.

The/DT horse/NN raced/VBD past/IN the/DT barn/NN

(ROOT
  (S
    (NP (DT The) (NN horse))
    (VP (VBD raced)
  (PP (IN past)
        (NP (DT the) (NN barn))))))

det (horse -2, The -1)

nsubj (raced -3, horse -2)

root (ROOT -0, raced -3)

prep (raced -3, past -4)

det (barn -6, the -5)

pobj (past -4, barn -6)

（信息不对称产生行进错位时的句法加工和语义特征）

The horse raced past the barn fell.

The/DT horse/NN raced/VBD past/JJ the/DT barn/NN fell/VBD

(ROOT
  (S
    (NP (DT The) (NN horse))
    (VP (VBD raced)

① 采用 Stanford Parser（http：//nlp. stanford. edu：8080/parser）进行剖析。具体的句法结构代码采用 Penn Treebank 词类标记集，请见附录。Stanford Parser 的依存关系代码及解析也请见附录。数字代表其在句子中的相对于首词的位置，如根（root）为（0），第一词为（1），第二词为（2），依此类推。

(SBAR[①]

(S

(NP (JJ past) (DT the) (NN barn))

(VP (VBD fell)))))))

det (horse - 2, The - 1)

nsubj (raced - 3, horse - 2)

root (ROOT - 0, raced - 3)

amod (barn - 6, past - 4)

det (barn - 6, the - 5)

nsubj (fell - 7, barn - 6)

ccomp (raced - 3, fell - 7)

由上面的对比可知，信息虚拟对称时的句法加工和语义特征都是平衡的，也就是说系统在 fell 出现前就已经实现了完全解码，句法和语义系统处于接近闭合状态。但是，全句潜在歧义随着 fell 的加入完全活化。

信息不对称时的句法加工发生了变化，请比较两次剖析中的方框部分。fell 出现前，[past the barn] PP 是介词短语做状语，修饰动词 raced，其中 past 被标注为 IN (Preposition)，这是可以实现信息对称的正确解释。fell 出现后，系统将 [past the barn fell] 标注为 SBAR (clausal complement)，即这是从句成分。其中 past 被标注为 JJ (Adjective)，fell 被标注为从句谓语的 (VBD: Verb, past tense)。形成的结构是 [[past the barn] NP [fell] VP] S，全句结构是 [[The horse] NP [raced [past the barn fell] S] VP] S。这与句法认知严重不符，导致解码信息断层。

与此相对应，依存关系也发生了颠覆。fell 出现前，动词 raced 与介词 past 形成依存关系为 prep (raced - 3, past - 4)，也就是说两者是 prep (prepositional modifier) 关系，介词 past 用来修饰动词 raced。介词 past 与名词 barn 形成依存关系为 pobj (past - 4, barn - 6)，两者是 pobj (object of preposition)，名词 barn 是介词 past 的介词宾语。fell 出现后，系统将名

---

① 根据 Robert MacIntyre 在 ftp://ftp.cis.upenn.edu/pub/treebank/doc/faq.cd2 的解释：SBAR (clausal complement, or clause introduced by subordinating conjunction)，具体解释请见附录。

词 barn 与动词 fell 依存关系解码为 nsubj（fell -7, barn -6），即 nsubj（nominal subject）名词主语关系，名词 barn 作为从句主语而动词 fell 作为从句谓语。动词 raced 和动词 fell 形成 ccomp（raced -3, fell -7）关系，即 ccomp（clausal complement）从句性补语关系，类似句子“I am certain that he did it”中 ccomp（certain, did）关系。也就是说动词 raced 和动词 fell 分别充当主句和从句的谓语动词。这与语义认知严重不符，导致解码信息断层。

这种由先前信息虚拟对称平衡到现在信息断层般不对称所引发的极端不符合语法的剖析结果导致了强烈的认知困惑，加重了负载和行进错位，形成花园幽径效应。认知系统对缺损信息进行弥合的补偿功能启动，句法和语义重新解构，回溯产生。

后期信息重新对称形成通畅模式。

（信息重新对称时的句法加工和语义特征）

The horse that was raced past the barn fell.

The/DT horse/NN that/WDT was/VBD raced/VBN past/IN the/DT barn/NN fell/VBD

(ROOT
    (S
    (NP
        (NP (DT The) (NN horse))
        (SBAR
    (WHNP (WDT that))
            (S
            (VP (VBD was)
                (VP (VBN raced)
                    (PP (IN past)
                        (NP (DT the) (NN barn))))))))
(VP (VBD fell))))

det（horse -2, The -1）

nsubj（fell -9, horse -2）

nsubjpass（raced -5, that -3）

auxpass（raced－5，was－4）

rcmod（horse－2，raced－5）

prep（raced－5，past－6）

det（barn－8，the－7）

pobj（past－6，barn－8）

root（ROOT－0，fell－9）

如上所示，经过非对称性信息补偿后的解码重新实现了信息平衡，潜在歧义得到消解。句法方面，动词 fell 被解读为主句谓语，动词 raced 解码为从句中的被动成分，形成了正确的句法结构。语义方面，动词 fell 形成根源依存关系，即 root（ROOT－0，fell－9），类似“I love French fries”中表示关系 root（ROOT，love）。动词 raced 和名词 horse 形成依存关系为 rcmod（horse－2，raced－5），即 rcmod（relative clause modifier）相关从句修饰关系，类似“I saw the man you love”表示关系 rcmod（man，love）和“I saw the book which you bought”表示关系 rcmod（book，bought）。语义剖析正确。

综上所述，花园幽径模式是信息处理中的理解休克，具有使人误入幽径、径绝路封、峰回路转、转至畅路、路通意达的特性。信息不对称产生认知语义环路的暂时断开，其对先期理解的否定诱发语义短路效应并引发认知困惑的超负荷。先期解码的认知过载和行进式错位与后期信息补偿性回溯的更迭加剧了认知困惑程度。花园幽径“先扬再抑后畅”模式与解码信息“虚拟对称—非对称性补偿—重新对称”形成对应。“扬”即“循旧”，解读初期构建缺省模式；“抑”即“破旧”，解读中期形成折返模式；“畅”即“立新”，解读后期实现通畅模式。（Du et al.，2008；Du and Yu，2010a、2010b、2010c、2010d、2012a、2012b；Yu and Du，2012）由于中期模式是初期模式的否定，而后期模式又是中期模式的否定，所以说后期模式是初期模式的否定之否定，中期模式是初期模式的折返，后期模式是初期模式的跨越。表面看后期模式是初期模式的自纠式延续，实际上前者是后者螺旋发展的产物，蕴含了“循旧—破旧—立新”的否定之否定的非不对称性信息补偿过程。（杜家利，2006a，2006b；杜家利、于屏方，2008a、2008b、2010、2011a、2011b、2011c；张福勇、杜家利等，2011；于屏方、杜家利，2012a、2012b；杜家利、滕淑珍、于屏方，

2012）

本书中提到“花园幽径现象”“花园幽径效应”“花园幽径模式”，主要指的是具有行进错位、认知过载、信息断层的折返性回溯，还包括神经影像学中的句法违例、语义违例以及句法和语义双违例引发的解码困难。花园幽径模式存在两种类型：有意识型（conscious）及潜意识型（unconscious）。前者存在于局部歧义句（locally ambiguous sentences）中，发生时产生语义更迭相悖和强烈的信息落差，具有恍然大悟的“啊哈”体验。后者在技术手段检测下可发现回溯现象，但反应时间快到解码者本人无法察觉。（Sturt，1995）本书在兼顾后者的情况下主要讨论意识型花园幽径模式。

第二章　花园幽径模式研究回顾与展望

语言加工侧重了解实时状态下的句子加工心理机制，并讨论了语言系统如何与其他系统交互反应产生意义。模块说、交互说、并合说是三个主要句子加工的理解方向，也是传统意义上花园幽径模式对比研究最多的模式倾向。我们先按照传统的研究模式梳理一下这三个学说各自的学术特点，找出与花园幽径模式研究的关联处，然后提出与传统文献综述不同的回顾路径。

在语言加工系统中关于人类句子处理模式（HSPM：human sentence processing mechanism）是串行还是并行的争论一直在持续（Frazier and Fodor，1978；Crain and Steedman，1985；Kurtzman，1985；Ferreira and Clifton，1986；Gorrell，1987；Gibson，1991）。串行通常以模块说为基础，并行则一般以并行说为条件。

模块说强调表征独立，呈现序列的句法优先特性。句法先于语义进入加工程序，待语义加工完后实现两者整合。模块说主要的提倡者是福多尔（Fodor，1983），强调心理由遗传特化的、独立的功能模块所构成，类型的信息与表征在认知过程中起主导作用。句子信息是由不同功能模块加工完成的，句法加工器和语义加工器一般先后启动。主要特性包括：模块排他性加工适应特定功能的特殊信息；模块非受控性实现既定信息输入；模块条件性关联其他心理子系统；模块高效性加工固有信息；模块程序性整合自有信息；模块表象性提供信息特征；模块专有化构架神经系统；模块自动化分解认知模型；模块序列化排列组合认知系统的游离个体。排他性、非受控性、条件性、高效性、程序性、表象性、专有化、自动化、序列化成为模块说的核心。加工初期属于结构加工阶段，词类信息（名词、动词等）能影响句法分析的结果。句子加工随着词汇逐渐识别后构建一个简单的句法分析模式然后传输到语义系统进行解释。

传统意义上，把具有潜在歧义的花园幽径模型认定为模块说的典型模型。当句法歧义发生时，认知系统中储存的最简模型首先启用并依此构建相关解码模式，直到最简模型解码失败，居于备选位置的模型才被激活，潜在歧义消失后解码完成。当多结构模式可能出现时，根据最小附着原则（minimal attachment）和后封闭原则（late closure）可修订已经生成的简单结构。最小附着原则侧重认知经济原则，即句法系统缺省状态下不建构多余节点。后封闭原则强调解码的延迟性，是指句法系统可以为新的合理输入打开已经构建的句法结构。这些原则通常会获得对句子的正确解释（Frazier，1979；Frazier and Fodor，1978）。这种对认知最简模型的模块化激活是导致花园幽径模型潜在歧义出现的根本原因。类似花园幽径模型的句法结构再分析通常需要主题分析器的帮助，如主题角色分派给句子成分的各种信息，句法解释的合理性信息，词汇使用的频率信息等。被试的整个解码过程包括前期的误入歧途（led down the garden-path）、中期的寻找备份（the alternative interpretation）和末期的潜歧消除（disambiguation）。

通常情况下，花园幽径句要比普通句解码困难，证实了串行模式在语言加工中具有优先性这一假设。但是，其他相关研究对此提出了挑战。结构性歧义并不总是产生解码不对称（processing asymmetry）的花园幽径潜歧模式（Kurtzman，1985；Gibson，1991），而且，语境的存在也会消解这种不对称性（Crain and Steedman，1985；Altmann and Steedman，1988）。并行模式也应该存在。

互动说认为各类表征差异不大，各类信息间可以交互融合。在句子理解过程中，认知加工和大脑活动顺序往往是并行的、综合的、可控的。与花园幽径模型模块说相对，有学者认为认知系统并不是串行地选择解码模式，恰恰相反，应该是并行地解决遇到的歧义问题。句子加工中生成的结构是各种信息交互作用、相互制约与满足的结果，如典型的制约满足模型（constraint satisfaction model）（McClelland 1987；Tanenhaus，Carlson and Trueswell，1989；Taraban and McClelland 1990）可以说明互动作用的重要性。加工中虽然各因素受到诸如频率、语境适合性（contextual congruency）等条件制约（Trueswell，1996），但任何符合语法的分析均可能被激活而且一般齐头并进同时达到解析器，句法加工不需要特定目的的决定原则。某个模式的激活的强度则取决于支持它的证据。句法、语义和语境等诸多信息的交叉作用可选定最优结构。词汇信息起着不可忽视的决定性作用。暂时性过渡结构也需要符合语义和句法双重标准。句法限制具有词汇性表征，或受词汇信息限定。基于词汇的各结构的激活强度则取决于其相对频率。互动说侧重句法和语义的交互，语言加工不分序列，但承认两个系统存在的相对性，是同时激活、共同作用于语言加工。包括范畴和次范畴在内的句法和主题角色信息是同时进行加工的。句法结构在一定程度上是由句子成分所依赖的语义关系确定的（The syntactic structure is determined in part by the semantic relations that the constituents of the sentence might plausibly bear to one another）。从语法到语义，或是从语义到语法，是相互影响的（The influences appear to run both ways, from the syntax to the semantics and from the semantics to the syntax）。（McClelland et al.，1986）

有学者（Gorrell，1987）在其博士论文中指出：结构歧义是人类解读句子的核心部分，串行和并行加工模式之争在心理语言学尚未达成共识。但是，通过构建一个特定的句法启动范式（syntactic priming paradigm），Gorrell 提供了新的实验证据并证明系统在解读结构歧义时是采用并行模式的，其间，多句法模式可同时启动应对以消歧（new experimental evidence which indicates that the parser constructs, in parallel, multiple syntactic representations for structurally ambiguous input strings）。在解释歧义结构时，往往存在两种不同观点，以动词与歧义结构成分的作用先后为例。有学者认定动词蕴含信息是在初始结构完成构建之后才发挥作用并解歧的，而其他学者则认为动词倾向性信息是先于句法构建的，如果倾向性强度大到超过后期歧义结构给认知带来的困扰，解歧时就不会出现加工困难现象。目前来看，两个观点均有不足。第一种观点是句法在先词汇在后的，但无法解释为什么词汇效应有时可以强大到完全左右第一阶段的句法结构构建。第二种观点则相反，侧重句法外效应的主导性，可是也无法解释为什么有时有效的非句法线索也无法影响句法效应的构建。

模块说和并行说的无法兼容催生了并合说的出现。这种讨论是前两种学说的中庸部分，强调串行和并行的共存性。就学术影响来说远不如模块说和并行说。不过，由于并合说的出现也解决了一些前两种学说无法解决的语法现象，同样受到语言学界的欢迎。

博兰（Boland，1997）讨论了句法和语义的关系。实验使用了跨模态的整合范式，分析认为动词论元结构常用于歧义结构句的歧义点临时构建解码模式。多种句法表示可以在句法歧义的各个点同时访问或构建，就像词汇歧义各个点中可以同时启动词汇的多个义项一样（multiple syntactic representations are accessed or constructed at points of syntactic ambiguity just as multiple meanings are accessed at points of lexical ambiguity）。语言加工应该是线性自动模式、强弱互动模式共存的，即并和模式（The experimental results are evaluated with regard to serial autonomous models, strongly and weakly interactive models, and a hybrid model proposed here）。句法和语义可并行结合生成不同动态结构，随着后续字串的不断解读持续调整生成各种结构，直到句法和语义都指向一个结构为止。

共合模型（The concurrent model）中句法和语义顺序随机加工。相关的句法结构在解码中并行构建，不受语义限制。句法生成具有主动性，自下而上的信息为结构构建服务。已建结构的选择过程则是受控的，需要参考更高层的有效信息和综合句法外的词汇信息。加工过程中，随着字串的不断输入，认知系统逐词识别并行产生所有合法结构。随着自下而上的字串输入，系统自动更新与之匹配的句法结构，暂存可能会被选择的潜在结构，剔除已被证明是错误的结构。这个过程是动态的权衡过程，涉及词频、结构限制、句法规则等相关因素。与句法系统并行的是语义。它可以根据显性和隐性的语义信息对句法生成和潜在结构进行合理性排序，然后为最优的几个结构提供服务。词语意义、主题图式和句法结构输入语义系统后生成动态的可更新的浅层语义系统。语义系统具有句法补缺性，在主题、结构频率、词汇信息等句法外信息帮助下，即使在自下而上的句法结构信息缺乏时也能形成暂时的合理解释，这样就可以在句法歧义出现前有一个先入为主的语义模式构建。歧义结构出现时，如果与语义构建模式一致，歧义得到消解，不一致，则返回后重新构建句法结构。

尽管 Bever 的模型不尽如人意，但作为人类语言表现可测试理论的先驱，至今仍在指导花园幽径效应领域的研究，并在此基础上形成了很多新的模型和方法，如基于树结构启发策略的最小附着与晚闭合模型（tree-structural heuristic strategy for Minimal Attachment and Late Closure）（Frazier, 1979），词汇优选策略（lexical preference strategy）（MacDonald et al., 1994a），语义角色策略（semantic role strategy）（Gibson, 1991），增量依存策略（incremental dependency strategy）（Boston and Hale, 2007）等。

第一节　国外研究回顾

花园幽径模式的国外研究可分为三个主要类别：启动机制研究、诱发条件研究和检测方法研究。启动机制研究主要讨论花园幽径模式认知困惑的根源；句法变化、记忆容量以及启动策略都关系到机制运行的效率。诱发条件研究主要侧重花园幽径模式的影响因素（如信息、经验、词汇、语义、语境），以及这些因素可以条件性诱发花园幽径效应的程度。检测方法研究主要关注检测花园幽径效应的手段和方法（如眼动、ERP，EEG，fMRI），以及这些手段方法的优势与不足。

一　启动机制研究

花园幽径模式的启动机制研究主要包括三个方面：结构启动研究、记忆容量研究和尚好策略研究。结构启动研究主要讨论句法结构独立性所产生的花园幽径效应。记忆容量研究包括两部分，即共享容量研究和专享容量研究。共享容量研究是指记忆总量有限，句法和其他相关因素在解码中呈竞争状态，强势因素获取到较充沛容量并在解码中居主导地位。专享容量研究认为解码相关因素在记忆总量中的占比固定，各自按比例发挥认知作用。两种容量分配观点都提供了可阐释的花园幽径模式。尚好策略研究认为花园幽径模式解码过程是快速匹配而不是精确制导的，速成特征明显。

（一）结构启动研究

句法结构是独立的、自成一体的，而且句子处理时不受到外在因素的影响。实验证明，即使在解码初期就提供可以用于解歧的非句法信息，读者还是会按部就班地陷入花园幽径的误读状态（a surprising result that readers still were led down the garden path even though the disambiguation information about the proper resolution of a syntactic ambiguity is provided initially），这说明句法处理是胶囊化（the encapsulation of the syntactic module）的排他结构。（Ferreira and Clifton，1986）

博克（Bock，1986）在《语言产生中的句法持久性》（Syntactic persistence in language production）一文中提出了“结构启动（structural priming）”观点，即激活过程在语言应用机制中有着重要作用（activation processes appear to have an important impact on the mechanisms of language use)。启动模式属于多个句法可选模式中的一个（a priming sentence in one of several syntactic forms)。某种模式的启动概率受到多种因素影响，当现存句法形式与预期模式相似时启动概率增加（the probability of a particular syntactic form being used in the description increased when that form had occurred in the prime)。结构启动的重复效应说明句子加工某种程度上是惯性的，是与结构模式的使用频率和新旧程度相关的（this syntactic repetition effect suggests that sentence formulation processes are somewhat inertial and subject to such probabilistic factors as the frequency or recency of use of particular structural forms)，启动效应只与句法形式特征相关而与句子内容无关（the effects of priming were specific to features of sentence form, independent of sentence content)。启动结构理论认为认知系统倾向于在解码中采纳相似结构（a tendency to use similar syntactic structures)。这种观点为花园幽径句加工中优先模式的惯性选择提供了理论支撑。

在从属结构和并列结构中都可以出现头名词位置效应，但是效果程度是不同的。(Ferreira and Henderson, 1991）从属歧义结构往往需要动词具有及物和不及物语法特征，而且这种结构产生的位置效应要比并列结构产生的强烈得多，相应地，形成的花园幽径效应也要比并列结构更令人感到困惑。(Bailey and Ferreira, 2003)

通过早期解码中的动词分析，可以看到句子结构和模型假设的详细信息，也就是说被试可能同时启动包括从属结构在内的所有备选结构，因此，相关动词也可能同时出现在多个潜在结构中（A verb which usually exists early in a clause can disclose the detailed information about a sentence structure and project hypotheses which suggest that decoders might temporarily entertain all conjectures about the subsequent structure now that a verb may occur in more than one structural context)。(Fodor et al., 1968)

诺维克等（Novick, Kim and Trueswell, 2003）在《单词识别的语法研究：词汇启动、剖析和句法歧义消解》(Studying the grammatical aspects of word recognition: Lexical priming, parsing, and syntactic ambiguity resolution）一文中，结合句法解歧实时技术以及词汇启动技术（combining techniques common to the on-line study of syntactic ambiguity resolution with priming techniques common to the study of lexical processing）分析了语言加

工中词汇和句法的关系。他们发现通过控制词汇启动因素可以激活并引领复合句的语言加工。有些名词具有激活详细句法信息的特殊功能（activate detailed lexically specific syntactic information），并有助于解决与动词论元结构相关的句法歧义（guide the resolution of relevant syntactic ambiguities pertaining to verb argument structure）。常见的词汇重叠和分布理论（overlapping and distributed representations）在句法解歧方面也具有一定功能。主题角色和句法喜好可同时被激活并在加工中相互影响（thematic role and syntactic preferences are activated during word recognition and that both influence combinatory processing）。

耶格等（Jaeger and Sniderc，2013）认为，对话者之间在对话时有结构启动的趋同特点。句法启动是一个语言处理系统，它能够在不断变化的（主观上不固定）的环境中组织实现有效的沟通［syntactic priming is a consequence of a language processing system that is organized to achieve efficient communication in an ever-changing（subjectively non-stationary）environment］。通过在解码时设置让人恍然大悟的顿悟效果，他们发现相关预期错误对实验中前期和最近的经历很敏感（the relevant prediction error is sensitive to both prior and recent experience within the experiment）。也就说，被试的结构启动受到经验影响。

菲利普斯（Phillips，2013）从论元角度讨论了可接受度判断和即时性实时构建表达间的差异（there is a discrepancy between acceptability judgements and the representations that are briefly constructed on-line），得出不同区域对论元支撑强度不同的结论（a formal grammatical account is better supported in some domains, and that a reductionist account fares better in other domains）。

歧义结构头名词与解歧词的交互效应会使花园幽径现象更难以理解（The intervention between head noun of ambiguous phrase and disambiguating word can make garden path sentences processing more complex）。随着歧义结构的多元变化，被试受到头名词位置效应（head noun position effect）的影响将更大。（Ferreira and Henderson，1991、1998）先于或后于歧义名词出现的修饰成分在花园幽径效应中具有不同的结构启动效果。请见下例：

例 2－1 #While the boy scratched the dog yawned loudly.（Ferreira and

Henderson, 1991)

例 2－2 #While the boy scratched the dog that was hairy yawned loudly. (Ferreira and Henderson, 1991)

例 2－3 #While the boy scratched the big and hairy dog yawned loudly. (Ferreira and Henderson, 1998)

从实验的统计数据可知，上面三例花园幽径句中最难以理解的是在解歧名词“the dog”后又附加从句的结构。在解歧名词前附加修饰成分的结构虽然字串长度延长但认知困惑程度与裸饰结构没有显著性差异。也就是说，修饰成分附后的歧义结构要比修饰成分在前的歧义结构更复杂（A highly complex processing is created by post-nominal rather than pre-nominal condition）。

请比较下面前两句从属歧义结构（subordinate-main structure）中前后修饰成分（pre- or post-nominal component modified sentence）的困惑度，以及后两句并列歧义结构（coordination ambiguity structure）中前后修饰成分的困惑度。

例 2－4 #While the man hunted the brown and furry deer ran into the woods.（Christianson et al., 2001）

例 2－5 #While the man hunted the deer that was furry ran into the woods. (Christianson et al., 2001)

例 2－6 # Sandra bumped into the busboy and the waiter who was pudgy told her to be careful.（Bailey and Ferreira, 2003）

例 2－7 # Sandra bumped into the busboy and the short and pudgy waiter told her to be careful.（Bailey and Ferreira, 2003）

上面前两例的从属结构中，后修饰成分 the deer that was furry 结构要比前修饰成分 the brown and furry deer 结构更难理解。后两例的并列结构中，也出现了同样的位置效应，即后修饰成分 the waiter who was pudgy 结构要比前修饰成分 the short and pudgy waiter 结构更困惑。这说明不管是从属还是并列结构，头名词位置效应（head noun position effect）都会在解码中凸显。花园幽径效应的重新解读过程中，如果在结构上将解歧名词拓展为后附从属结构状态，这将使认知走向极度困惑。(Bailey and Ferreira, 2003）这个结论与“位置与解码效果无关”的假设相左。

《花园幽径句虚拟模式的激活：以结构启动为例》① 中，对潜在歧义花园幽径句（如 while the man was visiting the children who were surprisingly pleasant and funny played outside）进行了结构启动的实验。被试在此类花园幽径模式的解码中倾向于选择及物动词，尽管这种倾向会在随后的认知理解中带来困惑，但是前期及物模式仍保持了激活状态（the initial transitive analysis remained activated even though it was inconsistent with the disambiguation）。这与"不当分析完全不会被激活（full deactivation of the inappropriate analysis）"的观点不同，而与"先期不当分析仍可能被激活（the initial, inappropriate analysis remains activated）"观点一致。Gompel et al. 推断，这或许与认知的记忆存留（a memory trace）抑或与被试解歧中句法分析的非完整性（not fully reanalyze the sentence when they encounter the disambiguation）相关。

索萨瑞里等（Thothathiri and Snedeker, 2008）的《给予然后索取：口语理解过程中的句法启动》（Give and take: Syntactic priming during spoken language comprehension）讨论了句法启动的因素。固定结构（a given structure）使语言生成系统更可能产生和其类似的相同结构，启动结构和目标结构的产生独立于词汇内容（regardless of whether the prime and target share lexical content）。理解的句法启动更加难以捉摸，理解不依赖于一般的语法表示，反而更多地依赖于词汇知识（syntactic priming during comprehension has proven more elusive, fueling claims that comprehension is less dependent on general syntactic representations and more dependent on lexical knowledge）。在随后的双宾语和介词宾语的理解实验中，通过采用有灵生物做双宾语中的接受者（an animate recipient）（如 Show the horse the book）和无灵生物做介词宾语的主题（an inanimate theme）（如 Show the horn to the dog）的对照方法，他们实时记录了被试眼动轨迹。实验证明，所有被试都存在一个既定结构，即倾向接受有灵生物做双宾语中的接受者（participants who heard DO primes showed a greater preference for the recipient over the theme than those who heard PO primes）。这说明抽象结构信息在语

---

① R. P. G. V Gompel, M. J. Pickering, J. Pearson, et al., "The activation of inappropriate analyses in garden-path sentences: Evidence from structural priming", *Journal of Memory and Language*, 2006, 55 (3), pp. 335 - 362.

言生成和理解的结构启动中扮演一定角色（a role for abstract structural information during comprehension as well as production）。

布兰尼根等（Branigan et al.，2005）的《介词短语在语言理解中的结构启动》（Priming prepositional-phrase attachment during comprehension）认为，先期构建的句法结构对语言理解（prior syntactic context affects language production）和解歧效果都有影响（it also affects ambiguity resolution in comprehension）。实验以介词短语与其他成分的附着程度高低不同来解释歧义现象。被试在阅读了与动词高附着性的介词短语先期结构后，通常在随后的解歧测试中倾向选择与先前动词一致的选项，而且先期结构更容易在认知中存留，甚至以先期动词为主构建一个缺省结构。遇到歧义时，缺省结构首先被激活，而低附着性的介词短语结构的活化则需要更多的认知努力。

斯威茨等（Swets et al.，2007）的《句法歧义消解的工作记忆功用：心理测量的方法》（The role of working memory in syntactic ambiguity resolution：A psychometric approach）采用了心理测量和实验技术相结合的方法（a combination of psychometric and experimental techniques）来研究一般领域和特定领域中工作记忆因素（domain-general and domain-specific working memory factors）在离线状态下对歧义关系从句的解读。实验证明，短记忆跨度者（readers with low working memory spans）不如宽记忆跨度者更会使用新旧策略（recency strategies），即后者更容易在认知系统中贮存刚使用过的解码模式，并在随后遇到与该模式基本一致的结构时会迅速提取暂存模式，实现信息对称。心理分析结果表明，工作记忆的一般性和特定性对该效果具有解释力。短记忆跨度者由于其有限的记忆容量，往往容易将整体信息不恰当地分解（break up large segments of text），导致他们更容易在歧义关系从句中产生误读（high attachment of the ambiguous relative clause）。

《语言理解中第一语言转移和长久性结构启发》（First language transfer and long-term structural priming in comprehension）（Nitschke，Kidd and Serratrice，2010）分析了母语转移效应（transfer effects）和二语句子处理与句法启动（sentence processing and syntactic priming）。被试参加了旨在测试他们在面对母语和二语关系从句歧义时如何调整优选结构（shift their preferred interpretation of ambiguous relative clause constructions）的句法启动

实验。结果证明，母语转移效应的确影响二语句子处理，但不影响句法启动的强度（L1 transfer affects L2 processing but not the strength of structural priming），因而转移效应对二语句法策略习得没有阻碍（not hinder the acquisition of L2 parsing strategies）。在不接触新的启动因子的情况下，通过理解产生的结构启动均能在母语和二语间得到延续。二语中的结构启动可以在新的“形式—意义”匹配（novel form-meaning pairings）中得到激活说明，成人二语学习者可以迅速将现有形式与新的含义相关联（adult learners can rapidly associate existing forms with new meanings）。

斯内德克等（Snedeker and Thothathiri，2008）的《潜藏了什么？学前儿童（及成人）语言理解过程中的句法启动》① 采用句法启动和外界定位眼部注视法（world-situated eye-gaze paradigm）来讨论青少年的句法表示以及语义发展变化图谱（development of syntax and its mapping to semantics）。他们发现，即使在没有词汇重叠的情况下，先期构建的认知模式对后期的解码也有影响。就是说后期的解码是需要经过与前期抽象的结构表示（abstract structural representations）进行比对才进入结构启动的。动词间启动效应（between-verb priming effect）证明三岁的孩子就能利用知道的动词构建抽象的启动结构。

韦尔斯等（Wells et al.，2009）的《经验和句子的处理：统计学习及关系从句理解》（Experience and sentence processing: Statistical learning and relative clause comprehension）认为，宾语潜歧从句特有的词序（the unique word order of object relatives）使其解码过程比主语潜歧从句更困难，其前期经验效应也比主语潜歧从句更敏感（more sensitive to the effects of previous experience）。获得前期经验的被试在解码宾语潜歧从句时所需时间缩短，甚至比主语潜歧从句更快（the group receiving relative clause experience increased reading speeds for object relatives more than for subject relatives）。基于经验的个体差异（experience-based individual differences）在解歧中有统计学意义的不同，个体学习中获得的前期经验将决定后期歧义消解的速度和精度。

---

① J. Snedeker and M. Thothathiri, "What Lurks Beneath: Syntactic Priming During Language Comprehension in Preschoolers (and Adults)", http: //wjh. harvard. edu/ ~ lds/pdfs/Snedeker_ Thothathiri – Syntactic_ priming_ during_ comprehesion – Chapter2007. pdf.

法默等（Farmer, Fine and Jaeger, 2011）的《特定的潜藏语境可致句法预期快速转换》（Implicit context-specific learning leads to rapid shifts in syntactic expectations）提出在不断增加的语言理解中，理解者往往能够以概率汲取丰富线索，有效地处理收到的具有噪声的感知输入（comprehenders draw on a rich base of probabilistic cues to efficiently process the noisy perceptual input they receive），这种处理通常是依赖语境的（context-dependent）。被试根据动词词汇倾向权重（weight of the lexical bias of a verb）及具体情况调整（situation-specific adjustments）线索信息的采纳情况。理解者能将获取的词汇线索快速转变为句法结构（rapidly change their interpretation of lexical cues to syntactic structure），而该行为在一定程度上应该理性地归结为语境的出现概率（rational due to situation-specific statistics in the environment）。

萨勒穆拉等（Salamoura and Williams, 2006）的《跨语言句法启动的词汇激活》（Lexical activation of cross-language syntactic priming）认为，从母语到二语的跨语言句法启动是从一种语言到另一种语言的具有独立意义的话语结构重复（the repetition of utterance structure from one language to another independently of meaning），是激活的双语共享等效结构模型（models of language-shared representations of L1-L2 equivalent structures）。这些模型假定共享现象是对动词结构优选编码的句法特征的激活（residual activation of syntactic features encoding verb structural preferences），其初始状态通过单个动词启动（a single verb prime）即可进行推测，如可在对介词宾语（Prepositional Object）和双宾语（Double Object）格的研究中得到佐证。

图利等（Tooley et al., 2009）的《句子理解中句法启动的电生理和行为证据》（Electrophysiological and behavioral evidence of syntactic priming in sentence comprehension）认为，ERP 和眼动的高时间分辨率可用于研究句子理解的启动效应（priming effects in sentence comprehension）。阅读时，被试可对蕴含潜在歧义的启动句（a prime sentence）和目标句（a target sentence）中的动词进行实验性解码。这些动词或者是相同的或者是意义相近的。当它们不断被重复时，启动效应就会得到强化。当目标句出现在被强化的启动句之后，而且主要动词与启动动词一致时，解歧过程中检测到的 ERP 的 P600 句法违例效应就会减小，眼动所需注视时间也会缩短，实现信息对称的速度就会加快，认知解码趋于自动化。当目标句主要动词与启动动词不一致但意义相近时，这种效应则减弱。这说明前期的重复性句法构建强化了认知系统，并将该模式转变为缺省模式，一旦在后续的解码中遇到与缺省模式相同的动词，启动效应凸显，信息快速趋向对称。解码中动词交叉所诱发的启动效应增强这一事实说明，动词论元结构（verb argument structures）在潜在歧义的花园幽径模式解读中发挥了重要作用。

阿拉里（Arai，2012）的《关于句法启动，词头在尾语言能告诉我们什么（反之亦然）?》［What can Head-Final Languages Tell us about Syntactic Priming（and vice versa)?］认为，句法启动是指一种特殊句法结构先期得到感知（previous exposure to a particular syntactic structure）并为随后的认知解码提供先锋效应（more accessible in subsequent utterances）的现象。句法启动在语言处理和学习系统中起着核心的作用（priming plays a central role in the language processing and learning system)，而且在跨语言中也同样出现（syntactic priming occurs in the same way across languages)。通过对词头在尾语言的研究发现，句法启动的出现对词头的位置没有敏感度，词头在首尾处都可以出现，这个结论支持了跨语言系统中存在一个统一启动机制（the common mechanism of priming across languages）的观点。

韦伯等（Weber，Crocker and Knoeferle，2010）的《资源自适应语言理解中的冲突约束》（Conflicting Constraints in Resource-Adaptive Language Comprehension）认为心理语言学研究的主要目的是了解人类语言的理解和加工的体系结构和机制（architectures and mechanisms)。这需要我们在使用语言时能了解语言知识如何在大脑中被访问、组织及应用。传统研究单纯强调语言实时理解，如词法，句法，语义、话语制约以及它们的时间过程。现在的研究越来越注重语言外的因素对语言加工的影响，如视觉环境（visual environment)。这种转变对探索人类语言的理解能力具有积极性。

戴德（DeDe，2012）的《失语症中句法解歧的词汇和韵律效应》（Lexical and Prosodic Effects on Syntactic Ambiguity Resolution in Aphasia）的研究目的是确定在句子实时理解中失语症患者和健康对照组是否以及何时使用词汇和韵律信息。实验材料采用早闭合（early closure sentences）的花园幽径句语料，如“While the parents watched（,）the child sang a song”。词汇和韵律信息是两个变量，分为歧义的主语结构和宾语结构两类。这样就得到词汇和韵律线索一致时的两种结构条件，以及词汇和韵律线索不一致时的两种结构条件。结果表明，失语症患者在词汇和韵律线索不一致时花费在歧义句上的听力理解时间要长很多（people with aphasia had longer listening times for the ambiguous noun phrase when the cues were conflicting）。但是，失语症患者和健康对照组在解歧点都出现了回溯性解码。这说明失语症患者在解读花园幽径句时对词汇和韵律信息敏感，但是需要付出较长的时间代价（the aphasic group was sensitive to the lexical and prosodic cues，but used them on a delayed time course）。

法恩等（Fine and Jaeger，2013）的《句法理解的内隐学习》（Evidence for implicit learning in syntactic comprehension）认为，与结构启动相关的错误信号影响理解者的语法预期（the error signal associated with a syntactic prime influences comprehenders' subsequent syntactic expectations）。这种观点与基于错误结构启动的隐式学习（error-based implicit learning accounts of syntactic priming）一致。此外，还需考虑结构启动会激活认知基础临时增量这一事实（consider syntactic priming a consequence of temporary increases in base-level activation），关注与语言处理相关的隐含的统计知识的更新维护（the maintenance of implicit statistical knowledge relevant to language processing），以及应对可能的句法启动的功能动机问题（possible functional motivations for syntactic priming）。

诺维克等（Novick et al.，2013）的《清除花园幽径：认知控制训练下的句子加工》（Clearing the garden-path：Improving sentence processing through cognitive control training）强调了解码者在新信息加入后必须抛弃并跨越原构模式（override early parsing decisions）时的认知控制（cognitive control）重要性。他们设计了语言实验来测试非句法的认知训练是否能够提高解码者对花园幽径潜歧句成功解码的能力。在实验中，被试需要在阅读容易误解的潜歧句之前和之后进行认知评估（participants completed pre/post-reading assessments containing temporarily ambiguous sentences susceptible to misinterpretation），然后针对能够解决花园幽径句认知冲突的N元加工模式进行训练。经过训练的培训者表现出可靠的培训效果，其理解评估准确性得到显著性增加（N-back responders—those demonstrating reliable training gains—significantly increased their comprehension accuracy across assessments），而且他们的后测眼动模式（posttest eye-movement patterns）还证明当认知控制参与解歧时被试的实时修正（real-time revision）能力

也得到提升。这个实验结果表明非语言功能的改善有助于语言分析和解释(nonlinguistic functions contribute to parsing and interpretation),一定的语言技能可以通过一般域认知控制培训得到提高(certain language skills are amenable to improvement via domain-general cognitive control training)。

安德鲁等(Andreu et al., 2013)认为语言生成受相关事件的实体参与和论元结构知识概念因素左右(language production can be guided by conceptual factors, such as the organization of the entities participating in an event and knowledge regarding argument structure)。在动词解码延迟实验中,所有被试能较快描述一个论元的事件,而不是两个或三个论元的事件。在两个或三个论元事件延迟时间上,没有发现显著差异。也就是说,被试在解码中有选择简单结构的倾向。一旦结构复杂到超出认知,解码便会陷入停顿。语言处理的有限性和语义表示的缺陷性都会导致解码的困难(both processing limitations and deficits in the semantic representation of verbs may play a role in these difficulties)。

基拉等(Kielar, Meltzer-Asscher, Thompson, 2012)从ERP角度分析了健康成人和失语症患者(individuals with agrammatic aphasia)在论元违例中的不同。句子理解需要处理论元结构与动词相关的信息,如论元数量和类型的选择等。许多失语症者在大密度论元结构的动词生成(production of verbs with greater argument structure density)方面受到损伤。实验通过语义违例的方法来比较被试句法处理时表现在语义和论元结构间的敏感度差异(possible differences in sensitivity to semantic and argument structure information during sentence processing)。扫描数据显示,健康组在论元结构违例时先出现负成分再出现正成分(a negativity followed by a positive shift (N400-P600) in the argument structure violation condition),而患者组只出现P600不出现N400。语义违例时,患者组出现了比健康组衰减很多但仍然存在(an attenuated, but relatively preserved, N400 response to semantic violations)的N400效应。这些都证明了患者组不能在正常的实时解码时对动词论元结构保持高敏感度(agrammatic individuals do not demonstrate normal real-time sensitivity to verb argument structure requirements during sentence processing),具有解码的障碍性。

(二)记忆容量研究

工作记忆模型认为,认知容量(mental capacity)是有限的;当信息在认知中存留或实施加工时，工作记忆都会承受复合载荷（combined load）。(Baddeley, 1986; Engle et al., 1992; Just and Carpenter, 1992）如果加工所需要的容量超过了工作记忆自身所能提供的限度，认知过载效应就会产生，并影响到语言加工效果（the performance is influenced by the capacity limitation only if the resource demands of the task exceed the available supply）。信息缺失和信息错配导致解码效率降低和解码精准度下降（the loss or displacement of information can result in reduced efficiency or decreased accuracy)，任何超过认知固定容量的解码无疑会给认知带来更繁重的负担（any action which exceeds some fixed sum of mental capacity requires a heavier load of cognition)。当句法结构超出了认知容量所要求的最大复杂度（complexity level)，或者无关成分（unattached elements）在认知中留存过多超过了容量负荷，都会导致语言加工更加困难。这表明具有较大容量的解码者通常更能够在不影响效率的情况下最大限度地留存信息，为其后期语言加工整合快速有效提供条件。

工作记忆容量的暂存和信息调控假说（conjectures and suppositions about working memory resource for temporary storage and information manipulation）对很多认知理论产生了深远影响。他们认为阅读中的个体差异实际上就是记忆容量的差异。记忆力衰退的老年人随着记忆容量的衰减其语言加工和理解能力都会相应下降。从实验数据来分析（Miyake et al., 1994)，因脑损伤导致的失语症患者所产生的理解障碍就是工作记忆容量受损影响语言加工的实例，而不是语言知识流失的结果（a comprehension deficit produced by aphasic patients who suffer from brain injury is a direct result of reduction in working memory capacity rather than an inevitable consequence of linguistic knowledge loss)。

依据达内门等（Daneman and Carpenter, 1980）的阅读跨度测试方法的阐述，工作记忆是加工和储存信息的认知源，对它的测试可以采用尾词回忆法（the processing and storage resources of working memory can be measured by the final words which are recalled by the participants when they are required to read a set of unrelated sentences)。具体步骤如下：

先让被试阅读几个没有语义关联的句子，然后让他回忆出阅读过的每个句子中最后出现的词。例如："He threw the door open and ran down the stairs, and there was an open bottle of wine on the table." "Martin was struggling with the sails on the open deck, and the villagers are anxious that their local school is kept open.” “The competition is open to all readers in the UK, and there is only one course of action open to the local authority.” “The magazine's editor is open to criticism in allowing the article to be printed, and schoolgirls are being told that the door is open to them to pursue careers in science.” 第一组由两个句子组成，如果被试能够成功回答出两句子中的尾词，他的阅读跨度（span）就是2。例如，上例中的正确答案是“table”“open”。第二组由三个句子组成，如果被试能够成功回答出这三句子中的尾词，他的阅读跨度（span）就是3。例如，上例中的正确答案是“table”“open”“authority”。第三组由四个句子组成，如果被试能够成功回答出这四个句子中的尾词，他的阅读跨度（span）就是4。例如，上例中的正确答案是“table”“open”“authority”“science”。依此类推，逐次累加到被试记忆的最大量，这个按顺序回忆正确的尾词数量将代表该被试的阅读跨度(Reading Span)。

达内门等（Daneman and Carpenter, 1980）认为，跨度4（含）以上为高跨度者（If the participants can remember four final words of required sentences or more at the end, they are called high-span readers), 3 以下为低跨度者（Low span readers have the reading spans of less than three final words)。这样，对认知容量的测试就有了可以依据的认知标准。

1. 共享容量研究

持容量共享理论（shared resource account）观点的学者（Just and Carpenter, 1992; Just et al., 1996）认为，句法信息和非句法信息共享认知容量，解码是两者的相互竞争。这个观点与坚持工作记忆是专享而不是共享容量（a very notion of a separate working memory）的学者观点不同（Waters and Caplan, 1996)。

贾斯特等（Just and Carpenter, 1992）提出，工作记忆容量在语言理解中具有非常重要的作用。对于包含关系从句的句子解码来说，高跨度容量者与低跨度容量者表现了完全不同的解码模式，这是由它们储存加工信息的不同容量造成的（the entirely distinct processing patterns which differentiate high span decoders from low span decoders are generally attributed to differences in the capacity of decoders to store and process information)。理解能力理论是一个合理的解释，其中语言工作记忆与语言知识表达是分开的

(the capacity theory of comprehension is a plausible explanation and a linguistic working memory is hypothesized to separate from the representation of linguistic knowledge)。

麦克尔里等（McElree and Griffith，1995）认为句法和主题角色信息应该是独立运行和解码的（syntactic and thematic role information must be indepently represented and processed)。工作记忆应该被视为按照执行计划储存和处理信息的场所（both a storage space and a processing place to execute a plan of computations)。阅读跨度的高低可以作为衡量被试记忆容量的标准。

功能性磁共振的实验数据证明，被试在只读状态下（不出声音判断正误）也能激活 Broca 和 Wernicke 两区的功能（The functional magnetic resonance imaging data reflects the fact that the read-only condition, in which readers are required to read sentences silently and judge each as true or false, can activate both Broca's area and Wernicke's area much more than a control condition)。(Just et al. , 1996）这说明语言解码是可以独立于语音的。对复杂的词汇和语法结构，阅读是知识的主要来源（Reading is the major source of knowledge about sophisticated vocabulary and syntactic structure) (Hayes, 1988)。

在贾斯特等（Just and Carpenter）的模型中，工作记忆和语言知识能够清晰地分成两部分，都在语言处理中起到关键作用（working memory and knowledge can be clearly divided into two different decisive factors in the comprehension)，但是，这些语言知识经验如何影响到解码却没有进行细说，尽管他们也认为个体拥有的语言知识不同也可能导致解码差异。

贾斯特等（Just and Carpenter，1992）提出，只有高跨度者有足够的工作记忆容量来储存整合多种歧义结构的信息。与非歧义句解码相比，高跨度读者通常在解码简单的主动词歧义句（ambiguous sentences with the simple main verb）时需要较多时间。低跨度者在两者阅读时间上则没有显著差异，因为他们难以在歧义句解读时同时在工作记忆中保持两种不同句法结构，也无法在主动词歧义结构中精确解码，这导致歧义句结构和非歧义句结构的阅读时间大致相同，而不会出现高跨度者那样的较大反差。

被试遇到结构歧义时，会寻求一种简单自适应的解释（an adaptive explanation in a single interpretation scheme）或保留更多可供选择的多种方案解释（retain more alternative interpretations for a multiple interpretation scheme），直到一些后续的信息可提供用来消歧。

高跨度者以其充足的认知容量（sufficient capacity）可以保留多种歧义结构的解码模式（enough capacity to keep more than one interpretation），而低跨度者则由于容量所限被迫放弃非优选结构而只保留缺省结构，以此减轻工作记忆容量的压力（abandon the less preferred comprehension to relieve any additional pressure on capacity）。（Just and Carpenter，1992）

例 2－8 The experienced soldiers warned about the dangers before the midnight raid.（Just and Carpenter，1992）

例 2－9#The experienced soldiers warned about the dangers conducted the midnight raid.（Just and Carpenter，1992）

例 2－10 The experienced soldiers spoke about the dangers before the midnight raid.（Just and Carpenter，1992）

上面前两例属于歧义结构，“warned”可以作为主动词（a main verb）过去式，也可以作为从属关系从句（a reduced relative clause）的过去分词，主动词选项是常规用法。第三句中 spoke 与 spoken 具有形态不同语法不同的对应性，是非歧义结构。歧义结构中，第一句没有出现回溯解读；第二句“conducted”的出现导致认知过载和信息断层，引发花园幽径效应。

解码中，高跨度者能同时启动两种结构模式（maintain two interpretations simultaneously），承担较重的认知负荷（pay the cost of processing overload），所以解歧时耗费时间较多（take longer on reading ambiguous sentences），但对非歧义句解码迅速。低跨度者解歧时只采纳一种结构模式，承担额外的负载较小（keep up only one comprehension without paying any additional cognitive costs），解码时认知波动较小。

工作记忆容量是保留信息方面重要的一个因素，在处理后续句子时是必不可少的（Working memory capacity is a crucial factor in retaining information used to facilitate the processing of subsequent sentences），高跨度读者比低跨度读者具有较高的能力，能够跨越较长的文本距离整合信息（high span readers have higher ability than low span readers to integrate information over a long distance in a text）。（Just and Carpenter，1992）通常关系成分距离越长，解码错误率越高，整合时间越长（If the distance between the two related constituents is greater, the probability of error will be larger and the duration of the integration processes will be longer)。(Chang, 1980)

花园幽径现象可以解释为信息在激活状态中存留或在执行状态中保持的程序化回溯现象，需要以一定认知容量为前提。各种来自大脑的认知指令可以共享一个上层的工作记忆源（a single pool of working memory resources)。如果解码任务进行时认知容量供需出现不对称，大脑中的固定的工作记忆便会因解码容量不足而发出警示，迫使更多神经元活化，直接产生的后果就是解码时间被迫延长，效率降低（take a great deal of processing time and decrease the accuracy of processing)。

克利夫顿（Clifton and Staub, 2008）的《句法歧义消解的平行度和竞争》（Parallelism and competition in syntactic ambiguity resolution）认为，句子处理的一个核心问题是讨论解析器对输入的多个歧义结构是平行选择还是竞争取胜（whether the parser entertains multiple analyses of syntactically ambiguous input in parallel, and whether these analyses compete for selection)。通过对阅读时间的研究（primarily drawing on reading time studies)，他们预测如果语言加工是平行或是竞争的（parallel or competitive models)，那么它们各自模型与句法歧义的语料处理就具有关联一致性（some cost ought to be associated with processing syntactically ambiguous material)。但是，实验数据没有支持这种预期（this prediction is not confirmed by the data)。而且作为对照的词汇歧义，在备选意义间也没有出现独立模型作用的结果。这说明在语言处理中平行和竞争模型在特定环境下是共同作用的（two syntactic analyses may indeed coexist under specific circumstances)。

根据句子阅读的认知跨度测试（sentence-span tests)，被试可以分成高阅读跨度者和低阅读跨度者，前后两者分别被默认是高低两容量组(high capacity group and low capacity one)。统计学数据说明两对照组在语言理解中具有显著差异。在有灵生物/无灵生物做主语的实验中，容量共享理论表明低阅读跨度者由于无法辨别两类主语所蕴含的语义线索，他们存在较大的解码困难。但是高阅读跨度者却能通过无灵生物主语所透露的语义信息规避歧义风险。

例 2 - 11 The evidence examined by the police turned out to be incorrect. (revised from Tanenhaus et al. , 1989)

例 2 - 12 #The defendant examined by the police turned out to be incorrect.（revised from Tanenhaus et al.，1989）

上面第一例中的初始名词是非有灵生物，所以不能作为后续动词的施事。如果非句法信息提示后续动词存在的必要性，被试可以凭借动词无灵生物的隐含信息判定后续动词是从属关系动词（reduced relative verb）而不会是主动词，并希望这种解码模式真正的施事可以在后面的解码中得到明示。一旦具有标志性的成分出现（如表示动词被动的 by），加工便会水到渠成，不产生认知困难。

相反，如果初始名词是有灵生物，如上面第二例，动词有作为施事的可能性，被试往往启动大概率的解码模式，将后续动词理解为主动词而不是小概率的从属动词。随着理解的深入以及标志成分 by 的出现，主动词模式受到挑战并被颠覆，被迫接受从属动词的解码模式。这个由顺畅到困惑再到停顿和转换的过程可以通过阅读时间的变化得到验证。

实验已经证明了高跨度阅读者比低跨度阅读者更容易受到有灵/无灵隐含语义信息的影响，他们对句法外信息的感知程度要比后者敏感得多。

有学者（Daneman and Carpenter，1980；Just and Carpenter，1992）在实验中也证明了高低阅读跨度者具有解码差异性。

如图 2－1 所示，在句法结构相同的情况下，记忆容量不同的高低跨度者在面对有灵/无灵主语的解码时产生了阅读时间的显著性差异。高跨度者总体时间水平要低，尤其在无灵主语时最低，而在有灵主语时与低跨度者耗时接近。有灵/无灵主语未在时间上对低跨度者形成较大影响。这说明高低跨度者对有灵/无灵主语变化敏感程度不同，前者更容易捕捉到句法外对解码有用的信息。无灵主语结构唯一性的潜在语义线索帮助高跨度者及时有效地进行语言处理，而如果有灵主语后续动词具有多种兼容结构将导致被试在多结构变化中延宕，增加解码困难。高低跨度者在解码有灵主语歧义结构时都遇到较大困难，高跨度者源于对句法外信息的高度敏感，而低跨度者源于对句法结构复杂性的感知困难，两者解码耗时接近 450 毫秒。

实验表明，高低跨度者共享认知容量和解码处理机制。低跨度者受限于自身有限的认知容量，即使在有非句法信息提示的情况下也不能高效地完成解读。高跨度者认知容量较大，可以整合很多句法外的信息，这为他们快速解读结构单一的句子提供了便利；但是，在解读蕴含多结构的复杂句时，高跨度者容量随复杂度攀升而需求度不断提高导致容量优势消耗殆

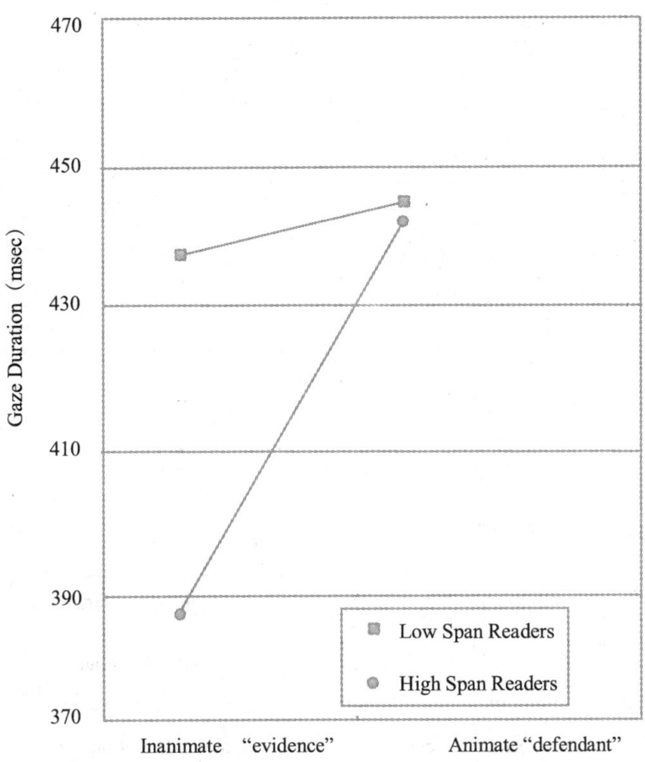

图 2-1 有灵/无灵主语与高/低跨度者效应（Just and Carpenter，1992）

尽（high span readers take full advantage of useful cues only when spare resource capacity is available, and that no supposed superiority is proved once the spare resource is occupied by the extra load of syntax）。

竞争模型（Eastwick and Phillips，1999）关注更多的不是句法信息或非句法信息的单独作用，而是关注在共享容量的情况下它们之间的竞争胜出机制（competition for resources focuses more on the competition between syntactic and non-syntactic factors for the same pool of resources）。花园幽径的行进错位可以通过调整主语内变化操作（within-subjects manipulation）来进行，这样可以屏蔽句法结构变化带来的影响。例如，无灵主语可以在标志词 by 之前就提供语义解歧信息而有灵主语则在标志词 by 出现的同时提供句法解歧信息（the inanimate subject provides a semantic disambiguation

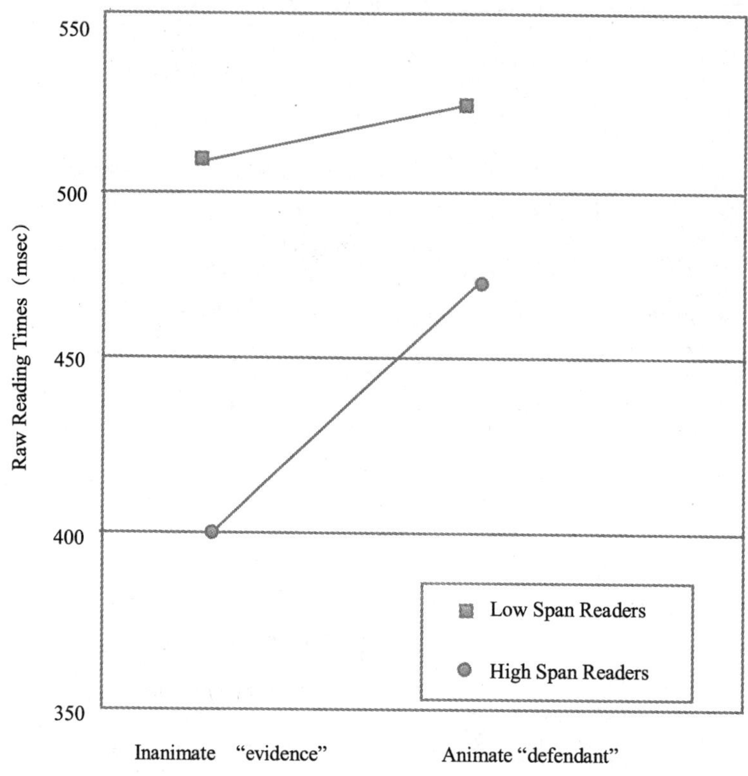

图 2-2 有灵/无灵主语与高/低跨度者效应（Eastwick and Phillips，1999）

before the by-phrase while the animate subject gives a syntactic disambiguation the moment the word "by" appears)。

如图 2-2 所示，在非嵌套简单句中（unembedded sentences），高阅读跨度者不管句子主语有灵还是无灵，阅读时间总体上都比低阅读跨度者耗时较少。主语是无灵生物时，高跨度者解码迅速，时间在 400 毫秒，而低跨度者需要耗时 500 毫秒多。但是，主语转换成有灵生物时，两者耗时差距缩小到 50 毫秒左右，这说明，高跨度者受到有灵主语的干扰较严重。从曲率变化来看，高跨度者在句法结构没有发生变化的情况下，主语内涵信息的调整就能带来解码快慢的变化，相应地曲度变化也较大。低跨度者对主语潜存信息不敏感，主语调整没有带来解码时间的显著变化，曲度变化较小。也就是说，句法外的蕴含语义信息对高跨度者有显著性影响。

在有歧/非歧（ambiguous/unambiguous）、有灵/无灵（animate/inanimate）、嵌套/无套（embedded/unembedded）多重效应的复杂句解码中，Eastwick and Phillips（1999）认为高低跨度者存在解码的显著差异。

例 2－13 The evidence recently examined by the lawyer was not very reliable.（Eastwick and Phillips，1999）

例 2－14 #The defendant recently examined by the lawyer was not very reliable.（Eastwick and Phillips，1999）

例 2－15 The evidence that was recently examined by the lawyer was not very reliable.（Eastwick and Phillips，1999）

例 2－16 The defendant that was recently examined by the lawyer was not very reliable.（Eastwick and Phillips，1999）

上例中，例 2－13 特征是（ambiguous，inanimate），例 2－14 特征是（ambiguous，animate），例 2－15 特征是（unambiguous，inanimate），例 2－16特征是（unambiguous，animate）。它们之间的效应对比如图 2－3 所示。

图 2－3 对非嵌套结构条件下高低跨度者解码效应进行了对照。如图，有灵/有歧结构（例 2－14）在四个检测点都表现出了最高的耗时性，具有认知过载的花园幽径效应。无灵/有歧结构（例 2－13）在前三个检测点都表现出了次高的耗时性，但在 lawyer 后解歧点出现时耗时降至四个结构的最低点，说明歧义结构在解歧点出现前对无灵主语也具有深刻影响，但在解歧点出现后影响完全消解。有灵/无歧结构（例 2－16）在前三个检测点都表现出了较低的耗时性，这说明有灵结构对解码有影响但在无歧状态下得到一定程度的消解。无灵/无歧结构（例 2－15）在前三个检测点都表现出了四个结构最低的耗时性，说明前期解码异常顺利；但在解歧点出现时耗时升至四个结构中的第二位，说明随着后续成分的加入前期非常快速的解读状态得到部分抑制并放缓，认知负担被迫提升。不过后三种结构在第四个检测点的耗时区间差异小于 20 毫秒，没有显著性变化。

2. 专享容量研究

与共享容量理论（shared resource account）相对的是专享容量理论

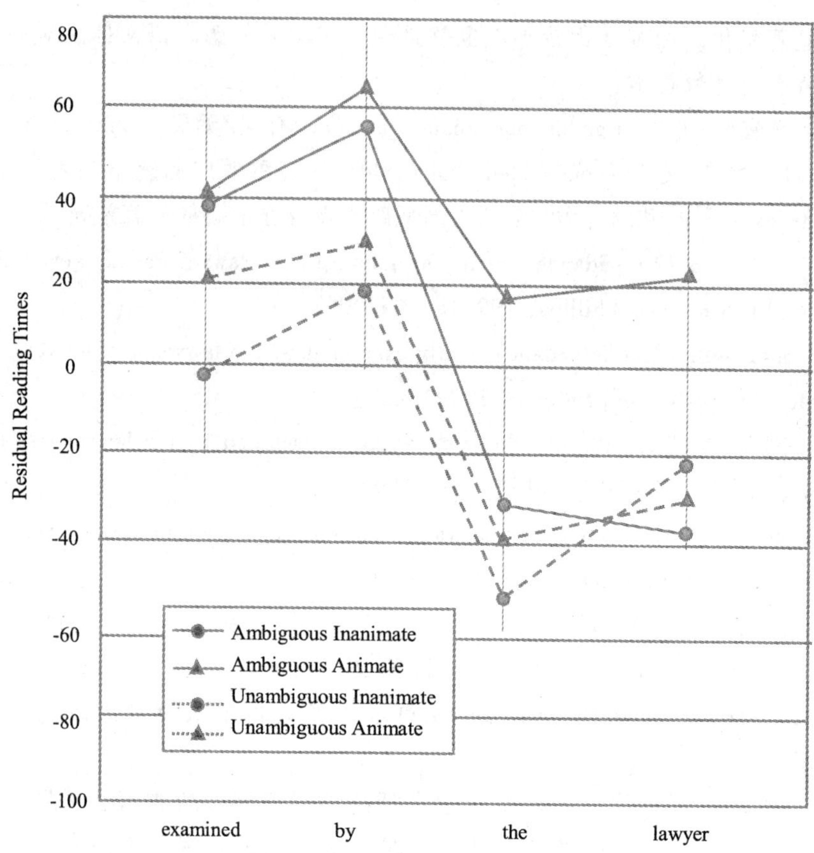

图 2-3 高/低跨度者多重效应对照（Eastwick and Phillips, 1999）

(dedicated resource account)（Caplan and Waters, 1995; Waters and Caplan 1996; Waters and Caplan, 1997; Caplan and Waters, 2002; Waters and Caplan, 2002)。倡导者们认为在语言处理模型中，工作记忆是分开的，一部分对语言材料进行实时的无意识加工，而另一部分却是受控的有意识的活动（a process model of two separate working memories in which one belongs to unconscious psycholinguistic process of online comprehension and another is involved in the process of "controlled"）；工作记忆容量的有限与否与语言处理没有直接关系（language interpretation functions are independent of working memory limitation)。尽管低跨度被试认知容量较高跨度被试小，解码效率也相对较低，但是没有证据说明他们采纳的解码模式异于高跨度者（no entirely convincing evidence shows low-capacity decoders adopt the processing strategies different from high-capacity decoders）。而且，低跨度者虽然在跨度测试中得分较低，但是他们也能够成功解读复杂句，容量不应该作为判定被试能力大小的标准，个体差异可能与工作记忆并没有敏感性关系（the individual difference in comprehension may be insensitive to working memory capacity）。

埃里克森等（Ericsson and Kintsch，1995）认为，高低跨度者的总容量应该是一致的（the total capacity cannot differ between high-span and low-span readers），但是，高跨度者能够在解码中兼容更多的信息进行整合，因而他们的短时记忆是扩大了的（working memory capacity can be greatly enlarged），效率和准确率都要比低跨度者高。

（三）尚好策略研究

克里斯琴森等（Christianson et al.，2001）在《沿着花园幽径徘徊的主题角色》（Thematic roles assigned along the garden path linger）一文中，通过对“While the man hunted the deer ran into the woods”等花园幽径模式的回溯性研究认为，解码者能够完全自动修复早期错误模式并最终形成与句法相符的解码模式（people completely repair their initial incorrect syntactic representations to yield a final interpretation whose syntactic structure is fully consistent with the input string）。歧义区域长度和最终解释的合理性（the ambiguous region and the plausibility of the ultimate interpretation）影响花园幽径模式的解码效率。通过构建花园幽径句中动词的语法特性可以看出，解码者并不总是采用某种形式的一般推理（general reasoning）或语用推理（pragmatic inference），语言加工目标也不总是创建一个理想化的结构，有时只是构建一个能满足基本解释的“尚好（GE：good enough）”模式（the goal of language processing is not always to create an idealized structure, but rather to create a representation that is “good enough” to satisfy the comprehender that an appropriate interpretation has been obtained）。

帕特森等（Patson et al.，2009）的《错误理解在花园幽径句中的存留：来自释义的证据》（Lingering misinterpretations in garden-path sentences：Evidence from a paraphrasing task）针对克里斯琴森等（2001）采用受限选择问答方式（forced-choice question-answering paradigm）得出的花园幽径模式“尚好”原则进行了验证性讨论。他们采用了较客观（less biased）的释义方法（paraphrasing methodology），实验后认为：在花园幽径句分析过程中，原构建的错误模式并不是主动退出的，甚至在回溯折返的再分析过程中仍旧存有认知残留（the original misinterpretation built during the analysis of a garden-path sentence lingers even after reanalysis has occurred）。这种残留导致存在一个中间模式。该模式解码不具有完美性但又不与先期模式一致（comprehenders' final interpretations of sentences are often incorrect and do not correspond to the initial input）。这个结果与一些学者（Christianson et al.，2001；Ferreira et al.，2002；Ferreira and Patson，2007）所提出的花园幽径解码“尚好”模式具有对应性。

费雷拉等（Ferreira，Bailey and Ferraro，2002）在《语言理解中的“尚好”模式研究》（Good-enough representations in language comprehension）一文中，对花园幽径模式和被动句的错误理解研究发现：解码者成功解读获得的句子意思往往并不用来反映句子真正内容（the meaning people obtain for a sentence is often not a reflection of its true content）；前期的错误理解即使在后期句法重新解码时仍然在认知中继续存留（incorrect interpretations may persist even after syntactic reanalysis has taken place）；语言处理有时只是局部的加工，语义陈述往往也不是完整的（language processing is sometimes only partial and that semantic representations are often incomplete）。也就是说，语言在加工花园幽径模式时并不一定会完全奉行语法规则，只要能够达到交流的“尚好”条件就可以实现解码。这与传统研究中“语言处理就是对输入成分完整、详细和准确的加工（the language processor is believed to generate representations of the linguistic input that are complete，detailed，and accurate）”这一观点相左。

为了进一步证实花园幽径模式加工中“尚好”GE 原则的存在，费雷拉等（Ferreira and Patson，2007）在《语言理解中的“尚好”策略》（The “good enough” approach to language comprehension）中提供了新的支撑材料：局部加工可以影响句法整体效果（local interpretations can interfere with global ones）；基于相关事件电位的实时研究证明了句子理解是简单的启发式而不是既定的程序式（the use of simple heuristics rather than compositional algorithms for constructing sentence meaning）；语言理解系统的瑕疵性是产生解码模式非完美性的根本原因，这为快速节俭启发决策（fast and frugal heuristics for decision-making）的使用提供了便利。

实际上，他们更注重的是花园幽径模式“顿悟”特性的存在。顿悟产生前，系统是“尚好”的勉强解码，花园幽径模式带来的信息不对称不能完全弥合。由于顿悟和进一步的信息处理需要一个过程，如果解码者由于各种原因无法等待全新的整合结果，那么他获得的就是“尚好”模式。

克里斯琴森（Christianson，2008）的《语法变化在花园幽径句中的敏感性》（Sensitivity to syntactic changes in garden path sentences）设计了两个文本变化的实验来分析花园幽径句中的非完全性句法复议（incomplete syntactic reanalysis）。他们通过在实验中添加或者删减代词“it”来激活被试感受语法变化的敏感性，并将结果与非完全性句法复议的预期进行对照。相关阅读时间的数据验证了这个敏感性结果（correlations with reading times support this interpretation），并与语言加工中“尚好（good enough）”策略的观点相一致。

克里斯琴森（Christianson，Luke and Ferreira，2010）在《结构启动的合理效应》（Effects of plausibility on structural priming）中提到，费雷拉（Ferreira，2003）所研究的语言现象是存在的，即母语是英语的成年人对蕴含可能却不合理语义关系的被动句的错误理解是经常发生的，甚至多于对合理的被动句和常规主动句的理解（native adult English speakers misinterpret passive sentences that relate implausible but not impossible semantic relationships significantly more often than they do plausible passives or plausible or implausible active sentences）。语言处理是沿着差异化形态句法和语义路线展开的（a language processor that proceeds along differentiated morphosyntactic and semantic routes），最终胜出的并不一定是最完美的解码模式，而是在竞争中具有较低活化点的“尚好”模式（the processor may end up adjudicating between conflicting outputs from these routes by settling on a “good enough” representation that is not completely faithful to the input）。这种观点与经济学领域劣币驱逐良币的“格雷欣法则”非常类似，即最好的结果未必是最终的结果，胜出的选择往往并不是最佳选择。

费雷拉（Ferreira，2003）在《非经典句子的误解》（The misinterpretation of noncanonical sentences）一文中提出，现行的语言理解比较关注句法歧义的消解，多数研究采用花园幽径句作为标准来判断系统偏好

（system's preferences），并评估其对非句法源信息（nonsyntactic sources information）的使用情况。但是，有的研究被忽视了，比如受到句法挑战但终归是无歧义的句子（syntactically challenging but essentially unambiguous sentences）该如何处理，包括那些主题角色分配的非典型顺序的被动句和宾语裂变句（including passives and object-clefts--sentences that require thematic roles to be assigned in an atypical order）。实验证明语言加工是算法式和启发式方法互融的（sentences are processed both algorithmically and heuristically）。全面理解理论（a comprehensive theory of language comprehension）认为，在语言处理过程中除了使用基于句法的算法程序式（syntactic algorithms）加工外，还包括简单的启发式加工（simple processing heuristics），后者有时候可能还会取代前者。语言往往是浅加工处理（shallow processing），产生的仅仅是"尚好（good enough）"低配模式，而不是对话语意义的详尽表达（rather than a detailed linguistic representation of an utterance's meaning）。

二　诱发条件研究

与句法唯一的观点不同，一些研究人员强调，非语法因素也影响了复杂句的阅读时间模式。他们的研究指向一个事实，即仅仅依靠句法因素来分析花园幽径现象对认知的影响是远远不够的，信息密度、经验控制、词汇期待、语义条件和语境限定都可能在花园幽径模式中成为可能的诱发条件。

（一）信息密度研究

耶格（Jaeger，2010）在《冗余和精简：言语者句法信息密度的管理》（Redundancy and reduction：Speakers manage syntactic information density，*Cognitive Psychology*，2010，61，1）中提出了基于信息理论的语言生成模型。语言之所以能够完成传递语义的功能，是因为信息能够从不均匀到均匀分布，从不对称到实现对称。"统一信息密度（Uniform Information Density）"模型认为语言生成受到语言信号信息能否均匀分配的影响（Uniform Information Density predicts that language production is affected by a preference to distribute information uniformly across the linguistic signal）。通过对自发语语料库中自然分布的数据信息进行单一多层次分类评定模型（a single multilevel logit model analysis of naturally distributed data from a corpus of spontaneous speech）的分析可知，信息密度效应是可以进行评测的，还可以对语言多结构的可用性（availability）、解歧性（ambiguity avoidance）和依赖性加工（dependency processing）进行预测。信息密度模型可用于预测说话者语言加工的喜好（information density emerges as an important predictor of speakers' preferences during production）。信息具有概率敏感性（probability-sensitive），语言加工者的偏好模型受到句法结构使用概率的影响（speakers' preferences are affected by the contextual probability of syntactic structures）。

如图 2－4 所示，信息密度随着时间的推移而发展。横轴代表时间，纵轴代表每个词的信息密度。两种从句选择式均能以相同的信息编码达到信息对称。虚线的信息解码路径不含引导词 that；点线的信息解码路径由 that 引导。从两图的信道容量 CC（channel capacity）可以看出：A 图中 confirmed 比 B 图中 thinks 具有较高的先验信息密度，两图中非 that 引导的信息路径均比对照组有较高信息密度，也就是更难理解一些。

如图 2－5a 所示，横轴代表信道容量的信息内容（information content of channel capacity），纵轴代表补语的预测对数差异（predicted log-odds of complementizer），两者呈现正相关。图 B 所示，横轴代表信道容量的信息内容，纵轴代表补语的预测概率（predicted probability of complementizer），两者呈现反抛物线上升趋势。在解码初期，可用于预测的信息内容较少，但随着可以使信息不断趋于平衡的有效内容的加入，可预测强度不断加大。

奥伯罗尔等（Oberauer et al.，2013）在《在陈述性和程序性工作记忆中选择和更新机制的相似度研究：信息实验和计算模型》（Analogous mechanisms of selection and updating in declarative and procedural working memory: Experiments and a computational model）中认为，陈述性和程序性工作记忆都由三个嵌套成分构成：激活的长期记忆（activated long-term memory），通过临时绑定构建的容量有限的中央组成部分（a central capacity-limited component for building structures through temporary bindings），以及由一个认知单元形成的关注信息焦点（a single-element focus of attention）。在对重复效应的实验中，他们发现较长的时间准备间隔可以降低任务切换和切换列表所需的认知成本（costs of task switching and of list switching are reduced with longer preparation interval），但不影响任务

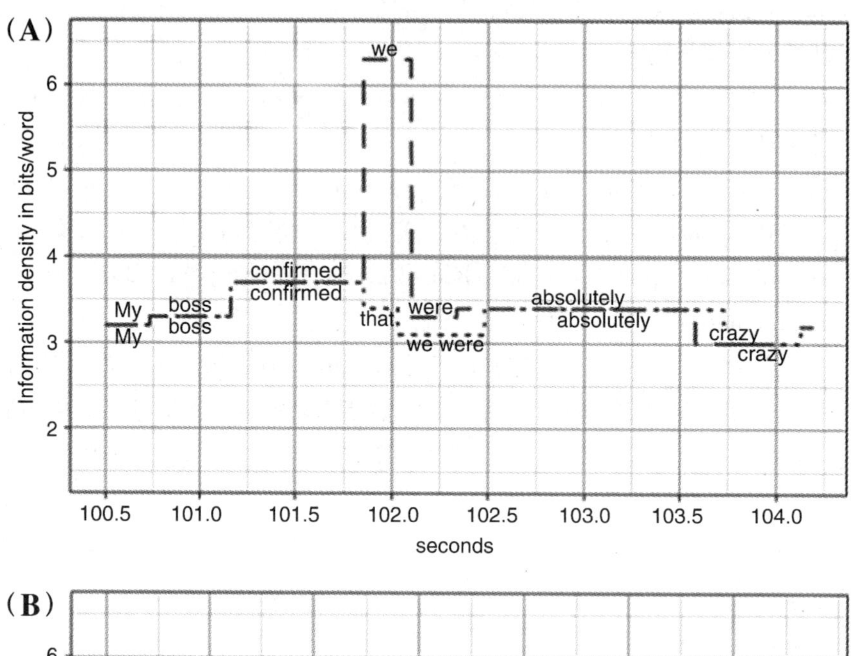

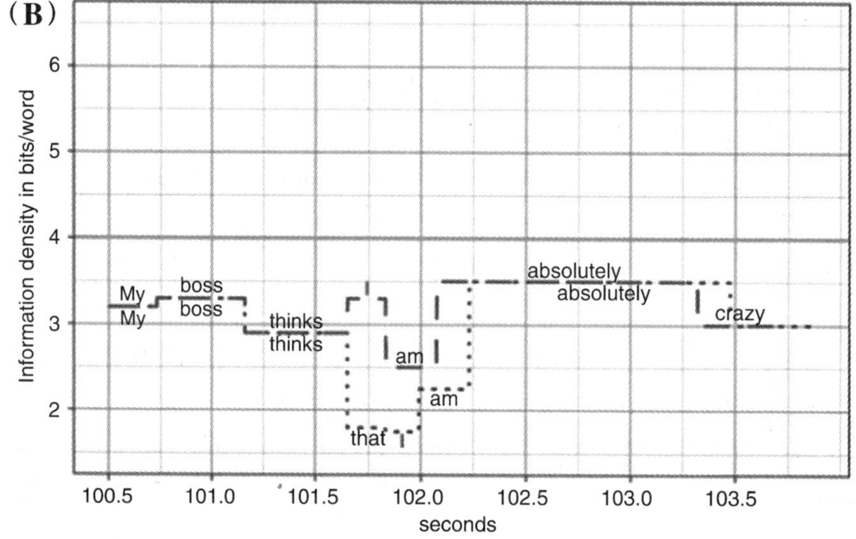

图 2-4　信息密度与时间对照解码（Jaeger，2010）

一致性和列表一致性信息效应（the effects of task congruency and of list congruency are undiminished with longer preparation interval），而且在程序性工作记忆中，响应重复与任务重复交互作用。构建的连接模型可用于解释信息选择和更新过程。该模型由两个模块组成，一个为单个项目选

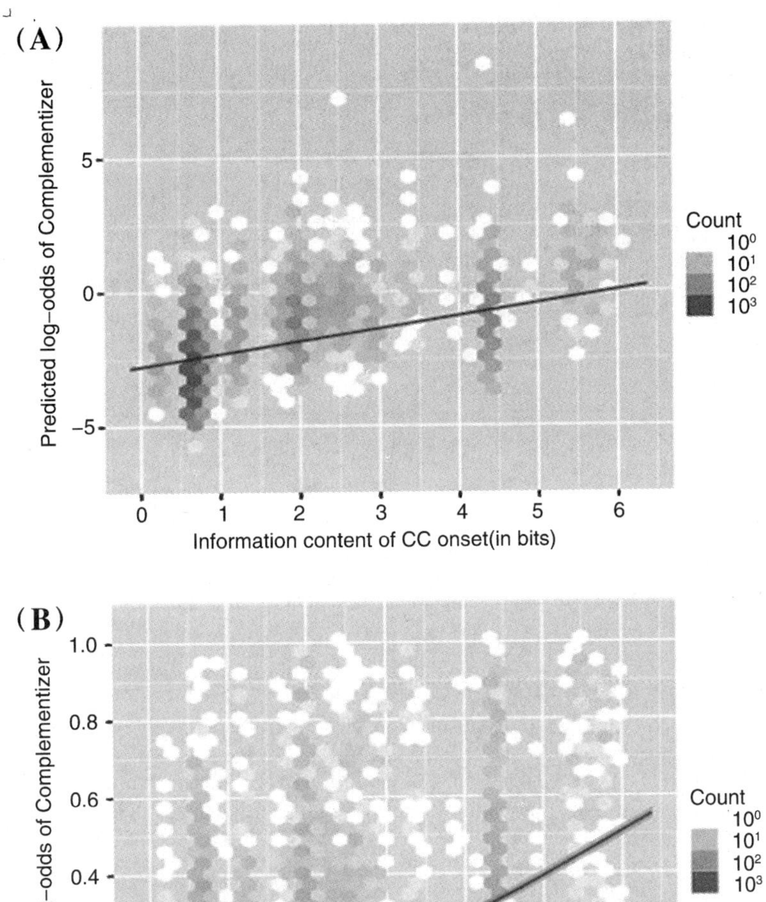

图 2-5　信道容量（CC）中信息内容与预测概率和对数对照（Jaeger，2010）

择模块（item-selection module），选择从内存集中传递的单个信息束，并对任务集（task set）单个信息进行响应。另一个为集成模块（set-selection module），用于选择多个记忆信息和任务信息。该模型可对单个项目选择模块中约束权重矩阵（the matrix of binding weights）进行编码，然后作为集成模块中的激活训练模式，并以此为认知信息系统在工作记忆中信息规模处理和分解提供帮助。

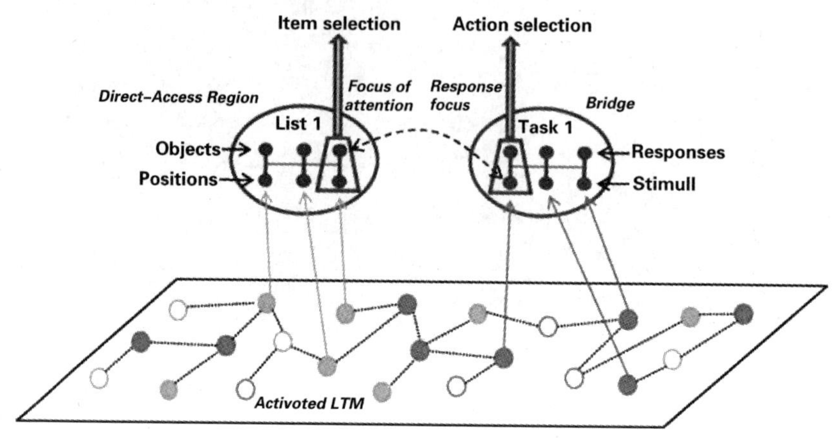

图 2-6　信息激活模型（Oberauer et al.，2013）

如图 2-6 所示，被激活的长时记忆网络（LTM：long-term memory network）在盘中通过着色深浅进行区分，深色为程序表达（procedural representations），浅色为陈述表达（declarative representations）。前者与信息过渡区域（bridge region）相连，后者与直接访问区域（direct access region）相关。直接访问区域和信息过渡区域包含很多临时绑定的信息单元，它们交互融合、彼此作用。信息的关注焦点（focus of attention）和回应焦点（response focus）分别为单个焦点单元的选择功能和回应功能服务。单项目选择（item-selection）中，信息单元所在系统的位置（position）具有选择的决定性；而在行为选择（action selection）中，信息单元所受到的刺激则至关重要。当输入信息与工作记忆中的暂存表达一致时（respond to representations in working memory），直接访问区域中的关注焦点列表被激活，随后传递给信息过渡区域的任务刺激，实现信息从陈述表达向程序表达的转化。这个传递过程通过中间的黑色虚线来表示。

如图 2-7 所示，A 图和 B 图分别是信息单元在同一和不同认知位置反复刺激时的转换示意图。位置一致部分用阴影表示，不一致位置单元间的转换用实线箭头表示，一致位置间的转换用虚线箭头表示。

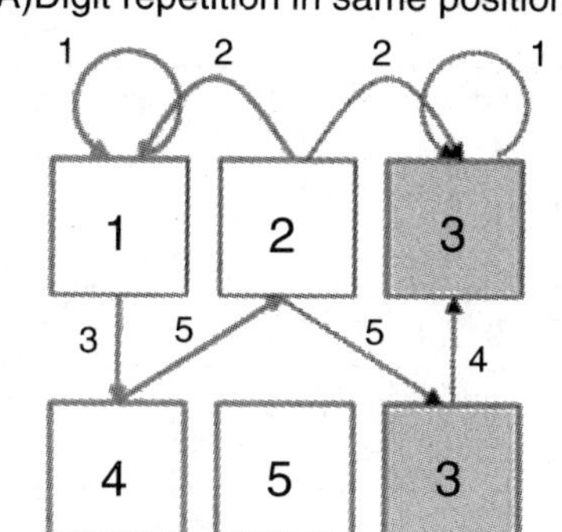

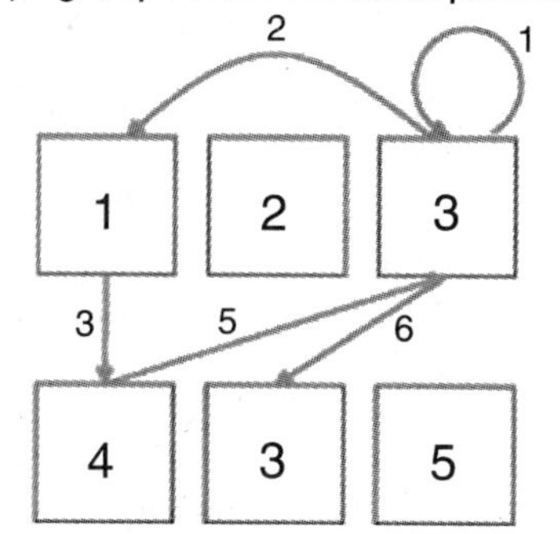

图 2－7　信息转换示意图（Oberauer et al.，2013）

如图 2－8 所示，在信息共享时相同刺激反应（shared response to same stimulus）与相异刺激反应（shared response to different stimuli）的信息转换序列是不同的。信息提示与靶向的时间间隔（CTI：cue-target interval）也会随着相关信息的对称程度发生偏移。信息转换在起始源（home button press）、提示源（cure presentation）、目标源（target presentation）和反馈源（feedback）组成的闭合循环中趋向对称。

法恩等（Fine and Jaeger，2011）的《语言理解对词汇线索可靠性变化具有敏感性》（*Language comprehension is sensitive to changes in the reliability of lexical cues*）提出，语言使用者在语言使用过程中能不断更新认知信息，并根据信息的可靠程度与基于概率的语言线索进行关联（this belief update allows comprehenders to combine probabilistic linguistic cues according

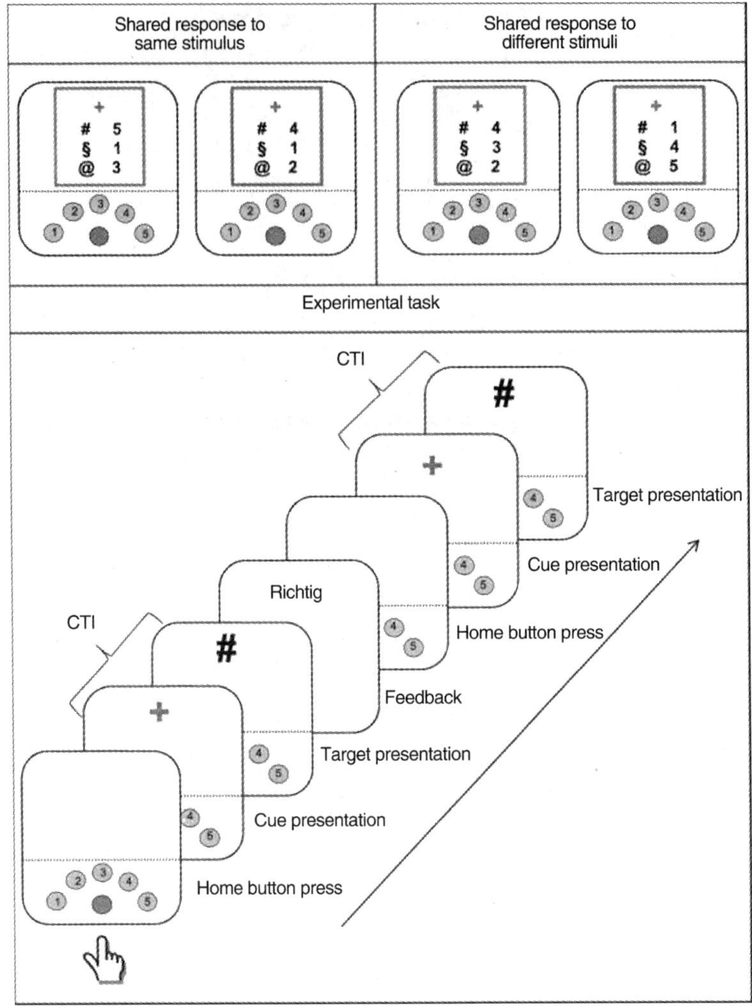

图 2-8 信息转换序列（Oberauer et al.，2013）

to their reliability)。信息往往呈现层次性。当与句法结构最相关的信息可靠度降低时，解码者顺次与第二层次的信息进行关联。这个结果与言语感知的随机线索集成模型（rational models of cue integration in speech perception）是一致的。这说明在感知和更高层次的认知任务中，有一个统一的计算模型来控制人类进行信息的交流使用（a unifying computational principle governing the way humans use information across both perceptual and higher-level cognitive tasks）。

（二）经验控制研究

与贾斯特等（Just and Carpenter，1992）和沃特斯等（Waters and Caplan，1996）在记忆容量研究中强调的"只有一个单独构建的可以通过容量跨度进行测试的工作记忆容量"（there is a unitary construct named working memory capacity which can be measured by working memory tasks），而且"阅读跨度、词汇决定和阅读都是语言处理中的任务，彼此平衡发展，没有哪一个比其他更具有优先权"（reading span，lexical decision and reading are all just language-processing tasks，any one of which cannot be provided as a more privileged status in a theory than any other）的观点不同，麦克唐纳等（MacDonald and Christiansen，2002）认为，网络结构和经验（network architecture and experience）对语言加工容量具有影响，这种认知容量不应该被视为不依靠其他因素而存在的独立部分。

工作记忆容量的独立化不能在语言处理中对语言个体的差异性辨别担当重要角色（The variations in a separate working memory capacity fail to play a crucial role in the individual differences during the comprehension period）。个体的解码差异很大程度上是语言经验不同导致的。

认知中潜在的解码模式本身并不是产生个体阅读跨度不同的根本原因（The underlying processing architectures are not directly responsible for the difference in reading span）。阅读经验丰富的被试具有较高的语言使用技巧和语言表现能力，较高的阅读跨度既体现工作记忆容量的不同，更体现语言使用经验的差异（Reading span tasks can serve two useful functions to measure both verbal working memory capacity and differences in language experience）。

语言结构成分与词汇成分和个体语言经历是相互作用的，尽管结构的罕见形式可能带来解码复杂性（the processing progress may be hindered by the extremely complex sentences which are ultra-rare）并导致解码的进度延迟，但是通过自我训练取得较丰富语言经验的被试具有比低阅读经验的被试更高的解码效率（high span readers based on past experience gained by self training can perform better than low span readers who less experience the difficulty of ambiguity）。

经验少的被试由于训练较少，在解歧时难以像经验多的被试那样对复杂结构高效整合（those who have more practical experience can compute complex combinatorial constraints efficiently)。这种与技巧和经验相关的语言观点在解歧方面是合理和可行的。(MacDonald et al. , 1992)

低跨度读者也不是对复杂约束完全无知（low-span readers aren't completely ignorant of complex constraints），像高跨度者一样，他们也为复杂约束提供详细的解码信息，但只有当他们有足够多的时间来弥补经验上的不足、反复咀嚼语言材料时才会发生（unlimited time is given for them to chew on a piece of material)。(Pearlmutter and MacDonald, 1995)

句法约束、语义约束和话语语境约束都对代词的先行配对的解码效率有影响（The constraints of syntactic level, semantic level and discourse-level can affect the efficiency of computing pronoun-antecedent pairing）（Gordon, Grosz & Gilliom, 1993）。高跨度者丰富的经验和充足的工作记忆容量让他们能在认知中对代词的先行成分（the pronoun's antecedent in memory）保持较长时间的存留，这样就能在代词和先行词跨度较大的时候提高两者匹配的效率。低跨度者由于存留时间较短，一旦代词和先行词两者跨度超长，他们无法完成解码。

高跨度者对细微的约束具有感知经验，所以能对语言中的低频用法获得精确解释。这个现象在语义层面和话语语境层面也存在。

个体差异的存在不是经验一个因素导致的，还可能由其他的语音因素、结构因素和实验因素（the various differences in the nature of phonological factors, architectural factors and experimental factors）的不同造成。这些因素可能相互作用。尽管语言处理中存在个体差异，容量不该被认为是原始理论，也不该是独立于其他因素的刺激操作（Even if the individual differences exist in processing skill, capacity is not considered to be both a primitive in the theory and an independent manipulation in a simulation)。(MacDonald and Christiansen, 2002)

在工作记忆容量的讨论中，麦克唐纳等（MacDonald and Christiansen, 2002）承认容量差异的存在，但是先天和实验因素（innate and experimental components）不容忽视。而且也不像有些学者（Caplan and Waters, 2002; Waters and Caplan, 2002）所言那样把容量看成是可以进行划分的，相反，容量是内在语言理解系统的一部分，但不是单独作用单元（capacity is an intrinsic part of the language comprehension system but not a separately modulated resource)。

例如，宾语从句歧义结构解码比主语从句歧义结构解码更依赖语音信息来解歧。在竞争语音激活的任务中，低跨度者遭受比高跨度读者更多的负载（These low-span readers will suffer more from the competing phonological activation from the load task than will high-span readers）。基于生物学的研究也提供了一些可靠证据，在儿童语言能力的言语潜质中存在预测语言能力的重大差异（biological component from a number of paradigms and laboratories can bring the reliable differences which can evoke potentials to speech stimuli and predict substantial variance in the children's verbal abilities）。(Molfese and Molfese, 1997)

塞登伯格（Seidenberg, 1985）认为，高频词的处理要比低频词处理更迅速和准确。对于经验丰富的被试来说，除了很少见到的非常低频的词外，他们在解码低频词时并没有感到特别困难，这是因为他们有较为广泛的阅读，具有较高的语言训练基础的原因（irregular words are no harder than regulars except the very low-frequency words since they have more linguistic experience than the poor readers）。而对经验不足的被试来说，高频词解码没有障碍；由于他们没有较为丰富的阅读经历，低频词处理时则需要付出更多的延宕时间（for poor-experienced readers, they have more time to linger when they are faced with irregular words except in the very high frequency range）。

宾语关系从句比主语关系从句更复杂（Bever, 1970; Holmes and O' Reagan, 1981; King and Just, 1991）。经验较丰富的高阅读跨度被试比经验略逊色的低跨度被试具有更好的解码条件，他们在处理复杂的宾语从句时也体现了超出后者的优越性（High-span readers can be more successful in processing object-relative clauses than are low-span participants now that they maybe read more and have more experience with relative clauses）。因此，训练相关的经验说对语言处理具有可释性。

泽瓦克斯等（Zervakis and Mazuka, 2012）的《句子可接受性复评效应和重复曝光效应》（Effect of Repeated Evaluation and Repeated Exposure on Acceptability Ratings of Sentences）讨论了复评效应和重复曝光效应（the effect of repeated evaluation and repeated exposure）在对可接受和不可接受的句子类型进行语法接受程度评价时的影响。实验中被试对两类不合语法的句子类型的多个样例进行测评，如只具有与格动词的非法绑定与双宾语结构（ungrammatical binding and double object with dative-only verb）。还对两类艰涩句进行评测，如中心嵌套句和花园幽径潜歧从句（center-embedded and garden path ambiguous relative sentences）。评测同时与符合语法或解读顺畅的简单句进行比对。实验发现，实验组被试在多次对相同句子进行评测的情况下会忽视语法的合法性，将不合语法的句子也认定为可接受的（subjects in the experimental group rated both grammatical and ungrammatical sentences as more acceptable after repeated evaluation than subjects in the control group），复评效应呈现。实验还发现，实验组被试在句子理解重复曝光后对中心嵌套句和花园幽径句的可接受度评价比没有重复曝光的控制组要高（higher in acceptability after comprehension exposure），重复曝光效应呈现。这个结果说明，句子可接受度的感知受到前经验制约并对语言理解的流畅性有影响（fluency of comprehension being misattributed as a change in acceptability）。

法默等（Farmer et al.，2005）认为，个体语言经历差异也会导致解码效果不同（Individual language experience can sometimes account for the great differences of processing）。对于具有较高阅读经验的读者来说，特定动词和前面的语境信息之间的直接作用可以驱动复杂句解码，影响阅读时间（the direct interactions between specific verbs and preceding linguistic context can drive reading times on complex sentences）。对于关系从句倾向（RC：relative-clause）的句子而言，如果支持这种结构的语境存在便产生经验正效应而不会导致困惑的出现。但是，如果提供的语境是支持句子性补语（SC：sentential-complement）的，那就出现经验负效应并出现花园幽径现象。被试的阅读跨度与语言加工的技巧相关，它们的跨度大小不是由工作记忆容量的大小来决定的，而是由被试的语言经历来左右的。也就是说，被试能记住多少语言材料并不是脑记忆容量控制的，而是被试对这些语言材料的熟悉程度决定的。

实验中提供的语言语境线索对于低跨度被试来说更有意义，因为他们对 SC（sentential-complement）与 RC（relative-clause）的转变并不敏感，所以受到的干扰也少。高跨度者则不一样。如果在句子补语 SC 与关系从句 RC 不匹配的语言背景下，高跨度者更容易被引入歧途，因为是伪语境让富有语言经验的他们经历了行进错位和信息断层，而后又被迫迷途知返，回溯到借用语境前的状态重新解码（high span participants would be more easily led down to the garden path than low span participants when a mismatch between context and ambiguity resolution occurs)。（Farmer et al.，2005）。

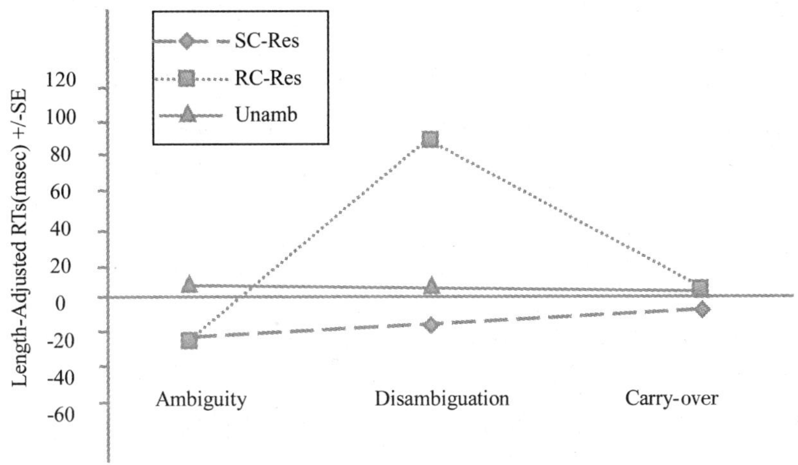

图 2－9　不同歧义结构与 SC 倾向实验语境效应（Farmer et al.，2005）

如图 2－9 所示，实验中把倾向句子补语 SC 的语境作为测试条件，分别放到不同倾向的结构中（SC 歧义结构，RC 歧义结构，非歧义结构），取得歧义（Ambiguity）、解歧（Disambiguation）、过载（Carry-over）效应。对 SC 歧义结构来说，由于实验语境与它本身的歧义结构倾向是一致的，所以在解歧中起到的是正效应，加快了解码速度。对于 RC 歧义结构来说，经验结构是关系从句结构，而实验语境指向却是句子补语结构，导致内在倾向和外在指向相悖的不匹配情况，因此在解歧时出现了长时间认知延宕，花园幽径效应启动。对于没有倾向的非歧义结构来说，对语境信息不敏感，解歧前后差异不大。在认知过载阶段（carry over），尽管有语境支持，但句法结构复杂到无法解读时，三种结构没有阅读时间差异。

如图 2－10 所示，在主动词 MV（main verb）结构与关系从句 RC（relative clause）结构中，RC 与歧义/非歧结构形成差异性效应。RC 歧义结构（图中三角部分）在解歧中耗时最多，易形成花园幽径效应。RC 非歧结构（图中大正方形部分）在解歧中耗时较多。其他两类 MV 结构解

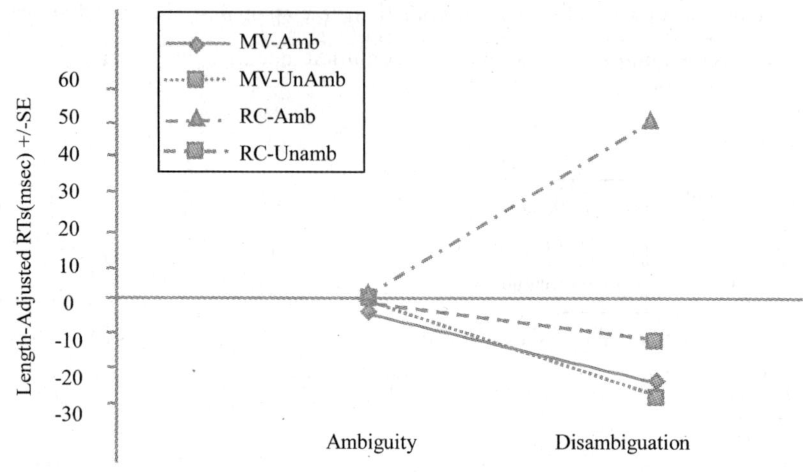

图 2－10　歧义/非歧结构与 MV/RRC 结构效应（Farmer et al.，2005）

歧时没有时间差异。这说明句法结构的复杂度对解歧效果有影响。

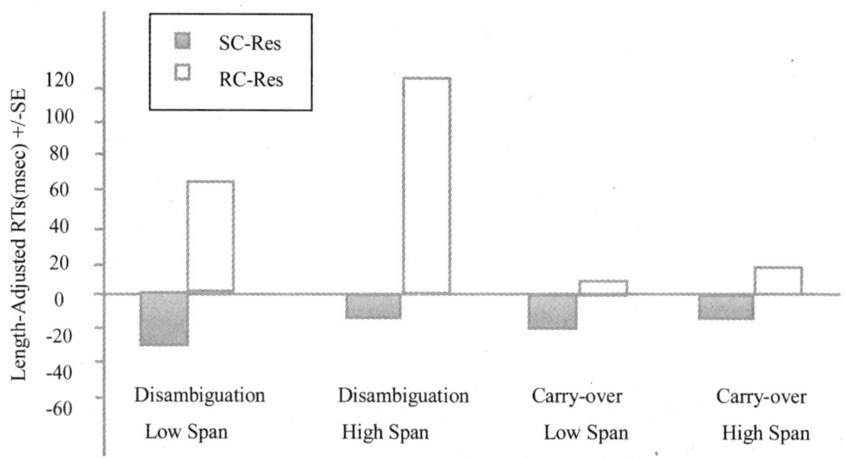

图 2－11　不同经验被试与歧义结构的语境效应（Farmer et al.，2005）

如图 2－11 所示，经验丰富的高跨度被试（high span）/经验略逊色的低跨度被试（low span），解歧点（disambiguation）/过载点（carry-over），句子补语（SC）/关系从句（RC）形成了在 SC 倾向语境中的相互效应。在 SC 倾向语境与 SC 歧义结构一致时，高跨度者比低跨度者解歧耗时较少（比较图 2－11 左侧两个深色部分）。在 SC 语境与 RC 歧义结构不一致时，高跨度者比低跨度者解歧耗时较多（比较图 2 - 11 左侧两个浅色部分）。认知过载时，语境对高低跨度者和歧义结构没有效应产生。这说明经验丰富的被试善于利用语境信息，如果产生正效应，提高解码效率；如果被伪语境诱导，反而降低解码效率；句法难到认知无法解读时，经验与语境都不起作用。

根据以上分析，法默等人得出结论：阅读跨度是与读者阅读经历而不是工作记忆相关，语言经历在花园幽径句解码中具有深刻影响（reading span task is grounded more in experience than memory, and language experience exerts lasting impact upon processing of garden path sentences）。

（三）词汇期待研究

有学者（Holmes et al. , 1989）发现，仅仅依靠最小附着原则不能解释根据动词次范畴偏好不同而产生的花园幽径模式（a principle of minimal attachment cannot account for the fact that differential garden-pathing occurs depending on the verb's sub-categorization bias）。词汇期待在语言加工方面具有深刻影响。相比较而言，从句倾向动词比名词短语倾向动词能诱发更多的备选结构（clausal-bias verbs can evoke more alternative structures than the NP-bias verbs），即更易引发花园幽径现象。

对于包含较长名词词组的句子（sentences containing long noun phrases）而言，名词倾向的动词在解码模式转换时容易引发花园幽径效应（garden path effect may be created if the NP-bias verbs are involved），这说明该效应可以为此类动词的研究服务（garden-pathing would be evidenced for NP-bias verbs with long potential object）（Holmes et al. , 1987），即词汇可能对句法结构解码具有影响力。

通过对实验材料中语法分类错误平均率（the mean percentage of grammaticality classification errors for experimental sentences）进行分析可知，从属补语（reduced complements）比有引导词 that 的补语（that complements）要难理解。名词短语如果既能作为前引动词的宾语也可以作为后续从句的主语时，而其又恰恰先被分配给前引动词做宾语形成伪处理而后又折返回溯分配给后续从句做主语形成终结模式，那么行进错位和认知过载均会产生。

词汇期待在解码早期非常有效（lexical expectations function effectively at an early stage of processing），对解歧效果影响较大的是歧义字符串的长

度（the length of ambiguous noun phrases）。从句倾向动词（clausal-bias verbs）在处理后续名词词组时，长度较短的成分更容易被认知优先接纳。也就是说，复杂句解码中从句倾向动词后续名词的子串长度对语言加工快慢有显著性影响。但是，这种长度效应情况只出现在从属从句中而不是在有引导词 that 的补语从句中。引导词 that 对后续名词的长度效应进行了消解。

表 2－1　**名词倾向和从句倾向动词频率统计**（Holmes et al.，1989）

NP-bias verbs			Clausal-bias verbs		
	NP	That		NP	That
Urge	92	5	Realize	0	97
Teach	85	0	Claim	3	69
Warn	82	10	Say	15	74
Answer	77	5	Know	21	74
Judge	85	15	Prove	8	59
Show	85	15	Swear	8	54
Repeat	79	10	Explain	21	64
See	77	13	Confess	15	56
Read	62	0	Decide	0	31
Hear	79	18	Deny	15	46
Recognize	74	23	Discover	33	64
Write	54	3	Doubt	18	46
Expect	41	8	Learn	18	34
Understand	51	21	Argue	8	33
Remember	46	28	Believe	21	38
Find	55	40	Forget	21	36

如表 2－1 所示，频率较高的认知模式通常是缺省的原型模式，在解码中首先被系统所采纳。频率低的模式通常是备选模式。当原型模式被备选模式颠覆时，花园幽径效应启动。

对包含名词倾向的动词的句子来说，从属补语成分承受较重的认知负担，并在阅读时间上得到反映（for sentences with NP-bias verbs, the reduced complements will impose an increased load on reading time)。名词倾向的动词和从句倾向动词在助动词后的交互反应表明补语类型与动词类型解码时是存在相互影响的（an analysis across both verb types at the next word after the auxiliary shows that the interaction of complement type and verb type is significant）。

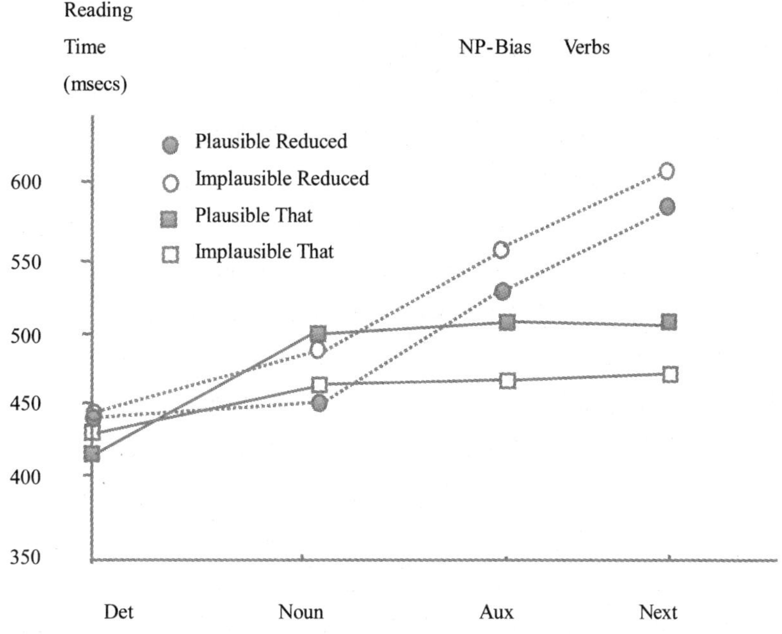

图 2-12 名词倾向动词合理性与结构性的交互反应（Holmes et al., 1989）

如图 2-12 所示，在名词倾向动词研究中，合理性分成合理与不合理两类，句子结构分成有引导词和无引导词两类。

在交互反应中，不合理无引导词的解码耗费认知时间最长，约为 600 毫秒，合理无引导词的解码时间次之。这两种模式都产生二次解码。前者百思不得其解，屡次分析均无法获得有效模式，在耗费较长时间后判定为不可解码。后者与前者不同在于有效解码模式潜藏于长时间分析之后，被试有“山重水复疑无路”的困惑，更有“柳暗花明又一村”的豁然开朗。

交互反应的另两类是不合理有引导词类和合理有引导词类。前者解读最快，不足 500 毫秒即可认定语句非法。这是因为引导词的存在极大降低了结构的复杂性，而语义的不合理性又提升了解码效率，也就是说认知系统排除此类交互模式是最快的。

名词倾向动词在语言加工时倾向于把名词作为直接宾语，但是一旦附加信息否决了这种模式并将名词重新分析成从句主语（the processing by default brings reanalysis at the disambiguating auxiliary if the original choice is replaced by the final result in which the direct object of the verb is re-processed as the subject of the following clause），便会导致解码错位和信息断层。

名词倾向动词后跟随的潜在宾语都有产生花园幽径效应的可能（long and short potential objects can surely produce the garden path effect for sentences with NP-bias complement verbs），而在从句倾向动词中如果名词字串长度较短则不会出现该效应（the garden-pathing fails to be shown for sentences with clausal-bias verbs when the noun phrases are short）。

实验中解码者构建的直接宾语结构（a direct-object construction）受到句子动词特定信息的影响（the specific information about the verb），而不是最小附着原则的影响。（Mitchell and Holmes，1985）

语言加工虽然复杂，但能够区分名词短语倾向动词（NP-biased verbs）和句子倾向动词（S-biased verbs），而且实验证明没有引导词 that 的从句解码时间要远远长于有引导词 that 提示的从句。这从词汇期待角度证明了花园幽径模式具有词汇依赖性的观点。对名词短语倾向动词的伪处理容易导致花园幽径效应（the direct result of the sentential processing of NP-biased verbs），即动词初期伪处理需要匹配直接宾语，但后期模式颠覆伪处理，动词转变为不需要匹配宾语的不及物状态，而名词短语转变成从句的主语。（Holmes，1987；Holmes et al.，1987）

麦克唐纳等（MacDonald et al.，1994）认为，从名词词组（NP：noun phrase）向句子补语（S：sentential complement）的转化也会带来花园幽径效应。例如：

例 2－17 Kate knew the answer much better.（MacDonald et al.，1994）

例 2－18#Kate knew the answer was simple.（MacDonald et al.，1994）

上例中例 2－17 特征是（NP），例 2－18 特征是（NP/S）。

人类语言的解码偏好并不是如花园幽径模式所预期的那样完全独立于非句法因素（human parsing preferences are not really as independent of non-syntactic factors as the garden path model predicts）。（Keller and Zechner，

1995）词汇的使用频率往往决定句子分析的顺畅与否。有时动词特殊的论元结构的使用频率（the frequency of a verb with a special argument structure）差异就会产生理解歧义。（MacDonald，1994）

次范畴特征（subcategorization feature）能反映句子结构特征，每个动词有选择不同成分的自由，即分类选择（category-select）。例如，kick + NP（kick the ball），give + NP + PP（give a present to Jane），think + S（think that Mary likes fish），tell + NP-S（tell John that the answer is possible），consider + NP/AP（consider Bill a fool/foolish）等。论元结构{knew，v，-NP/S}能解释上面第二例的花园幽径模式，即在NP/S中存在一个潜在结构歧义（a temporary structural ambiguity），它的解歧需要靠动词本身的对亚范畴框架的偏好（the verb's preferred subcategorization frame）来进行。当优选偏好结构不能担当成功解读的重任时，被试被迫选择非原型的备选结构，花园幽径效应形成（Holmes et al.，1989）。对此，特鲁斯威尔等（Trueswell et al.，1993）还将影响此类歧义的特征进行了分类：替代论元结构的相关频率（relative frequency of alternative argument structures）和省略标句词 that 的动词偏好（the preference of a verb to omit the complementizer that）。

虽然词汇期待假说的证据不是无懈可击的，但是它在对被试进行语言研究过程中被证明是行之有效的方法之一（Although the evidence for lexical expectation hypothesis is not unequivocal，it is still one of effective strategies for decoders to feasibly adopt）。

克利夫顿等（Clifton et al.，1984）对及物性动词进行的实验也证实了词汇期待的存在，而且也检测到被试在优选缺省结构被次选结构颠覆后产生的具有认知过载（an overload of cognition）的花园幽径效应。

具有不同倾向的动词在解码时表现了不同的解码特征，词汇期待策略是决定它们缺省结构存在并能优先得到采纳的理论依据（Holmes et al.，1989）。

对应公认的NP倾向动词来说，后续名词词组被合理性地理解为动词的宾语，对这种缺省的直接宾语结构的颠覆将带来认知的长时间延宕，直到新的正确结构得到构建（cancellation of the default direct object attachment would have to linger over until the verb phrase is processed）。动词本身能够后续不同结构的内在因素形成了可以启动不同解码模式的特性，也为此类动词的解读困惑埋下了伏笔。

词汇期待在句法解读初期对认知缺省模式的确定具有关键作用(Lexical expectations at an early stage of syntactic decision-making exert significant effect on the parsing models)。

一些蕴含多种后续结构的动词的存在加大了快速解码的困惑程度(Some verbs appear to grow in processing complexity in a rapid reading task when they potentially occur in more than one construction)。(Holmes and Forster, 1972)

动词结构多样性在提取中通常依据使用的可能性进行激活排序(syntactic possibilities are ranked in terms of likelihood and tested out in that order)。(Fodor, 1978; Ford, Bresnan and Kaplan, 1982; Holmes, 1984)

Mitchell and Holmes (1985) 认为,在具有 NP 倾向和 S 倾向的兼容动词中,引导词 that 如果缺失的话会给解码带来困惑。如果 NP 倾向的动词后续的不是名词词组而是从句成分的话,很容易产生行进错位的花园幽径现象。在折返性回溯中,动词本身的词汇期待起到了很大作用。

在 S 倾向的动词中,即使没有引导词 that 的存在,解码也是顺畅可行的,认知困惑程度不大。但是,这种情况对 NP 倾向动词则相反,会产生较为严重的信息断层和认知过载。例如,动词 suspect 属于 S 倾向,在下例中没有 that 也不影响解码;而动词 read 属于 NP 倾向,在没有 that 提示的情况下会默认后面的名词为直接宾语,等发现原来带直接宾语的结构无法成功解码时不得不回溯重新构建解码模式,遂产生花园幽径效应。

例 2 - 19 The marketing guy suspected financial reports had been lost. (Mitchell and Holmes, 1985)

例 2 - 20 #The marketing guy read financial reports had been lost. (Mitchell and Holmes, 1985)

在词汇期待理论中,动词在语言剖析中扮演着重要角色。这与其他的独立句法决定模型形成鲜明对照。例如,最小附着理论(minimal attachment)强调的是结构的独立性,结构外的因素不会对解码形成影响,即节点最少的结构具有认知优先性(with the fewest number of non-terminal nodes linking it with the nodes already present)。(Fodor, 1978; Fodor and Frazier, 1980; Frazier and Rayner, 1982)他们认为,动词不管具有什么样的倾向都会在歧义结构中选择缺省的直接宾语模式(decoders, based on structurally ambiguous sentences, stick to the principle upon which the direct-object assignment is by default the initial structural interpretation regardless of possible verb preferences, NP-biased or S-biased)。

霍尔摩斯等（Holmes, Kennedy and Murray, 1987）认为，句子倾向的动词结构在解歧时需要比名词倾向结构耗费更多的解码时间，这或许是因为认知要打破现有模式重新构建一个新句子结构远远比重新构建一个新短语成分要费力的多。

汤普森等（Thompson and Mulac, 1991）利用语料库语料对 that 的功能进行了验证。实验发现，在英语表达中省略 that 的情况是常态，通过从语料库（University of Pennsylvania's Wall Street Journal corpus）5000 个句子的统计来看，that 被省略的句子占到从属句总额的 33%。所以，部分读者会因为引导词的省略感受到解码的困难（it is often for readers to face up the difficulties to deal with the ambiguities resulting from the omission of complementizer "that"）。(Garnsey et al., 1997)

可是，在霍尔摩斯等（Holmes et al., 1987）实验中，同样的句式，that 的省略与否和阅读时间没有敏感效应（the sentence without *that* are read for no longer than the similar sentence with *that*）；后续名词短语的结构较其他结构解码区间较短（the processing duration of the sentence with noun phrase is shorter than the others）；实验被试解读中不采用预测方法，相反，他们具有延迟效应，等待后续成分进入系统后统一进行整合（The participants in the experiments fail to read in a predictive way, and delay in completing structural assignments until they may do so with fairly good certainty）。

对此，马库斯（Marcus, 1980）也提出过延迟或决策滞后假说（delay or decision-lag hypothesis），即被试在歧义出现时并不是马上进行解歧的，往往会等到拥有构建新认知模式足够的信息时才进行整合的（a decoder might note the occurrence of the ambiguity and delay in demonstrating some structural commitments, waiting until evidence becomes sufficient for making an appropriate choice）。

语言处理需要即时整合输入信息与认知存储中的知识（the quick integration of incoming words with stored knowledge），动词的倾向性对歧义的快速解读和解码过程中的可能性效应具有影响（rapid effects on ambiguity resolution and direct interaction with plausibility during comprehension since）。

（Garnsey et al. , 1997）

例 2 - 21 #The bus driver worried the tires were starting to go flat. （Garnsey et al. , 1997）

上例中，主语是有灵生物的事实要求动词“worry”后面跟随直接宾语的模式为首先模式，即 worry 应作为及物动词出现。动词 were 的出现使解码放慢直至停顿，附加的后续信息证明先前的解码是不合理的，必须折返回溯进行二次解码，遂产生花园幽径效应。该现象的产生是基于重新分析而不是初始分析的结果（The effect of garden path is basically due to revision rather than initial interpretation）（Garnsey et al. , 1997）。回溯效应已经在眼动实验中得到了验证。Ferreira and Henderson（1990）提出动词倾向效应对解码总耗时有较大影响，而对第一次注视区间影响不大，这说明动词倾向性控制的是回溯解码过程而不是初始解码过程（verb bias effect only exerts powerful influence on total reading times rather than on first fixation durations, which shows that verb bias affects reanalysis but not initial comprehension）。虽然 Ferreira and Henderson 的结果被特鲁斯威尔等（Trueswell et al. , 1993）所质疑，并被认为他们的实验动词材料选择上并不具有强倾向性（not strongly biased），而且暂时歧义名词也不适合作为直接宾语（the temporary ambiguous nouns are often not plausible as direct objects），动词倾向效应的存在是肯定的。

动词频率和动宾结构的可能性搭配是产生动词倾向效应的决定因素。歧义结构解读的眼动实验中，从句倾向性动词比名词倾向性动词在初次通过时间中耗时小（the processing in first-pass times is faster at the disambiguation region in ambiguous sentences when readers are faced with sentential complement bias verbs than in those when readers are faced with direct object bias verbs）。非歧义结构耗时均比歧义结构耗时少。歧义结构中当名词词组具有直接宾语和从句主语两种可能时，解码耗时较长。不同结构的初次通过时间和首次注视点的不同反映出被试在解歧时受到动词倾向的影响（The data from first-pass times and first fixations reflects the fact that readers are greatly affected by verb bias when disambiguating）；从句倾向的动词则没有这种可能效应的出现（there is no plausibility effect shown in experiments on any measure in sentences with sentential complement bias verbs, nor on first fixations in any condition）。（Garnsey et al. , 1997）

在直接宾语倾向动词后的名词解码中，以及无倾向动词的解歧中，都发现了可能性效应（the plausibility can affect first-pass times on the NP after direct object bias verbs and on the disambiguation after equi-bias verbs）。

总的说，动词倾向性和可能性互为影响，倾向性强则可能性弱，可能性强则倾向性弱（plausibility has little effect when verb bias is strong, and plays a great role when verbs are no biased）；当动词没有任何倾向的时候，可能性效应最强；当可能性指向不是倾向性结构而是次选结构时（plausibility supports the verb's less frequent structural alternatives），容易产生花园幽径现象。（Garnsey et al. , 1997）

在含有从句倾向性动词的句子中，引导词 that 如果习惯性被省略，那么读者在面临此类省略 that 的歧义句解码时，也会习惯性分析该动词后面的成分为从句补语，解歧速度很快（The more often "*that*" had been omitted from sentences containing a particular sentential complement bias verb, the more quickly people read both the NP and the disambiguation following that verb in a "*that*" -less sentence）。（Trueswell et al. , 1993）这说明引导词 that 虽然省略了，但是读者能够在解码时缺省补足该成分。这种省略补足现象在名词倾向动词的句子中就很少发现，这就导致引导词 that 在此类结构中省略时，后续的名词往往在认知上被认为是直接宾语而不是从句成分。一旦这种习惯性匹配后期被颠覆将触发认知回溯（Once "that" fails to come and the noun phrase is considered to be a direct object, cognitive revision will be triggered reasonably）。

（四）语义条件研究

句法歧义的解读通常受到句法外信息的影响，而且个体在面对花园幽径句时也会产生解码差异。句法的变化能带来许多可用的语义线索，但语义线索通常是备用条件，只有当读者基于简单句法无法处理复杂句时，而且句法因素没有对成功解析提供明确的证据，致使解码者陷入迷茫时才启动生效的（semantic cues will take effect only when decoders are faced with the confused state in which syntactic factor provides no clear evidence for successful parsing）。（Grodner et al. , 2002）

布林等（Breen and Clifton, 2013）提出，尽管会有回溯和歧义现象的存在，读者在文本默读时仍旧可以形成隐含韵律（readers form an implicit metrical representation of text during silent reading），以此减少认知解读的压

力。眼动实验表明，被试阅读时受到词汇类型的认知压力（the stress patterns of words），而且句法再分析通常同时导致韵律的再分析（syntactic reanalysis that required concurrent metrical reanalysis）。这种引发韵律再分析的句法再分析比不需要进行韵律再分析的句法再分析耗费更多的时间（longer reading times than syntactic reanalysis that did not require metrical reanalysis）。

贾斯特等（Just and Carpenter，1992）认为，那些帮助复杂句顺利解码的语义线索并不是持续有效的，它们会随着大量要求快速剖析的句法信息的涌入而功能衰减（the semantic cues which help the complex sentences parsing to proceed smoothly will decrease with a large increase in growing demands for syntactic processing）。对于句子补语（SC：sentential complements）和关系从句（RC：relative clauses）的结构来说，实验中的阅读时间差异反映了语义线索对前者简单结构加工具有高影响力（highly effective），而对后者复杂结构影响力锐减（less productive）这一事实。包含多种潜在句法结构的句子越复杂，非句法信息所能提供的有效资源就越少（the more complex a sentence containing various syntactic architectures is，the less a resource capacity for non-syntactic information is provided）。

尽管词汇期待研究表明优选缺省模式可能并不需要语义的支持，但语义条件却在语言加工中起到了举足轻重的作用。特拉克斯勒等（Traxler et al.，2005）对此进行了实验。他们把抽取主语/宾语的关系从句（subject/object extracted relative clauses）进行对照，并证明没有语义线索的情况下，抽取宾语的从句要比抽取主语的从句更难理解（without the help of semantic cues, object-extracted relative clauses are more difficult to process than subject-extracted one）。相反，在语义线索的提示下，句法复杂效应衰减或消解，动词的词汇特性在衰减或消解中并没有起到实质性作用（with the support of semantic cues, syntactic complexity effects are reduced or eliminated and the lexical properties of specific verbs have no significant impact upon the reduction or elimination）。

在有灵主语和无灵主语的讨论中，实验已经证明了前者存在主动词（main verb）和从属关系动词（reduced relative verb）兼容模式的转换可能，这就为低频模式取代高频模式的花园幽径效应提供了便利。非句法因素的语义条件可以在句法结构不变的情况下为认知系统提供解歧线索。（Trueswell et al.，1993；Spivey-Knowlton and Sedivy，1995；Gibson and

Pearlmutter, 1998）

在有灵效应（animacy effect）中，特鲁斯威尔等（Trueswell et al., 1994）发现花园幽径效应出现在标志词 by 这个解歧点上，而且只有当主语是有灵生物且具有歧义的条件下才成立（at the disambiguation point of "by" only occurs in the ambiguous condition with the animate subject）。

例 2－22 The defendant that was examined by the police turned out to be incorrect.（Trueswell et al., 1994）

例 2－23 #The defendant examined by the police turned out to be incorrect.（Trueswell et al., 1994）

例 2－24 The evidence that was examined by the police turned out to be incorrect.（Trueswell et al., 1994）

例 2－25 The evidence examined by the police turned out to be incorrect.（Trueswell et al., 1994）

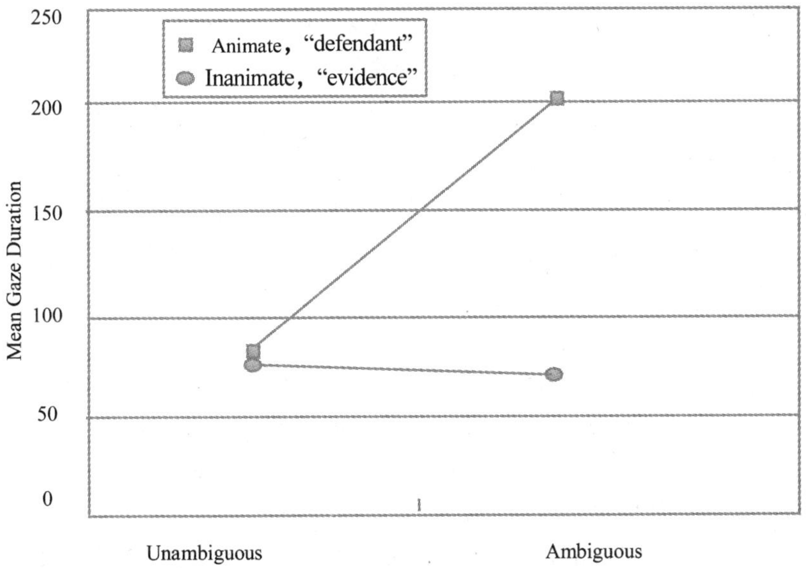

图 2－13　有灵/无灵主语与有歧/非歧结构效应（Trueswell et al., 1994）

如图 2－13 所示，曲率变化较大的是有灵主语（前两例），变化较小的是无灵主语（后两例）。阅读时间没有差异的是无歧义结构（that 引导结构），具有显著性差异的是歧义结构（无 that 结构）。有灵主语的歧义结构耗时最长，并引发花园幽径效应。

在抽取主语/宾语的关系从句研究中，短时记忆效应（working memory effects）得到凸显。(Traxler et al. , 2005)

例 2－26 The solicitor that irritated the jury provided clients with skilled advice on all legal matters.

例 2－27 #The solicitor that the jury irritated provided clients with skilled advice on all legal matters.

上面例 2－26 形成的是（subject-extracted relative clause），例 2－27 形成的是（object-extracted relative clause）。

学者们（Gordon et al. , 2001；Mak et al. , 2002）进行了系列实验来讨论为什么抽取宾语的从句要比抽取主语的从句更让人困惑。

在抽取宾语的从句解码中，认知系统要求被试能够对宾语空位找到填充（a filler），这样就可以完善句法结构并赋予格和题元角色（assign case and thematic tasks）。在寻找过程中，被试需要跨越较长的字符串直到搜寻到可以插入填充成分的语法空位。在成功匹配前，无法整合的信息一直暂存在工作记忆中，加大了认知负载并相应地延长了解码时间（The lingering effects of gap filling cause great working memory demands, which imposes an external memory load and results in considerable processing time delay）。个体解码复杂句的效率差异体现在个体解码任务指示和记忆任务转换能力上(Potential difference between individuals in processing complex sentences lies in decoders' different nature ability to provide task instructions and to switch memory tasks)。

统计数据显示，在初次回归（first-pass regression）、回归路径耗时(regression path time）和总耗时（total time）方面，有灵主语的宾语抽取句（object-extracted relative clauses with animate subjects）要比其他三类对照组解码需要耗费更多的时间，即无灵主语的宾语抽取句（object-extracted relative clauses with inanimate subjects）、有灵主语的主语抽取句（subject-extracted relative clauses with animate subjects）、无灵主语的主语抽取句(subject-extracted relative clauses with inanimate subjects)。总体上说，宾语抽取句要比主语抽取句难理解。(Traxler et al. , 2002)

例 2－28 The waiter that heard the explosion issued a brief witness statement.

例 2 – 29 #The waiter that the explosion frightened issued a brief witness statement.

例 2 – 30 The explosion that frightened the waiter destroyed two nearby cars.

例 2 – 31 The explosion that the waiter heard destroyed two nearby cars.

上面例 2 – 28 形成的是（animacy, subject-extracted），例 2 – 29 形成的是（animacy, object-extracted），例 2 – 30 形成的是（inanimacy, subject-extracted），例 2 – 31 形成的是（inanimacy, object-extracted）。

在实验中，含有无灵主语的解码无论在宾语抽取句还是在主语抽取句中耗时几乎相同，也就是说两者在无灵主语解码中没有区分度。但是，有灵主语的解码则复杂得多。有灵主语的宾语抽取句能产生更持久的溢出效应（longer lasting spill-over effects），尤其当需要拥有主题体验动词而不是具体动词时（when they possess a theme-experiencer verb than when they possess a concrete verb）。在工作记忆容量实验的基础上，特拉克斯勒等（Traxler et al., 2005）认为回归路径（regression-path）的高耗时能证明这个歧义结构比其他结构更复杂，而且高容量者解码速度较快。但是，并没有证据证明宾语关系从句延滞幅度（the magnitude of the object relative penalty）与工作记忆容量有直接关系，也否定了高容量被试在复杂句解读中能够采纳不同于低容量被试的解码策略的假定（denies the report in which decoders with high working memory capacity are hypothesized to adopt strategies different from decoders with low working memory capacity during the process of interpreting complex sentences）。

高容量者通常更能吸纳句法外信息帮助解码，所以他们也更能理解句法的话外之音，充分利用主语的语义线索来推动相关成分匹配论元位置（the high capacity readers show a greater ability to utilize animacy to facilitate the process of attaching constituents to argument positions）。（King and Just, 1991; Pearlmutter and MacDonald, 1995）

特拉克斯勒等（Traxler et al., 2005）在高、低、中三个容量层次（high-, mid-, and low-capacity participants）被试中进行的语言实验发现，有灵主语在宾语抽取句加工中都出现了延滞效应（object-relative penalty），三类被试反应近乎相同，并没有因为工作记忆容量的差异而导致刺激反应的不同。这说明工作记忆对具有有灵主语的复杂句解码影响力微乎其微。

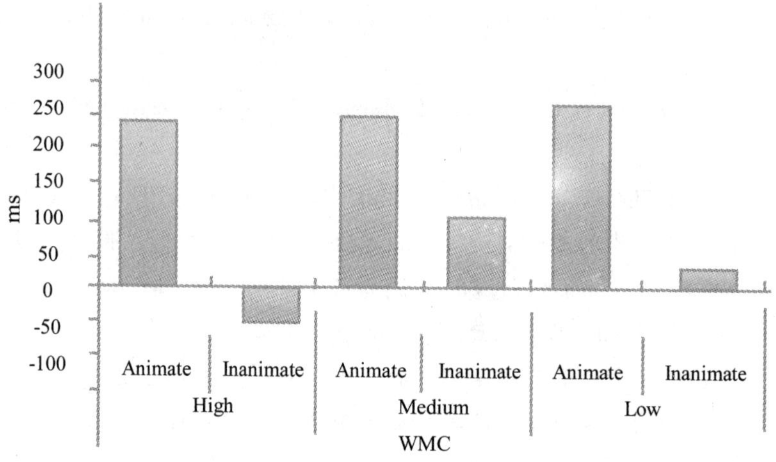

图 2－14　有灵/无灵主语与不同工作记忆容量效应（Traxler et al.，2005）

如图 2－14 所示，为便于比较，特拉克斯勒等推出“记录总耗时差（延滞效应）＝宾语从句耗时—主语从句耗时”的差值概念。有灵主语宾语从句延滞幅度在高中低容量被试中总耗时差从 239 毫秒到 259 毫秒再到 278 毫秒顺次微量递增，表现出近乎无法察觉的变化。

在无灵主语的解码中，三类被试差异显著。很明显，中低容量者都具有宾语从句延滞效应，在图上表现为正值；而高容量者为负值表示不具有延滞效应，也就是说高容量者能非常顺畅解读无灵宾语抽取句，其解码耗时甚至比无灵主语抽取句解码耗时更短，充分证明了高容量者具有高效利用语义线索的整合能力。高容量者在语义线索充分且指向唯一的情况下解码最快，但在多重指向的复杂结构剖析时不具有耗时的优势。工作记忆不是导致认知困惑的唯一因素，但是高容量记忆者对指向唯一的语义信息具有较高的敏感度。（Pearlmutter and MacDonald，1995）语义线索和句法线索在解码中相互作用。如果前者整合了促进解码的有效信息，句法负担和难度会相应降低，但如果整合的句法外信息效率不高，在复杂句中也无法实现高效解读。

赫斯本德等（Husband，Kelly and Zhu，2011）从世界知识非违例句角度讨论了神经影像学 fMRI 视域下的语义研究。以前神经基础的语义成分研究主要依赖对违例范式（violation paradigms）的讨论，如比较违反世界知识的不合理句和遵守世界知识的合理句（compare implausible sentences that violate world knowledge to plausible sentences that do not violate world knowledge)。这种比较是有问题的，因为它可能涉及非语言的操作，如语境修复和语境流程的不同，并最终导致拒绝对异常句进行解读，而这些过程并不是核心语言系统部分（This comparison is problematic as it may involve extralinguistic operations such as contextual repair and processes that ultimately lead to the rejection of an anomalous sentence, and these processes may not be part of the core language system)。而且，也不确定世界知识违例是否真的引起了语义成分的语言学操作（it is unclear if violations of world knowledge actually affect the linguistic operations for semantic composition)。也就是说，测量到的数据受到实验条件的人为干扰，得出的数据并不能解读语言核心系统的内容。为解决这一问题，赫斯本德等采用新的方法进行研究，即讨论两类符合语法、可能性、可接受（grammatical, plausible, and acceptable）的句子。通过设定不同的语义成分数量（the number of semantic operations）来进行区分，不涉及世界知识违例句（without the confound of implausible sentences)。实验发现，在解读需要额外合成运算（extra compositional operation）才能实现语义理解的补充胁迫句（如"*the novelist began the book*"）时，左侧额下回的 Brodmann45 区域得到活化，而控制句（如"*the novelist wrote the book*"）则不引起额外神经区域的激活。

补充胁迫句的处理（the processing of complement coercion）能够诱发与传统句法和语义违例（如"*the novelist astonished/write the book*"）不同区域的脑皮质激活。语义胁迫过程是语言能力的核心部分，但不会导致像语义和句法违例那样大面积的脑网络激活（coercion processes are a part of the core of the language faculty but do not recruit the wider network of brain regions underlying semantic and syntactic violations)。这个实验说明，句法研究是受到语义影响的，引起歧义的语义因素虽然比较细微，但在神经影像学中却有着显著性差异。

（五）语境限定研究

花园幽径模式解读中，名词短语的句子性补语（SC：sentential complement）和关系从句（RC：relative clause）都受到语境条件的限定。解歧时，被试在行进错位（processing breakdown）过程承受着认知过载的压力，阅读时间较常规延长，直到最后从初期的认知缺省伪模式（通常是 NP sentential complement）过渡到后期的复杂正确模式（通常是 reduced relative clause)。实验中，阅读时间的延宕导致折返回溯的心理落差，产生花园幽径效应。(MacDonald et al., 1992; Kemtes and Kemper, 1997)

例 2-32 The Chief of Police told reporters that the suspect killed the victim in the criminal case.

例 2-33 #The Chief of Police told reporters that the suspect killed to be sung as a national hero.

例 2-34 The Chief of Police asked reporters that the suspect killed to be sung as a national hero.

上面三例中，成分“that the suspect killed”产生了句法歧义。“told”可以作为名词短语句子性补语（第一例），也可以作为关系从句成分（第二例）。前者通常是认知缺省模式，而后者的解码由于使用频率较低，较易引发解码信息断层的花园幽径效应。解歧点出现在“killed”后。第三例中，“asked”替代了“told”，后续的“to be sung”将不会产生认知过载现象，源于“ask…to do sth”模式在认知中具有原型特征。这说明，语境尽管是句法外信息，但可以在艰涩句的解读中规避花园幽径效应。(Altman et al., 1992)

解歧的实验数据可以从阅读跨度（reading span）角度辨析解码者借助语境线索的语言处理能力。斯皮维等（Spivey and Tanenhaus, 1994）借助语料库讨论了为什么会有认知缺省模式的存在。实验发现，当“told”引领 SC/RC 结构歧义时，作为名词短语句子性补语的语境出现频率要远远高于作为对照组的关系从句语境（sentential complement-supporting context is far preferable to relative clause-supporting context when *told* introduces the SC/RC structural ambiguity)。频率分布的不平衡是语言经验和语境复杂作用的结果。高阅读跨度被试（high span reader）具有对 SC 模式强烈的认同感，一旦 SC 模式被后续信息颠覆，并被非原型的 RC 模式所取代时，高阅读跨度被试要承受更多的花园幽径之惑（they will be more garden-pathed if the successful alternative of RC choice is finally offered)。

帕尔玛特等（Pearlmutter et al., 1994）利用联结策略（a connectionist strategy）讨论了影响解码 MV（main verb）/RR（reduced relative）歧义模式的语境效应（context effects on the decoding of MV/RR ambiguity)。首先提取出现在《华尔街日报》（*Wall Street Journal*）语料库中的 60 个动词作为训练集，然后对语义特征和论元结构进行标注。按照训

练集信息，他们依据对语境敏感的词汇化模型进行了系列刺激生成花园幽径效应的实验（a set of experiments to simulate a garden path setting and build on their lexicalist model which is sensitive to context information）。实验表明，如果主语是有灵生物 <施事，主题> 要比 <原因，主题> 具有更高的优选性（a strong preference for <agent, theme> over <cause, theme> if the subject is animate），也就是说，如果主语是可以作为动作发出者，认知系统更倾向于把 MV/RR 备选结构理解成 MV，后期一旦发生 RR 模式胜出的格局，回溯极易产生。

黑尔等（Hare, McRae and Elman, 2003）的《理性与结构：意义决定动词次范畴倾向》（Sense and structure: Meaning as a determinant of verb subcategorization preferences）认为，动词允许多个不同发生概率的次范畴化结构的存在（verbs may allow multiple subcategorization frames that differ in their probability of occurrence），虽然动词次范畴化偏好具有概率描述性，但这些概率受到潜在的非随机因素影响（although a verb's overall subcategorization preferences can be described probabilistically, underlying non-random factors may determine those probabilities），例如动词的语义特征（verb semantics）。同一动词的次范畴在意义上往往也有差异（a verb's subcategorization profile can vary by sense），例如动词"find"次范畴是"定位（locate）"时，后续成分构成 DO（a direct object）结构；如果次范畴是"意识到（realize）"时，后续成分构成 SC（a sentential complement）结构。如果缺乏动词的次范畴信息，解码时就会陷入潜在歧义状态。语料库的概率化分析和基于语境的概率辨别可以为动词次范畴分析服务。在自定速阅读时间实验（a self-paced reading time experiment）中，通过设定歧义/非歧义 SC 结构对比和语境限定的 DO/SC 倾向结构对比，可以发现具有意义倾向的语境（sense-biasing context）对阅读时间有影响。

特拉克斯勒（Traxler and Tooley, 2007）的《词汇调解和句子处理中的语境效应》（Lexical mediation and context effects in sentence processing）提出，在语境什么时候和怎样影响语言加工过程的问题解答中，句法歧义消解的研究发挥了重要的作用，讨论通常涉及模块和互动（modularity versus interaction）研究。语境效应（contextual effects）常被作为非模块化的证据，即负责句子构成的认知系统需要参考语境或语义语境的渗透

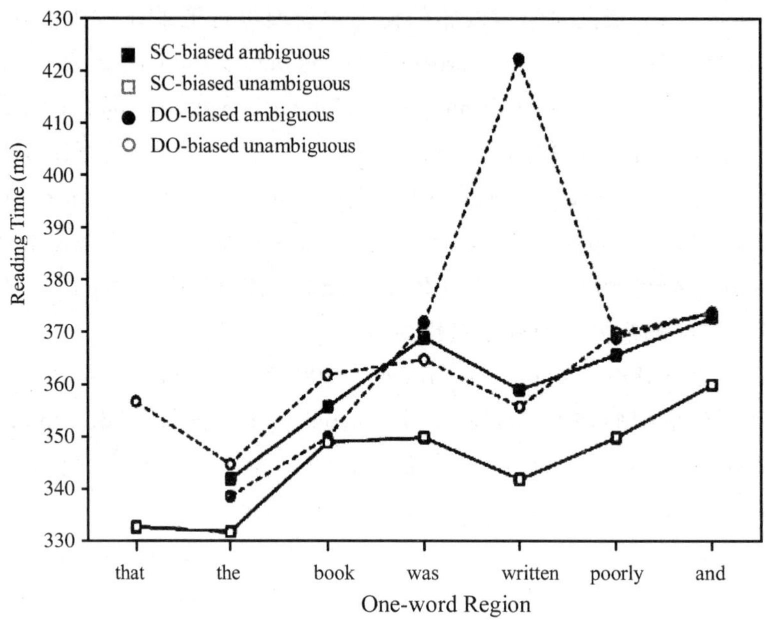

图 2-15 意义倾向语境解歧测试（Hare，McRae and Elman，2003）

(the mechanisms responsible for structuring sentences are permeable to referential or semantic context)。除论元关系在词汇存储相关的句法结构（lexically stored syntactic representations）中得到构建外，其他结构关系依靠一般加工原则（general processing principles）进行。基于眼动的实验证实了不管是句内还是句间出现的快速短时语境（short-term context），还是延时出现的长时语境（long-term context），都影响了论元关系的加工。

克里斯琴森等（Christianson and Luke，2011）的《语境对初始文本误读的强化》（Context Strengthens Initial Misinterpretations of Text）设计了三个自定速阅读实验（self-paced reading experiments）讨论在潜歧性从句的回溯纠错性解码（in the difficulty of revising initial misinterpretations of subsequent temporarily ambiguous sentences）中语境的效应。比如设定包含 NP/S 的并列歧义结构（coordination ambiguities）目标句，分为初始解码模式与后期解码模式一致和不一致（即花园幽径模式）两个对照组，其中在线阅读时间和离线问题回答是两个因变量（dependent variables）。结果表明，输入文本的前期命题内容（propositional content of incoming text）与现存语境命题内容（propositional content of the context）一致时，读者常常在认知中存留这种暂时正确的解码模式（hang on to the resulting coherent interpretation），尽管随后输入的信息可以证明正确模式与存留模式相矛盾（even when subsequent input contradicts it）。语境对阅读时间和终结模式有影响。当语境和设计的问题误导读者指向不正确的解码模式（context and comprehension questions bias readers toward the incorrect interpretation）时，即使没有歧义的句子也被读者误读。语境的语义内容和句法形式（semantic content and syntactic form of context）深刻影响着认知后期解码模式的整合。

塔嫩豪斯等（Tannenhaus et al.，1985）指出，宾语合理性（object plausibility）效应在及物动词中得到凸显。如果动词具有及物动词和不及物动词兼容模式，宾语合理性效应使其倾向于采纳及物动词解码，但后续成分的加入颠覆了及物动词模式并不得不重新分析并接受非及物动词模式时，认知过载情况加剧。动词在选择及物与否的时候，语境信息起到关键作用（pragmatic information can offer different choices for decoders about whether a verb is considered to be transitive or intransitive）。（Clifton et al.，1984）

当解码语境缺失的时候，解码者把结构优选模式作为缺省（decoders regard structural preferences as default options），而优选模式的前期构建又常常受到更早些时候语境的左右。也就是说，优选结构在解码前就已经完成构建了，而且已经受到过语境影响了。如果解码时没有新语境的加入，认知系统将默认上次模式有效，直至足以证明默认模式无效的新语境出现。

凯勒等（Keller and Zechner，1995）关注词频和语境的相互效应，并且在宾州树库UP（the University of Pennsylvania Treebank corpus）基础上进行了定量分析，把语法和语义特征标注在前动词和后动词语境上（encode syntactic and semantic features for both the pre-verbal and post-verbal contexts）。他们选择了9个随机动词（admit，assert，imply，deny，maintain，recognize，reveal，confirm，observe）作为训练集，并把它们分成偏句子类、偏名词短语类和无偏好三个类（S-biased，NP-biased，Equi-biased）。每一个动词按照频率倾向都要进入且只进入三类中的一类，具体数值如表2－2所示。

表 2-2　　**基于宾州树库的训练动词词频分布**

(Keller and Zechner, 1995)

	S-biased			NP-biased				Equi-biased		
	adm.	ass.	imp.	deny	mnt.	rcg.	rvl.	cnf.	obs.	total
UP frequency	109	71	36	81	213	97	49	181	18	855
encoded tokens	50	44	25	40	172	62	38	144	7	582
past	30.0	31.8	28.0	.0	19.2	21.0	44.7	73.6	14.3	35.4
present	60.0	54.6	68.0	75.0	33.1	53.2	39.5	18.8	85.7	45.1
future	4.0	2.3	.0	.0	7.0	3.2	2.6	2.1	.0	3.6
infinitive	6.0	11.4	4.0	25.0	40.7	22.6	15.8	5.6	.0	20.1
preverbal animacy	100.0	90.9	36.0	87.5		67.8	31.6	77.8	100.0	79.9
postverbal animacy	46.0	38.6	40.0	32.5		14.5	23.7	41.0	28.6	27.3
presence of that	42.0	70.5	60.0	15.0	24.4	29.0	34.2	43.8	57.1	36.6
presence of to	12.0	.0	.0	.0	.0	.0	2.6	.0	.0	1.2
presence of adverb	4.0	9.1	8.0	5.0	.0	.0	2.6	5.6	.0	3.3
NP complement	14.0	11.4	24.0	55.0	68.6	59.7	57.9	42.4	42.9	48.3
S complement	72.0	77.3	76.0	30.0	30.8	33.9	34.2	54.2	57.1	46.4
others	14.0	11.4	.0	15.0	.6	6.5	7.9	3.5	.0	5.3

表 2-2 所示，训练动词的句法和语义特征都得到了标注。其中，三个动词（admit, assert, imply）是倾向于后续从句的，频率分别是 72.0，77.3，76.0。四个动词（deny, maintain, recognize, reveal）是倾向于后续名词词组的，频率分别是 55.0，68.6，59.7，57.9。其他两个（confirm, observe）从频率上分析偏好性对比差异度不大，NP/S 对比度分别是 42.4/54.2，42.9/57.1。

在解读 NP/S 歧义时，被试通常按照频率倾向性分布进行优选，当次选结构后期颠覆优选结构成为终结模式时就会产生花园幽径效应。

例 2-35 I can't deny her remarks very strongly.

例 2-36 #I can't deny her remarks don't hurt me.

例 2-37 They loudly assert that ability is exceptional.

例 2-38 #They loudly assert that ability much confidently.

上面例 2 - 35 形成的是（NP-biased，55.0%），例 2 - 36 形成的是（less-biased，30.0%），例 2 - 37 形成的是（S-biased，77.3%），例 2 - 38 形成的是（less-biased，11.4%）。

句法解读的词汇化理论是受到词汇连接模型和语境效应影响的（the lexicalist account of sentence processing is supported by the connectionist model of lexical and contextual influences），不同动词的论元结构频率与受到句法和语义语境限制的优选模式相关（the argument structure frequency of different verbs is correlated with the respective processing preferences related to syntactic and semantic context）。（Keller and Zechner，1995）

三　检测方法研究

对花园幽径模式进行的检测包括多种方法，主要有眼动实验、事件相关电位（ERP：event-related potential）研究、脑电图（EEG：Electroencephalograph）研究和功能性磁共振成像（fMRI：functional Magnetic Resonance Imaging）实验。

（一）眼动实时研究

帕特森等（Patson and Warren，2010）的《艰涩句阅读时的眼动研究：语义整合中的潜在结构影响》（Eye movements when reading implausible sentences：investigating potential structural influences on semantic integration）认为在非歧义句阅读时如遇到不符合认知的情况会发生信息流的中断，这对研究语言加工中语义解释时间变化过程具有可鉴性（informative about the time course of semantic interpretation）。眼动实验中采用与认知不符的句子（implausible sentences）来研究像词间结构关系和词距这样能引起认知相悖的局部因素（local factors like the structural relationships and the distance between words cueing a plausibility violation）是否以及怎样影响整体语义关系（a global semantic interpretation）的整合。实验证明，局部结构因素不影响新词语义整合的速度（local structural factors do not influence how quickly new words are integrated into a semantic representation），整体事件表达决定了认知相悖因素的处理进程（the global event representation determines the time course over which implausibility is detected）。

沃伦等（Warren and McConnell，2007）的《在阅读中眼动的选择限制违规效应与合理性违规效应研究》（Investigating effects of selectional restriction violations and plausibility violation severity on eye-movements in reading）主要讨论了不同种类的知识是否以及如何影响对合理性违规和可能性违规的探测（whether and how different kinds of knowledge affect the detection of plausibility and possibility violations）。实验中，在阅读受到选择限制违规诱发的不符合认知的句子时，被试的眼动过程得到实时分析，以此评测阅读中断的时间是否受到整体的语义影响。实验结果发现，通过索引回归眼动法（measures indexing regressive eye-movements）被试在两种极端不可能的语言条件解码时都被检测出了相似的解码中断（similar disruption in both extremely implausible conditions）。这说明，虽然可能性违规和可信性违规（possibility and plausibility violations）引起的中断幅度和延迟情况（magnitude and latency of disruption）不是对整体极端语义（不可信/不可能）的简单反映，但是选择限制违规的确影响了早晚期解码中断的时间过程。也就是说，选择限制违规效应对语义有影响。

斯托布等（Staub et al.，2007）《阅读中眼动的合理效应的时间过程：来自名词与名词复合成分的证据》（The time course of plausibility effects on eye movements in reading: evidence from noun-noun compounds）对读者在阅读含有不同使用频率的名名复合词（例如，电梯机械，山狮）的句子时的眼球运动进行了监测。复合词左边的成分作为名词的头词出现，在复合词整体语义是合理的情况下（the compound as a whole was always plausible），头词语义再分成合理与不合理两类（plausible or implausible as a head noun）。当复合名词的左边头词在语义上是令人难以置信的时候，这个词的阅读时间被延长，形成了注视效应。复合词频率（compound frequency）对合理性效应（plausibility effect）没有影响，中断随着被试把眼睛移动到下一个单词而结束。这说明解析器本能将首现的单个名词作为头词而不是修饰词出现（the parser initially analyzes a singular noun as a head instead of a modifier），而且眼动的快速合理效应（rapid effect of plausibility）不源于认知策略因素（not due to strategic factors），该效应只出现在整体语义合理的句子中（this effect appeared in sentences that were globally plausible）。

帕特森等（Patson and Ferreira，2009）的《影响早期剖析结果的概念复数研究：以互惠动词的花园幽径句为例》（Conceptual plural information is used to guide early parsing decisions: Evidence from garden-path sentences with reciprocal verbs）在三个眼动实验中讨论了在由互惠动词（reciprocal verbs）组成的暂时歧义句的初始分析（initial parsing decisions）中概念复数（conceptual plurality）的角色，如例句“while the lovers kissed the baby played alone”，即花园幽径模式。通过调整第一个从句的主语状态，他们分析了三种复数名词词组，即像“the bride and the groom”的连体名词短语（conjoined noun phrases），像“the lovers”的限定描述复数名词（plural definite descriptions），以及像“the two lovers”的数字量化的名词短语（numerically quantified noun phrases）。实验表明，连体名词短语没有花园幽径效应发生（no evidence for garden-path effects when the subject was conjoined），但在其他的复数名词短语中发现了该效应（traditional garden-path effects were found with the other plural noun phrases）。当先行词是连体时花园幽径效应不发生，而当先行词是限定描述复数名词时花园幽径效应产生（when the antecedent was conjoined，garden-path effects were absent compared to cases in which the antecedent was a plural definite description）。这说明语言加工对复数成分的概念表达（the conceptual representation of a plural constituent）很敏感，复杂指称宾语（Complex Reference Object）可自动激活针对互惠动词的阅读（a reciprocal reading of a reciprocal verb）。

（二）ERP 研究

哈古尔特等（Hagoort et al.，1993）对三种不同违例情况下的句法处理过程进行了 ERP 分析。研究结果证明句法加工的电生理反应与语义处理的 ERP 响应具有质的不同。而且，在认知系统进行任务解码前（no task demands，other than to read the input），就能检测到句法正成分转移（Syntactic Positive Shift）现象。在各种句法违例产生的不同反应模型（the pattern of responses to the different kinds of syntactic violations）中，句法正成分转移的存在说明不论优选结构的具体句法性质如何解析器都不可能对输入词串进行优选结构的匹配（the impossibility for the parser to assign the preferred structure to an incoming string of words，irrespective of the specific syntactic nature of this preferred structure）。也就是说，Hagoort et al. 认为优选结构是句法处理中动态的选择，而不是一成不变的固定结构。

大脑执行控制是非常重要的，特别是左额下回（LIFG）区域，对于解歧具有重要性（the brain areas that are important for executive control，particularly the left inferior frontal gyrus（LIFG），should be important for recovering from misinterpretations）（Vuong，2010）。花园幽径句的语义再分析受到几个因素的影响，如语义错误提示的有无（availability of semantic error cues），前期材料的干扰量（amount of interference from previous material），以及工作记忆中解决干扰的能力（ability to resolve interference in working memory）。当语义错误提示（semantic error cue）存在时，多数健康的年轻人和年长理解者在较多干扰条件（interfering conditions）下都能够放弃初始解码模式。这种语义再分析启动后往往是自动的（semantic reinterpretation proceeds automatically once successfully triggered）。但是，对于脑部左额下回（LIFG）区域受伤的病人来说，这种再分析却是受控的，尽管语义错误提示存在而且没有无关动词干扰（the semantic error cue was available and the verb was less interfering）。

尤尔琴科等（Yurchenko et al.，2012）在实验分析中认为，句子处理诱发的正负成分具有区别性。正成分通常对广泛的话语语境较敏感，而负成分对局域性词汇语境较敏感（positive polarity items are sensitive to wider discourse context, while negative polarity items are more sensitive to local lexical context）。

博斯等（Bos et al.，2012）认为时间语境违例产生的 P600 效应是由于完整动词形式的时间参考不同所致，而不是时态变化导致的（the P600 effect for violations of the temporal context is caused by the time reference of the complete verb form, rather than by the tense）。动词的屈折变化（verb inflection）可用来表示时间变化（如表示过去时、现在时、将来时）。时间副词（如 yesterday，tomorrow，next year）可以和动词的屈折变化相呼应来表示时间参考。虽然动词屈折变化的违例可能诱发 P600 效应，但是在英语中也可以用现在完成时来表示过去时间参考（如 he has eaten the cake），事情已经结束了，但是用的却是表示现在的 has 而不是表示过去的 had。实验证明了时态变化不是引起 P600 效应的根本原因，事件动词本身所在的时间参考违例才是重要原因。也就是说，时态变化只是为时间参考所服务的。

菲茨罗伊等（Fitzroy and Sanders，2012）认为，语音和音乐的句法违例可引发前负成分 AN（an anterior negativity），大约出现在违例后 100 毫秒，然后再出现一个后正成分（a posterior positivity）峰值约在 600 毫秒。语言诱发的前负成分和音乐不同，前者出现在左侧（left-lateralized），后者出现在右侧（right-lateralized）。实验证明，语言和音乐具有重叠的解码神经系统（overlapping neural systems），在语言和音乐的句法违例初步处理中，大部分依赖于共享的神经资源（shared neural resources in the general population）。虽然实验不能从统计学上证明音乐训练会提高语言解码者的解歧能力，但是被试能够感受到音乐给他们带来的不同，即在不影响其他功能区的情况下提升了皮质功能的重组（better within-domain performance without performance costs in other domains that also show cortical reorganization）。

塞弗恩斯等（Severens, Jansma and Hartsuiker, 2008）的《形态音韵影响主谓一致的理解：一个 ERP 研究》（Morphophonological influences on the comprehension of subject-verb agreement: an ERP study）利用 ERP 研究在语言生成过程中影响主谓数一致的因素是否在语言理解中也具有相似效应（analogous effects）。实验中，被试按要求阅读主谓数不一致的句子，单数头词的限定在数上分歧义和非歧义两类，修饰性名词也可分成单数和复数两类（the determiner of the singular head noun could be ambiguous or unambiguous in number and the modifier noun could be plural or singular）。按照预期，动词数的歧义干扰能诱发较大电位（evoke potentials in response to the verb to be modulated by number ambiguity），当句子以非歧义限定词开头时也应该能产生较大电位效应。实验中，当局部名词（local noun）是单数时，在 350—400 毫秒的时间窗口可以观察到一个由不正确动词引起的负波，幅度比正确动词的负波要大（a more negative wave elicited by the incorrect verbs compared to the correct verbs in the 350 – 400 ms time-window）。头名词短语中没有数歧义时（the head noun phrase contained no number ambiguity）产生的效应是最大的。当局部名词是复数时，在 600—650 毫秒的时间窗口可以观察到一个由不正确动词引起的正波，幅度比正确动词的正波要大（the waves were more positive for incorrect verbs than for correct verbs in the 600 – 650 ms time-window）。头名词短语中没有数歧义时产生的效应仍然是最大的。这说明，语言生成过程中影响主谓数一致的因素在语言理解中也具有相似功用（agreement computation in comprehension is influenced by the same factors as in production），单数局部名词的句子需要的可能是较粗浅的句法分析，而复数局部名词的句子则需要更深入的句法分析（in the sentences with a singular local noun there is a shallow analysis of the sentence, but the sentences with a plural local noun require a deeper syntactic analysis）。

有学者（Qiu and Zhou，2012）对汉语普通话进行了 ERP 研究，揭示了在时间处理一致性方面（temporal agreement processing）汉语和印欧语的语言之间的共同点和不同点（commonalities and differences），证明了汉语的时间参考依赖于词汇语义和形态句法（temporal reference in Chinese relies on both lexical semantics and morphosyntactic processes）。如果时间副词和语气助词（如表示过去的“过”[①]）不一致会引起事件相关电位顶中位置的 P600 效应（a centro-parietal P600 effect），而仅仅与时间副词不一致则会诱发额外分布的 N400 效应（an additional broadly distributed N400 effect）。此外，在时间表达成分不一致的句子中关键词后的位置和最后词位置可以观察到持续的负效应（a sustained negativity effect was observed on both the words following the critical ones and the last words in sentences with temporal disagreement）。这与通过时态来辨别时间参考（morphologically marked for tense）的印欧语系的处理不同，体现了文化差异反映在语言处理中的不同。

有学者（Brouwer，Fitz and Hoeks，2012）对复杂句解码中 P600 的语义功能进行了探讨。在传统的语言理解理论中句法和语义加工有着千丝万缕的联系，ERP 所发现的“语义错觉效应（Semantic Illusion Effect）”加深了这种联系。语义异常的句子并没有产生预期的 N400 振幅的增加，通常句法违例才产生的 P600 效应却可以在语义违例句中得到诱发（Semantically anomalous sentences did not produce the expected increase in N400 amplitude but rather one in P600 amplitude）。N400 的幅度可能反映内存词汇信息的检索状况（N400 amplitude might reflect the retrieval of lexical information from memory）。在语义错觉句中的 N400 效应缺失现象可以通过结构启动理论进行解释（the absence of an N400-effect in Semantic Illusion sentences can be explained in terms of priming）。文章作者还大胆推断：语义整合不是与前期研究认定的 N400 相关，而是与 P600 相关（semantic integration，which has previously been linked to the N400 component，might be reflected in the P600 instead），这些功能性解释有利于分析产生语义错觉的语言数据。

---

① http：//chinesenotes. com/grammar. php.

有学者（Hu and Gao，2012）利用 ERP 对汉语超音段语调和音段元音（suprasegmental（tone）and segmental（vowel））在成语中的关联性进行了研究。被试进行了延迟响应的可接受性测试，即让他们判断成语中的最后一个字是否正确，而这些成语均含有不正确的语调或元音（Participants performed a delayed-response acceptability task，in which they judged the correctness of the last word of each idiom，which might deviate from the correct word in either tone or vowel）。结果表明，大量早期负成分（a larger early negativity）只出现在元音违例（vowel violation）的成语中。而且，元音不匹配产生的 N400 效应程度比语调不匹配要高（a larger N400 effect was observed for vowel mismatch than tone mismatch）。但是，语调违例比元音违例引发更多的晚期正成分（a more robust late positive component）。这说明汉语在处理超音段语调违例和音段元音违例时，诱发了不同的脑皮质区域的活化，在言语层面解歧符合语调和元音分别识别的功能处理原则。

有学者（Huang and Federmeier，2012）认为非优选形容词顺序能诱发与词汇语义相关而不是与句法处理相关的脑反应（dispreferred adjective orders elicit brain responses associated with lexico-semantic rather than syntactic processing）。在语言理解中可以通过调整修饰名词的多个形容词顺序和形容词的具体指称来研究句法和语义违例现象（adjective ordering is used in language comprehension by crossing order preference and concreteness in phrases consisting of two adjectives and a noun）。在典型优选组合中，可把具体形容词放在第一位置（比如“exhaustive hardback encyclopedia”）或第二位置（比如“heavy informative encyclopedia”）。

当具体形容词作为调节词产生非优选顺序时，相关的 ERP 波形生成了与句法违例 P600 类似的正成分效应；而当具体形容词作为控制词产生非优选顺序时，第二个形容词和后续名词诱发的是 N400 效应。这说明非优选的形容词顺序对词汇语义的预期有影响，对被试产生认知心理图像的能力也有影响，但是不会导致句法加工困难（dispreferred adjective orders impact lexico-semantic predictability and the ability to generate mental images of the referent but do not result in syntactic processing difficulties）。

坦纳等（Tanner et al.，2013）利用 ERP 技术分析了二语习得过程中的复杂句解码特点。实验表明，在高年级二语习得学生和母语者中，语法违例诱发 P600 效应（grammatical violations elicited large P600 effects in the native Germans and learners enrolled in third-year courses），而低年级学生出现的则是双相 N400 – P600 效应（grand mean waveforms for learners enrolled in first-year courses showed a biphasic N400 – P600 response）。这说明二语习得能够改变语言处理的脑皮质激活区域，支持了二语习得模型中关于“二语语法学习可以在神经基板引起质的变化（qualitative changes in the neural substrates of second language grammar processing associated with learning）”这一论证。二语习得的跨语言特点为语言多元研究提供了有效的证据（the cross-subject variability is treated as a source of evidence rather than a source of noise）。

有学者（Wang et al.，2012）利用 ERP 讨论了汉语阅读时句法和语义的时间过程。在对汉语及物动词“把/被”结构进行句法和语义的违例判别时，为便于分析，把该结构分成了三类：一致句（CON：congruent sentences），语义违例句（SEM：semantic violation），句法语义双违例句（SEM + SYN：sentences with combined semantic and syntactic violation）。实验表明，与一致句相比，语义违例句和双违例句都诱发了 N400 – P600 双相模式（biphasic pattern）。N400 在两次违例条件下出现了相同的分布和大小，但是 P600 在双违例中出现的要比语义单违例的广泛。总的说，汉语在早期窗口期中（N400 窗口）双违例和语义单违例没有区别特征，这说明汉语的句法处理不一定早于语义处理（syntactic processing in Chinese does not necessarily occur earlier than semantic processing）。

（三）EEG 研究

萨蒙拉（Sammler et al.，2012）提出音乐语言和句法语言是否共享句法资源这一观点需要通过神经解剖学方法（neuroanatomical underpinnings）进行验证。可以利用出色的空间分辨率和时间分辨率的硬膜下脑电图记录（the excellent spatial and temporal resolution of subdural EEG recordings）来共同定位在颞叶内音乐和语言的低级别的句法分析（co-localize low-level syntactic processes in music and language in the temporal lobe）。实验发现，音乐语言和句法语言的解码有很多颞叶网络重叠（considerable overlap of these networks in the superior temporal lobe）；颞叶区域共享性负责早期音乐语言和句法语言的处理（early musical and linguistic syntax processing in the temporal lobe）；后期可根据音乐或语言的感知刺激的性质来配置共享神经资源（shared neural resources may be configured depending on the musical or linguistic nature of the perceived stimulus）。

布伦南等（Brennan and Pylkkänen，2012）分析认为，句子理解涉及一系列相互关联的过程，包括句法分析、语义成分、语用推断（pragmatic inferencing）。神经影像学方面，脑基础研究主要范式包括在句子加工方面比较符合语法句子和不符合语法的词汇罗列对大脑活动的影响。研究发现，有些复杂句子解码可以诱发前颞叶（anterior temporal lobes）的活化程度增加。神经心理学数据显示，前颞叶负责句子组合（the aTL is engaged in sentence level combinatorics）。语言理解组合处理发生在几十到几百毫秒（within tens and hundreds of milliseconds），其速度远远快于血流动力学的时间分辨率（the temporal resolution of hemodynamic measures）。利用脑磁图（MEG：magnetoencephalography）较高时间分辨率分布结合研究，可推动复杂句解码的实时研究。比如解码时后颞（posterior temporal）、额下回（inferior frontal）和腹内侧区（ventral medial areas）就得到激活。实验证实了语言是组合解码（combinatoric hypothesis）这一观点，即解码不是某个部位的单独行为，随着句子成分逐词延伸，与解码相关的组合因素将逐渐随时间而锁定（sentences are interpreted incrementally, word-by-word, activity associated with basic linguistic combinatorics should be time-locked to word-presentation）。

（四）fMRI 研究

克里斯滕森等（Christensen et al.，2012）利用功能性磁共振讨论了左额下回（LIFG）激活对句法工作记忆负载递增（increases in syntactic working memory load）的影响。他们采用多种刺激方法，包括称为“岛违例（island violations）”的嵌套从句中抽取多维成分的方法（multiple extractions from an embedded clause）。此外，还讨论了论元和辅助提取变化（any difference between argument and adjunct extraction）导致的解码不同。扫描数据表面，矩阵从句结构开始前的长运动（long movement to the beginning of the matrix clause）和多元 WH 交叉结构（movement across another wh-phrase）在磁共振中没有显著差异，不过，两者与嵌套句结构前的短运动（short movement to the front of an embedded clause）相比都增加了左额下回的活化程度（both induced a significant increase in activation in LIFG compared to short movement）。这说明神经脑电扫描数据表面，矩阵从句结构和多元 WH 交叉结构没有脑电意义的解码不同，而对相对简单的在复

杂句开始前的解码部分则不激活左额下回。前两个结构解码是受控的，后一个结构解码是潜意识的。通过对不符合语法的句子与三种 WH 从句诱发的皮质效应（cortical effects）比较可知，解码复杂程度由从句本身限定；嵌套结构的解码选择位置可以提升句法复杂度，相应地提高了神经的活化程度（Movement out of an embedded clause increases syntactic complexity, which in turn increases neural activation）。工作记忆的超负载或者不同句法成分的抽取所导致的语义困难都不会引起左额下回的活化，各嵌套句插入的位置不同则会导致相关皮质的激活（The activation in LIFG correlated with the crossing of a clause boundary, not with increases in working memory load or decreases in acceptability due to island violations）。

艾伦等（Allen et al. , 2012）强调，所有的语言和心理理论的目标都提供有效的心理分析，特别是对持有语法结构和维持这些结构的关系（provide psychologically valid analyses of particular grammatical patterns and the relationships that hold among them）关注有加。他们对共享相同内容的特定语法结构，如命题意义和表面复杂程度不同的句子（“Sally gave the book to Joe”；“Sally gave Joe a book”），进行了功能性磁共振的神经影像学研究。多体素模式分析（MVPA：Multi-voxel pattern analysis）已经有能力证明上述与格和双宾语句子（dative and ditransitive sentences）在阅读时产生的激活模式（activity patterns）是不同的。语言相关领域（the union of certain language-relevant areas）的兴趣点区域（region-of-interest analyses）激活主要集中在左脑的前部和后部的 BA22，BA44/45 and BA47 区域，而不出现在右脑。BA22 和 BA47 两个区域联结能够区分复杂结构的不同，其中语义刺激在 BA47 引起更强烈的活化。也就是说从神经影像学角度分析，与格和双宾语句子诱发的皮质活化区域和强度是不同的，这无疑为具有相同意义的不同句法结构的解读提供了一条新的实验思路。

摩根肖特等（Morgan-Short et al. , 2012）讨论了显式和隐式二语训练对母语大脑活动模式的影响（explicit and implicit second language training differentially affect the achievement of native-like brain activation patterns）。人们普遍认为，成年人不能以孩子学习第一语言同样的方式来学习一门外语。然而，最近的证据表明，成人学习一门外语依靠母语一样的语言脑机制（rely on native-like language brain mechanisms）。通过使用人工语言范式可以纵向研究显性训练（即接近传统的语法为中心的课堂方式）和隐式训练（即接近浸泡渗透方式）对语法处理的神经电和行为措施是否有差异性影响。结果表明，显式和隐式训练模式对被试高低的能力提升没有显著差异。但在句法违例诱发的ERP中却能看到两组训练方式在不同能力被试神经活化方面的明显不同（striking differences between the groups' neural activity at both proficiency levels in response to syntactic violations）。隐性训练在低能力区产生N400，而在高能力区产生类似母语者的脑电反应，即P600前出现一个前负成分，在P600后再伴随出现一个晚前负成分（it elicited a pattern typical of native speakers：an anterior negativity followed by a P600 accompanied by a late anterior negativity）。显性训练则不同，在低能力区无显著性效应产生，而在高能力区只在P600前出现一个前负成分。实验结果表明，成人外语学习者可以依靠母语的语言脑机制，但实现这一目标所依据的语言条件是至关重要的（adult foreign language learners can come to rely on native-like language brain mechanisms，but that the conditions under which the language is learned may be crucial in attaining this goal）。

第二节　国内研究回顾

花园幽径现象主要源于屈折语的英语，因此基于英语的研究较广泛深入。国内对该现象的研究分类虽然处于相对混沌的状态，但近年随着语言粗放型研究向集约型的转变，花园幽径现象的讨论也在不断增多。国内学者对花园幽径现象“由行渐顿，顿而生悟，悟而复行”特性展开的研究主要分为句法研究、语境研究、心理研究三大类。今后花园幽径现象的研究将向以语言分析为主，结合心理语言分析和语义分析的方向发展。（蒋祖康，2000）

一　句法研究

语言结构歧义的形式是系统的。句子歧义是句子所固有的抽象句式，“歧义格式”可用来概括这种语言中的同形异义结构。（朱德熙，1980）

花园幽径模式是潜在歧义结构。自然语言有歧义性的一面，又有非歧义性的一面，潜在歧义论（PA Theory：Potential Ambiguity Theory）揭示了自然语言的歧义性和非歧义性对立统一的规律。花园幽径潜在歧义结构本身就包含了消解歧义的因素，因而这种理论可为自然语言处理提供消解歧义的方法和手段。在现代语言学的发展史上，歧义问题总是成为某个新的语言学派崛起时向传统阵地进击的突破口。(冯志伟，1995)

"Garden Path Phenomenon" 可译为"花园幽径现象"。"幽" 意指曲径通幽。花园幽径句是临时歧义句。句子前段有歧义但整个句子没有歧义。解码优先结构性被非优先结构替代，会出现大量的回溯（backtracking)，严重影响自动分析的效率。Earley 算法的采用可避免回溯提高效率。(冯志伟，2003)

花园幽径现象正确解读需要特殊的思维激活图式，即重新输入语言材料、二次解码推理、寻求正确解读。语言知识和世界知识是产生根源和解码条件。认知关联推理模式具有特定效用。花园幽径效应有负面和正面双效应。负面效应体现在理解难度加大，阻碍交流进行。正面效应可取得滑稽幽默的表达效果、丰富语言表达。（石锡书，2005；刘国辉、石锡书，2005)

花园幽径现象解读需围绕语义为中心，满足认知、结构、功能条件，符合充分性、普遍性、结合性、能释性要求。花园幽径现象是语义流中途折返、另路通过的特殊现象，是对认知顺序性的颠覆。认知顿悟点出现时，边缘模式取代优选模式，破旧立新是根本原因。（杜家利，2006a；2006b；杜家利、于屏方，2008a)

说话人利用反语故意违反质量准则，追求特殊会话含义。花园幽径效应弥补了格赖斯传统语用学反语观的不足，为反语诠释理论的深化和发展做出了有益的贡献。(那剑、赵成平，2006)

花园幽径现象反映了句子处理过程中人类大脑的语言处理机制。分析者普遍遵守节点保守性原则和节点局部性原则。然而，这两条原则本质上相互冲突，保守性原则层级排列高于局部性原则是导致分析者最初优选错误分析，造成处理困难的根本原因。(吴红岩，2006)

语言知识是大脑的一个心智客体，游离于心智之外的语言是不存在的。花园幽径句的句法分析验证了自然语言生成是一个设计完美的系统以及语言理解遵循最简化原则。(孙肇春，2006)

听话者的理解过程如同在花园中寻路，经过重新分析不同的歧义结果选择合理的解释，对其研究有助于揭示语言歧义的触发性因素，深化人们对语言认知规律的认识。(姜德杰、尹洪山，2006)

花园幽径句引发误解，解读需句法、语义和语用等知识。各机制融合

可对英语花园幽径句具有可释性，有益于提高英语学习者对该句式的敏感度。（张殿恩，2006）

语言形式只是给人们提供一种表达的可能性，而语言的完全明晰性是不可能的。积极创造性地利用语言明晰性的各种限制，巧妙运用花园幽径句，可为语言生成意义创造更广阔的空间。（吴先少、王利琳，2007）

认知语言学里的原型范畴理论和竞争模型理论可用于解读花园幽径现象的假设。（王云、郭智颖，2008）

“单车道”单向通行的花园幽径现象，前期默认式选择蕴含后期反叛式决定，折返性跨越式解读使其具有心理实验的“啊哈”体验。对先期理解产生行进式错位，是原有认知模式的否定之否定。基于程序设计的顺序、选择和循环结构可用于对花园幽径句进行算法剖析。NS 流程图、良构子串表、扩充转移网络也可用于对花园幽径句的程序剖析，从计算语言学视角提高剖析效率，推动自然语言的程序化研究。基于算法的自动分析研究从计算科学层面直观地解决了理论语言学对歧义现象和花园路径现象的混淆问题。（杜家利、于屏方，2008b；2010；2011a；于屏方、杜家利，2012a；2012b）

花园幽径句加大了理解困难。动词范畴信息等语言因素、母语思维和学习水平等非语言因素使得二语歧义消解过程十分复杂（晏小琴，2008）。

花园幽径现象涉及句法、语义和修辞，依据句法跨度分为小句花园幽径句、跨小句花园幽径句和跨句花园幽径句三大类。花园幽径句的形成与认知优先选择紧密相连。（陈满华，2009）

实际结构和意义与初始结构和意义的不同导致人们误入花园幽径。语境可消除歧义，并可获得对句子结构和意义的正确理解。（田正玲，2007）

词汇歧义提取是并行还是串行、相互作用还是模块化仍存在较大分歧。语言知识多数不是明示而是隐含的，要正确了解语言的处理过程和花园幽径现象的语言机制，我们必须靠系统、精密的实验来揭示。（邹俊飞，2010）

花园幽径句首受句法影响，其次是语义和语用。在对简单歧义句加工时，句法因素起主要作用，而当单个句法因素无法解读时，语义和语境就成为必要的补充手段。（黄怀飞、李荣宝，2008）

线性和平行之争，主导着句子加工心理机制取向，照应了心理学研究中的资源有限假设。花园幽径现象分析是线性加工的代表模型。语法分析器根据有限的信息或原则构建初始分析，与后续模式不一致时，初始分析会被放弃然后进行再分析，直至句子理解得到重构。（韩迎春、莫雷，2008）

花园幽径现象是多义词或多搭配的复杂结构，常规语言知识图式和世界知识图式被率先激活，导致误读，但在遭遇语义短路后读者会意识到原来的理解错误，需要构建新的图式以达到正确的认知。（李瑞萍、康慧，2009）

花园幽径句有一波三折之感，汉语中相声、小品等语言艺术形式以其特殊的艺术效果获得青睐。（王璠，2009）

花园幽径现象是一个比较复杂的人类语言现象。通过运用认知语言学的原型范畴理论，可以对语言认知机制进行识解和探讨。（徐艳红，2010）

中国学习者多使用串行加工模型，即使在不具备串行条件的情况下也采用畸变形式以达成串行理解的完整性。动词类型、词汇信息与结构频率影响加工模型的选择。（黄洁、秦恺，2010）

花园幽径现象是理解初期产生行进式错位并带来认知模式否定之否定的特殊认知顿悟现象，解码负担的加重终将引发对原认知期待的反叛。（杜家利、于屏方，2011b）

中国英语学习者花园幽径句理解具有不完整的最终理解表征，即消歧与曲解残留并存的现象；尽管工作记忆容量和语言水平影响花园幽径句歧义的消解，但与这种不完整表征的建构都未发现显著相关。（顾琦一、程秀苹，2010）

通过显性培养元语言意识并强化句法结构知识和技能，花园幽径句理解能力得到提高，符合“尚好”理论条件。（朱国前、刘汉德，2012）

汉语和日语中词头在尾关系子句的花园幽径现象表明，它们对多种认知测量方法敏感，如内在关系子句标记法（internal relative-clause markers）、分类名词的错误匹配法（classifier-noun mismatches）。相对诱导语境法（relativization-inducing contexts）和对母句中关系子句位置和存在提供特别说明的方法（providing specific instructions on the existence and position of relative clauses in the matrix clauses）。参照上下文语境精心构建的分类名词错误匹配法可以使关系子句避免出现花园幽径现象，同时，对关系子

句进行的特别说明也能减少花园幽径现象。(Lin and Bever, 2011)

花园幽径句解读成功需要有效地调动语言能力、感知能力、记忆能力和思维能力等各项认知能力，在决策判断、选择性注意能力等方面不足将导致失败。(程燕华、吴本虎，2011)

花园幽径句相关研究发现，解歧线索类型、加工倾向性、出错信号词与短语中心语之间的距离以及处于歧义域的动词特征等影响重新分析难度，进而制约解歧效果和修复程度。(黄洁，2012)

介词、限定词、关系代词、连词以及补语成分在花园幽径句中具有提示新节点的功能，合理使用可降低认知困惑度，消解花园幽径现象，忽略则会加剧认知困惑程度。(杜家利等，2012)

英语和汉语中都存在花园幽径现象，听话者在理解过程中如同在花园中寻路，经过重新分析不同的歧义结果选择合理的解释。原型范畴理论对花园幽径现象具有认知识解功能，利于探讨人类语言的认知机制，深化我们对语言认知规律的认识。(徐艳红，2010；2012)

二 语境研究

话语参照语境可通过概念期望而非参照前提起作用。早于解歧区的区段上就可出现话语语境效应。证明了话语参照语境在句子加工早期的作用。这一结果为句法歧义消解的参照理论和基于制约的模型提供了证据。(张亚旭，2002)

最初引起心理语言学家继而句法学家兴趣的“花园幽径”现象，近来受到语用学家，特别是认知语用学家的关注。关联理论从认知语用角度对这种现象可做出新的解释。花园幽径现象的理解过程首先源于对话语关联性的追求，并遵循最小努力原则，通过对明示内容、语境假设和认知效果的相互调节，最终满足关联期待。(徐章宏，2004)

关联理论可解释幽默过程。幽默效果在于关键句中的新假设与原有语境中的假设之间的矛盾，以及能够容纳所有信息的新语境的不同构造。幽默理解有两个阶段。第一，对某一言语的解释存在很多潜在的语境，但是人们常常是在无意识的过程中就挑选出了关联度最大的那个。第二，当人们沿着花园幽径走，突然发现是条死路时，然后回过头来另辟蹊径，却发现曲径通幽，别有一番洞天。(杜慧颖，2009)

花园幽径涉及语义角色和语义指向、句法分析原则和策略、语言心理机制、特定语境等因素，借助最佳关联原则能够帮助听话者在理解过程中做出合理的选择。关联理论不仅可以解释言语会话，也可以解释独白形式的花园幽径类电子幽默。（陈海叶，2005）

“花园幽径现象”与幽默话语解读具有伴生性，也就是说受话人在幽默话语解读过程中势必会遇到该现象。“花园幽径现象”实际上是一种受话人对幽默经过语用推理而产生的心理反应，从认知科学和语用学的角度进行分析，则能得到较为满意的诠释。关联理论对这种现象的产生具有较强的解释力。关联理论框架下，幽默话语“花园幽径现象”产生过程遵循最佳关联原则，它在话语的命题信息、语境假设和语境效果等因素的相互调节中分两个阶段得以完成，即从第一阶段的最大关联折绕到达第二阶段的最佳关联。（黄碧蓉，2007）

近年来，以手机短信等新媒体为载体的“拇指文学”成为新的文化现象，受到社会各界的广泛关注。而“花园幽径”作为一种特殊的语言现象，其独特的语言特点适应了“拇指文学”创造新奇和娱乐的要求。“拇指文学”和“花园幽径”具有独特的内涵及特点。“花园幽径现象”应用于“拇指文学”具有可行性。（王亚非、高越，2008）

花园幽径现象与图文广告具有相关性，广告受众在图文广告解读过程中通常会遇到花园幽径现象。图文广告中出现的花园幽径现象是一种广告受众对其经过认知语用推理所产生的心理反应。在关联理论框架下，图文广告中出现的此种现象能得到较好的解释。（曾萌芽，2011）

三　心理研究

句子的模块性是模块理论的核心，句子量化加工的过程本身是模块性的，但离线处理过程却是互动性的。语言加工机制在模块性和互动性之间切换加工。（马明，2004）

潜意识是一种不为主体意识到的心理活动，和意识一样具有反映客观世界的功能。任何心理活动都包括意识和潜意识两方面，心理过程是意识和潜意识在不同水平上同时形成的。潜意识的反射活动不但保持其神经细胞对外有关刺激的敏感性，而且由于主意识对其控制的放松，增加了神经细胞的活性，因此容易激活为主意识不易察觉的潜在有关信息，这样特殊的思维优势灶就能更有效地对有关的外来信息和潜在信息进行接收、检索、筛选和加工。（王克俭，1988）

顿悟模式是“问题—思考—思考的中断—顿悟”。从面临所要解决的问题到解决问题的顿悟之间，其中经历“思考”和“思考的中断”两个必经阶段。与直觉的即时性特点相比，顿悟的产生是延时发生的。顿悟是主体对久思不得其解的问题作出了迅即解决的情形或状态，顿悟的产生不受主体的意志支配。（阎力，1988）

顿悟说会弥补问题缺口，联想可行的解决方案，重组情境，进行突然的重新组合或重新归类，从而明确问题，联想起一个可行的解决方法。认知心理学认为激活了的适当的图式可以直接进入尝试解答阶段。如果现有图式不能使你联想起一个即时解答模式，就只能寻找另外解码的路线，这条路径可能不如前面那条途径有效，但有时这是一条唯一的路。这是一个螺旋式上升与循环的经历。（刘儒德，1996）

顿悟光顾于结构不好的问题的理解与解决过程中。所谓结构不好的问题就是不具备明确的解决路径的问题，这些问题往往没有良好定义的问题空间，问题解决者较难建立起合适的心理表征来构建问题以及问题解决的模型。顿悟是生产性思维的典型，要求思维主体打破并超越事物之间固有联系。顿悟包含了一种特殊的加工过程，不同于常规的、线性信息加工思维。这种特殊过程可能在几种情况下发生：思维广泛的无意识跳跃；心理加工被极大地加快；正常推理加工产生某种类型的短路。（钱文、刘明，2001）

顿悟是豁然贯通、突然醒悟的结果，不是对个别刺激物所产生的反应，而是对整个情境、目的和解决问题的方法之间相互关系的整体的理解。（刘菊华，2005）

顿悟是一个瞬间实现的、问题解决视角的“新旧交替”过程；它包含两个方面：一是新的有效的问题解决思路如何实现；二是旧的无效的思路如何被抛弃。顿悟过程激活了包括额叶、颞叶、扣带前回以及海马在内的广泛脑区。新异而有效的联系的形成依赖于海马，问题表征方式的有效转换依赖于一个“非语言的”视觉空间信息加工网络，而思维定式的打破与转移则依赖于扣带前回与左腹侧额叶。在问题尚未解决之时，知觉场处于一种紧张的不平衡的状态，而一旦一种均衡良好的知觉场被形成，问题就迎刃而解了，而良好均衡的知觉场的形成取决于问题解决者超越了对于事物的表面特征的认识，而领悟到事物之间的内在关系。顿悟一旦获得，便很少出现行为上的反复，它很像一种“一学即会”的学习过程。

障碍一旦被打破，顿悟问题就会迎刃而解，人们就会有一种伴随情感释放的“啊哈”的体验。脑成像技术（如EEG，ERP，fMRI，MEG，PET等）为直接观察大脑在处理复杂信息时的活动状况提供了强有力的研究手段。形象地说，这些技术使得大脑的“黑箱”变得“透明”。（罗劲，2004；罗劲、张秀玲，2006）

人脑是一个多层次的复杂巨系统，顿悟是通过大脑多种结构参与的动态整合模式实现的。在顿悟过程中，参与结构的多寡与彼此间的组合、各结构工作的持续时间、各结构工作的顺序、各结构工作的反复次数等在不同时刻是不同的。目前的研究虽然基本明确顿悟活动涉及扣带前回、额叶、颞叶、楔前叶以及海马等广泛脑区，对于顿悟发生数百毫秒之内的神经电活动也有一些初步的认识，但离阐明顿悟在脑内的时空转化机制，建立顿悟的认知计算模型还有很长的路要走，也需要突破现有的认知脑成像技术。例如，采用非线性的研究方法，可望对顿悟研究取得进一步的突破。至于检测顿悟产生的神经递质，甚至研究顿悟的基因，目前技术尚难以达到如此高的灵敏度，将留待更为遥远的未来。（罗跃嘉，2004）

顿悟前伴有失败和挫折感；顿悟是突然出现的解题方案或者是答案即将来临的意识；与新的问题表征方式有关；顿悟前有一段“潜伏期”。顿悟是一个新奇反应而且蕴含对问题的重释。当个体面对新信息时，能以新方式看待老问题以使先前未得到理解的特点得到理解。准备（preparation），酝酿（incubation），豁然开朗（illumination），验证（verification）的四个时期中，顿悟出现在酝酿和豁然开朗两个阶段。（师保国、张庆林，2004）

顿悟的发生是由于在问题空间的搜索过程中突然获得关键性的启发信息，人们从试误转向更有效的启发式搜索。在这种情况下，搜索路线的不确定性大大降低，信息数量猛增，搜索效率大大提高，从而产生顿悟。总体而言，在问题解决的过程中存在不同水平的顿悟，它主要取决于在搜索问题空间中获得的启发信息的质量。根据所获取的启发信息类型，个体便会采用不同的解题策略，从而产生不同的顿悟效果。（曹贵康，2004）

从认识论讲，直觉顿悟思维属于与新质有关的灵感闪现和理性飞跃。如果说逻辑的归纳思维方式和演绎思维方式主要表现了认识基于旧质的缓慢及其有步骤的进化，那么直觉顿悟思维方式则主要表现了跨越常规的飞跃。此种飞跃不同于通常意义下感性材料量的积累后的渐进中断和飞跃，

而是由于与新质有关的灵感闪现而不与旧质的量直接关联的飞跃，这是顿悟的含义所在。（刘彦生、吕剑，2005）

事件相关电位结果发现，在250—400毫秒内，“有顿悟”和“不理解”比“无顿悟”的ERP波形均有一个更为负向的偏移。在“有顿悟—无顿悟”和“不理解—无顿悟”的差异波中，这个负成分的潜伏期约为320毫秒（N320），地形图显示，N320在中后部活动最强。进一步对“有顿悟—无顿悟”差异波作耦极子溯源分析，发现N320主要起源于扣带前回（ACC）附近。这似乎表明，N320可能反映了提供答案瞬间新旧思路之间的认知冲突，但是不能真正揭示顿悟问题解决中思维定式的成功突破以及“恍然大悟”所对应的独特脑内时程变化。“有顿悟”“无顿悟”和“不理解”三种情况所诱发的早期成分之间并无显著差异，而且均与视觉加工的早期阶段有关。因此三种条件下（有顿悟、不理解、无顿悟）的视觉加工程度基本一致，而对谜底的高级认知加工发生时间则可能较晚。顿悟可以界定为一种重构过程，但是“重构”仅仅是顿悟问题解决所包含的最基本要素。问题解决过程中顿悟现象的出现是由于人们找到了适宜的问题表征方式，而不仅仅是由于对问题情境的简单重构。在解决经典的顿悟问题时，个体往往会使用手段目的分析法在最初的问题空间里面，不断进行尝试和搜索，寻找新的解题思路；但是如果他们不能获取关键性的启发信息，突破思维定式，形成正确的问题表征，就无法获取顿悟。（邱江、罗跃嘉、吴真真等，2006）

特定信息可以称为“关键启发信息”，即是对当前的问题解决真正具有启发作用的信息。所以问题解决者一旦发现了该信息，就称为“关键启发信息的激活”，在此时刻还会伴随顿悟过程中的典型现象，即出现“啊哈”的感觉。因此，可以说，顿悟（或说创造性思维）之所以可以发生，就是因为解决的源问题的关键启发信息被解决者策略性地激活。所以要研究顿悟问题解决的心理机制，就必须探究问题解决的发生机制。（邢强、黄伟东、张庆林，2006）

认知资源的耗费会影响到工作记忆的容量及加工效果，进而影响顿悟问题解决的效果。认知资源耗费越多，关键启发信息越难激活。工作记忆在接收、保持、加工信息的过程中如果容量超载，就会影响加工的效率或使加工无法完成。顿悟问题解决过程中存在一个“酝酿效应”，也就是说存在一个无意识的加工过程。顿悟问题的解决是一个平行加工的过程，所以被试在进行认知资源耗费任务期间，还会同时加工前面的源问题。因此时间间隔越长，被试对源问题中的关键启发信息的思考与归纳的时间就越多，进而在解答靶问题过程中就越容易提取出关键启发信息，所以促进了靶问题的解决。（邢强、黄伟东，2008）

顿悟表征转换的速度因认知灵活性的不同有差异，在简单的练习类型下，认知灵活性高的被试比认知灵活性低的被试顿悟产生得更早，在难度逐渐增加的练习类型下两者无差异。认知灵活性高的被试比认知灵活性低的被试顿悟问题解决得更快。对脑损伤和其他损伤者的研究发现，个体某一部位的损伤会导致认知灵活性和问题解决这两种能力的缺乏。（姚海娟、白学军、沈德立，2009）

随着 ERP、fMRI 等脑成像技术的不断发展与成熟，为直接观察脑在顿悟时的活动状况、深入揭示其大脑机制提供了技术手段，但目前此类研究仍十分困难。我们推测原型事件的激活不需要个体花费太多的认知资源，有“平行加工”的趋势。从酝酿到顿悟是一种无意识激活，模拟的微观顿悟也证明了原型事件的激活更倾向于平行加工而不是序列加工，这种平行加工更贴近现实中的无意识思维。（吴真真、邱江、张庆林，2009）

顿悟 ERP 研究中，在 320—550 毫秒内，“有顿悟”和“不理解”较“无顿悟”的 ERP 波形均有一个更大的负向偏移。在“有顿悟—无顿悟”和“不理解—无顿悟”差异波中，该负成分的潜伏期约为 380 毫秒，差异波的脑电峰值锁定在 Cz 点。半球主效应不显著，但反应与半球交互效应显著，其中“有顿悟”差异波的右半球平均波幅显著高于左半球和矢中部。结果表明：N380 可能反映了顿悟中舍弃强外显意义而选择次选结构的变化。（沈汪兵等，2011）

通过分析机能固着、心理成规和心理定式可知，诱发花园幽径效应时，“弃旧”是顿悟出现的条件，格式塔分析表明顿悟是知觉场的“平衡—失衡—再平衡”，“迎新”是顿悟产生的根本。语义触发时关键启发信息激活具有瞬时性，循环算法感知具有闭合性，认知折返时错码调试具有回溯性，跨越解码时“原—伪—新”解读模式具有螺旋性。（杜家利、于屏方，2011a）

场认知方式能反映花园幽径句理解。认知方式图形测验与理解显著正相关，场独立者是最好的效应理解者甚至更好的二语学习者。语言水平影响理解，但不显著。（刘汉德、朱国前，2012）

事件相关电位（ERP）和功能性核磁共振（fMRI）的技术优势可揭示原型激活如何促发顿悟的大脑机制。楔前叶的激活可能与原型激活和关键信息提取有关；左侧额下回/额中回的激活可能与思维定式打破和新异联结形成有关；同时研究也表明大脑的特定准备状态（额中回/扣带前回的激活）对顿悟的产生有积极的促进作用。（邱江，张庆林，2011）

顿悟和幽默存在诸多共同之处。从认知和情感组成上看，顿悟的非连续性、突发性、重构和惊讶，对应于幽默的失谐、失谐探测、失谐消解和愉悦，两者存在表征机制的重叠。神经机制的研究发现，顿悟和幽默的心理事件都伴随着 400 毫秒左右的额中央区负波（N400）以及前扣带回、顶颞叶联合区和前额叶等脑区的活动；同时顿悟和幽默在 P300 成分以及海马、右侧前部颞上回等脑区活动上存在差异。未来可借鉴幽默的认知和情感成分的脑成像研究范式，进一步探明顿悟过程的认知和情感组成。（聂其阳、罗劲，2012）

思维僵局不仅是顿悟问题有别于常规问题的重要因素，而且是顿悟赖以实现的基础。先前研究虽对顿悟瞬间的脑认知活动进行了较充分的探讨，却较少对思维僵局的有关过程进行研究。思维僵局究竟是源于早期的知觉阶段还是晚期的问题加工阶段至今仍是未解之谜，但它却是人们认识顿悟过程所必需的。只有充分认识和理解了该过程，才可能更全面地理解顿悟究竟建立在怎样的脑认知表征的基础之上。（沈汪兵等，2012）

研究采取“先呈现问题、后呈现原型”和“先呈现原型、后呈现问题”两种范式，探讨问题解决中顿悟的原型位置效应，并采用 fMRI 技术记录大脑的 BOLD 信号变化。结果发现：行为结果上，“问题在先”条件下正确率显著高于“原型在先”条件。（朱海雪等，2012）

通过标志有无（原型材料中是否标志出特征性功能的词语）和功能语义相似度（原型的特征性功能与问题的需求性功能的语义相似度），考察了顿悟问题解决中原型表征自动激活的认知机制，为进一步探索灵感发生机制奠定了基础，结果证明原型激活是顿悟问题解决的重要因素。（张庆林等，2012）

本章小结

花园幽径模式解码是一种特有的心理感受。国外研究者侧重从启动机制、诱发条件和检测方法三个主要方向对此进行分析。

启动机制研究中，结构启动观点秉承者认为剖析结构的模式调整是引发花园幽径效应的根本。记忆容量观点的支持者（无论是共享容量研究还是专享容量研究）信奉大脑容量的有限性是产生认知过载的根本原因。在策略上，见好就收的“尚好”策略提倡者指出，语言解码不是精益求精的“精致”启动，而是囫囵吞枣大致可行的模式匹配，这种相对粗糙的分析提高了运行速度和常规效率，但为低概率的花园幽径模式激活提供了条件。

诱发条件研究中，信息密度分析者讨论了高信息势能的编码者如何向低信息势能的解码者传递信息，如果按照惯式进行信息传递而中途出现了与惯式不符且被迫中止的信息断层现象，花园幽径效应便会应运而生。

经验控制者认为，解码者语言经验的多寡是诱发花园幽径现象的关键。在难度可控的范围内，经验越丰富语言技巧越高，可利用语言信息进行解码的能力越强。但是，如果语言编码者设定的信息暗示错误路径，多经验的解码者通常较经验贫乏者更易捕捉到这种信息，所以更容易受到花园幽径句的影响。如果难度大到超出解码的认知范围，两者差异不显著。

词汇期待的观点更多关注的是词汇对花园幽径句式的影响力。研究者讨论了词频的重要性。在解码中，低频词对高频词的颠覆是产生行进式错位回溯的主要原因。

语义条件的支持者分析了语义在花园幽径句中的主导因素，并提出这种认知过载现象实际上是语义整合多元性的综合体现，是常规语义属性的普遍性被边缘语义属性的偶发性所取代产生的后果。

语境限定者表达了语境可降解花园幽径效应的观点。语境的存在提供了解码所需的额外信息，困惑商得到降低，不对称信息也随语境的出现得到相应补偿，认知错位也借助语境得到归位。

检测方法研究中，主要包括高时间分辨率的实时研究和高空间分辨率的定位研究，以及对花园幽径效应的发生窗口期进行的测量讨论。通常借助多种设备对该效应现象进行定量分析，如眼动实时研究，事件相关电位ERP（event-related potentials），脑电图EEG（electroencephalogram），功能性磁共振成像fMRI（functional magnetic resonance imaging）等。

在国内学者对花园幽径现象的讨论中，句法研究、语境研究和心理研究是主要方向。句法研究多借助国外的屈折语讨论模式进行，并以此借鉴尝试对孤立语的汉语展开分析。从目前情况看，汉语花园幽径现象研究尚未形成体系，基于屈折语的英语句法讨论比较普遍。语境研究关注更多的是国外关联理论在花园幽径现象中的应用，以及如何借助语境提高二语习得者的解码能力。心理研究发挥了汉字在猜谜等汉语特征中的优势，借助高分辨率的医用设备讨论了顿悟的发生机制，为下一步汉语花园幽径现象研究指明了方向。

从国内外的回顾分析可以看出，花园幽径现象研究正逐步走向认知的脑实验方向，而且汉语花园幽径现象研究在国际上也逐渐被主流学术期刊所关注。基于这种趋势，本书将在总结国内外学者前期研究的基础上提出自己的“非对称性信息补偿假说”；关注花园幽径模式的神经语言学理据；对比阐释英语和汉语花园幽径模式信息解码的计算语言学理据。以期能够抛砖引玉，推动花园幽径现象在国内外的研究。

第三章　花园幽径模式非对称性信息补偿假说

花园幽径模式非对称性信息补偿假说综合了前期相关理论研究的精华。这些理论的特点在于很多源于经济学领域，涉及的信息对称与否的探讨也多以经济学术语展开。他山之石，可以攻玉，经济学领域的物物交换与语言学领域的信息交换具有很多共同之处，这为我们借鉴这些理论的学术精髓提供了有利条件。

第一节　前期理论研究

花园幽径模式非对称性信息补偿假说相关的前期理论包括瓦尔拉斯均衡、帕累托最优状态、西蒙的非极致原则和劣币驱逐良币的格雷欣法则。

一　瓦尔拉斯均衡与帕累托最优状态

非对称性信息（Asymmetric Information）是经济学名词，陈述的是一个交易事实，即在市场中卖方所掌握的信息远比买方多，这也就是我们常说的“从南京到北京，买的不如卖的精”。实际上这是由于双方信息势能不同造成的。如果要进行交易，掌握较高信息势能的卖方必然要向信息势能低的买方进行信息渗透和流动，这种流动是卖方有选择的受控行为，而买方在听取卖方的信息陈述时是被动的无意识行为。如果卖方提供的信息充足有效，就能让买方实现与卖方大致相当的信息量，信息势能趋于平缓，这就能达成买卖双方的交易。如果卖方没有提供足量信息或者提供了虚伪的、不利于买方正确判断的信息，买方就会产生抵触情绪，具体体现就是要求卖方提供更有效的信息或者更新伪信息。同时，担心自己可能受骗的买方会绞尽脑汁寻找与交易相关的辅助信息来弥补自己掌握信息的不足，以便再次与卖方交锋时能占据主动。这样，信息就能在交易中由不对称逐步走向对称，买卖双方信息势能也会由相差悬殊过渡到趋于大体相当。

在经济学定理中关于信息平衡有过几个主要的术语陈述，包括瓦尔拉斯一般均衡以及帕累托最优状态。

瓦尔拉斯均衡是指整个市场上过度需求与过剩供给的总额必定相等的情况。这时，信息基本趋于平衡，买卖方诚信交易，供给与需求实现对等。

帕累托最优状态是一种和谐状态，也是处于零和与非零和临界的状态，“利己但不损人”是该状态的真实写照。交易通常是零和游戏，一方获利可能意味着对方的受损，当且仅当获利方开始获利而对方又没有遭受损失的那个点即为帕累托最优。常被用于判断市场机制运行效率的一般标准。

在信息平衡的交易中，瓦尔拉斯一般均衡符合帕累托最优状态，而且任何具有帕累托效率的配置都能达到瓦尔拉斯一般均衡。也就是说理想状态下，卖方不隐匿对交易不利的信息，买方不刻意压低卖方的价格，双方对所有的经济变量具有相同的信息。这样信息就实现了对称。尽管这种情况在现实中不太可能出现，但是为经济学家研究各种经济学难题提供了便利。

这个模式非常类似语言加工过程，即语言设置者掌握语言解码者所不知道的信息，并通过语言载体把信息编码化。就像交易中卖方希望将自己的产品推销出去换取买方的认可一样，语言交流中，编码者也希望自己的思想能够得到解码者的共鸣。如果解码者在语言信息代码的解读过程中顺畅有效，则很快领悟编码者的思想和用意。但是，如果编码者在代码编写中采用了复杂的结构（如含有潜在歧义的花园幽径结构），那么，就会加重解码者的认知负担，延长达到信息对称所需要的时间。作为简单句剖析中的解码者来说，在没有实现瓦尔拉斯均衡前，他对编码者的意图处于朦胧状态，随着语言加工深入，输入系统的字符串不断增多，所提供的有效信息也逐步增长，最后实现信息对称的帕累托最优状态，实现成功解码。而在剖析复杂结构时，解码者会随着编码者歧义代码的设置而感到困惑，如果根据先前信息构建的解码模式不能与后续有效信息兼容，那么，认知系统为达到瓦尔拉斯均衡，必然将前期模式颠覆后按照后期有效信息重新动态整合解码模式，直到通过句法和语义的双重监控，实现信息由编码者到解码者的帕累托最优状态。这种从信息不对称到短暂伪对称再到瓦尔拉斯对称的“先期短暂伪平衡—中期动态再平衡—后期最优化平衡”就是花园幽径模式否定之否定的解码过程。

二　西蒙的非极致原则

1978年，西蒙（Herbert A. Simon）以其“经济组织内决策制定过程的开创性研究（for his pioneering research into the decision-making process within economic organizations）”获得“诺贝尔经济学纪念奖（Nobel Memorial Prize in Economics）”。他创造了“限制性理性和条件性满足（bounded rationality and satisficing）”这一术语，而且第一个分析了复杂性的架构基础（the first to analyze the architecture of complexity）。西蒙认为，机体组织在进化时采取的是尚好的“满足”状态而不总是需要达到极致的“最优”状态（organisms adapt well enough to “satisfice”; they do not, in general, “optimize”）（Simon，1956）。

西蒙（1956）关注选择的缺省性，即存在“原始模式”。原始选择机制如果存在的话，可以充分利用其他有效的相关体，而这些相关体则是为满足机体不同需求的相互依存的活动酝酿而生的（a primitive choice mechanism is adequate to take advantage of important economies, if they exist, which are derivable from the interdependence of the activities involved in satisfying the different needs）。

西蒙侧重选择的排序性，即具有“层次倾向”。在自然环境中，机体很少遇到不分层次机会均等的情况（the organism seldom encounters equivalent situations in its natural environment）。如果存在两个解码模式，对其中一个解码模式选定耗时会影响另一个模式的解码耗时（the time consumed in attaining one goal will limit the time available for pursuit of the other）。对于拥有有限的信息和有限的计算能力的机体来说，“恰当”是一种不错的选择（the kinds of “approximate” rationality might be employed by an organism possessing limited information and limited computational facilities）。

西蒙呼吁认知省力特性，秉承“快捷优先”原则。“满足”是通过对期望水平进行快捷键的选择设置来获取的（satisficing takes the shortcut of setting an adjustable aspiration level）。当面临均可满足特定需求的多条路径选择时，我们相信存在一个引导机体选择节时路径的机制，而不存在对多个选择进行时间分配的机制（We can introduce a mechanism that leads the organism to choose time-conserving paths, where multiple paths are available for satisfying a given need, without any assumption of a mechanism that allocates time among different needs)。这种本能就像老鼠能找到获取食物的最快途径一样（A rat learns to take shorter rather than longer paths to food)。

西蒙注重外因影响，承认“他适应性”原则。环境中是存在线索的(无论是实际满足的需要还是预期提示的需要)，它允许有机体为了有质量地生存选择具有确定性的路径，或者具有非常高概率的路径，以此达到需要满足点（there exist clues in the environment (either the actual visibility of need-satisfying points or anticipatory clues) which permit the organism, sufficiently frequently for survival, to select specific paths that lead with certainty, or with very high probability, to a need-satisfying point)。

西蒙强调期望调节水平，奉行“见好就收”原则。“满足”是采用启发式搜索寻找备份选择的过程，这个过程对期望水平具有可调节性，达到基本满足的条件就停止搜寻（the process of finding alternatives by heuristic search with the use of a stop rule based on adjustable aspirations）。也就是在多个选择中进行浅尝辄止匹配。如果符合可调期望水平的先验组达到尚可的条件，就知足常乐放弃其他优化选择，匹配评估过程中止，否则该过程将持续下去（the evaluation process would continue as long as an a priori set adjustable aspiration level is achieved)。解码者通常只是寻找一个能引领获取“满意”路径的选择机制，而这条路径在某种程度上对各种需求有所满足（we are concerned only with finding a choice mechanism that will lead it to pursue, a “satisficing” path, a path that will permit satisfaction at some specified level of all of its needs)。

西蒙预见花园幽径现象，认同“过载效应”。发生在“罕见”随机分布中的解释最让人感到满足（the most important being that need satisfaction can take place only at “rare” points which are distributed randomly)。

西蒙的“原始模式”“层次倾向”“快捷优先”“他适应性”“见好就收”“过载效应”形成了特定的非极致原则，对语言加工也产生了深刻影响。他的这一观点后来发展成为花园幽径模式解读中的“尚好”（good enough[①]）策略。（Christianson et al., 2001; Ferreira, Bailey and Ferraro,

① 这里的“good enough”与“better enough”和“best enough”相对，意思是“刚好即可，不必最优”。

2002；Ferreira，2003；Patson et al.，2009；Christianson，Luke & Ferreira，2010）

这种非极致的尚好选择根本原因是选择事物承载的信息不均衡、选择人掌握信息不对等导致的，在现实中屡见不鲜。比如，当需要在系列任务中选择一种时，由于无法预期未来因素对现在的影响，最好的办法是“宁要今日铜，勿要明日金”，一达到基本期望水平就终结了事。娶一个合适的难以是最好的新娘为妻，不再继续等待；定一个合适的难以是最好的工作为生，不再继续寻找；卖一个合适的难以是最好的价格成交，不再继续讨价；选一个合适的难以是最好的学校上学，不再继续复读。这种高效决策在人类进化中被自然选择，保证了资源整合的合理配比，为人类适应环境、繁衍生息提供了便利。在语言加工中，这种非极致的尚好选择最大限度地实现了编码者和解码者在信息无法达到瓦尔拉斯均衡的情况下实现信息交流。但同时这种非精致加工为花园幽径效应的折返性回溯提供了实现条件。解码者为了实现真正的帕累托最优状态，在遇到再分析时，需要对解码模式重新进行信息匹配，直到从前期伪平衡过渡到终极平衡，实现语言交流双方信息势能的均衡。

如果我们把西蒙在非极致原则中选定的“尚好”模式和后期再分析时出现的“优化”模式进行比较可以发现，前期伪解码模式不如后期终极模式优秀，但常常处于缺省状态，终极模式优于前期伪解码，但往往处于再分析时方可被重用的地位。这种弱者横强、强者畏弱的局面可通过格雷欣法则进行解释。

三　劣币驱逐良币的格雷欣法则

“格雷欣法则”是以托马斯·格雷欣爵士的名字命名的。格雷欣是16世纪英国国王设在安特卫普市的财务代理，他在向女王伊丽莎白一世解释为什么市场流通的英国先令会有不同去向时提出该法则（The law was named after Sir Thomas Gresham，a sixteenth century financial agent of the English Crown in the city of Antwerp，to explain to Queen Elizabeth I what was happening to the English shilling）。

格雷欣法则是一个经济学术语，讨论的是劣币驱逐良币的经济学现象。当政府对流通的两种等值货币进行强制差别估价时，被低估的货币将逐渐离开流通环节进入囤积保值状态，而被高估的货币将取代低估的货币继续保留在流通环节（When a government compulsorily overvalues one type of money and undervalues another, the undervalued money will leave the country or disappear from circulation into hoards, while the overvalued money will flood into circulation）。这就是劣币驱逐良币（Bad money drives out good）现象。[①] 虽然这个现象早在公元前2世纪就被西汉的贾谊提出过，即“奸钱日繁，正钱日亡”的事实（奸钱：劣币；正钱：良币）[②]，而且在14世纪也有人（Nicole Oresme）提出过，即“bad（debased）coinage drives good（un-debased）coinage out of circulation”，但现在仍将该法则命名为“格雷欣法则”。

我们借用著名诗人北岛在《回答》中的范式来分析格雷欣法则，即“劣币是劣币的通行证，良币是良币的墓志铭”。在铸币时代，当那些成色低，被高估的铸币——“劣币（debased money）”进入流通领域后，人们就倾向于将那些成色高，被低估的货币——“良币（un-debased money）”收藏起来。最后，良币将被驱逐，市场上流通的就只剩下劣币了，形成良币退藏、劣币充斥的现象。

交换者信息不对称是“劣币驱逐良币”的根源。如果交易双方对货币成色信息是对称的，那么高估货币持有者就很难将手中劣币流通出去。只有在货币接受者一方对货币交易信息处于劣势的情况下，持有者才有可能隐瞒劣币的缺陷实现自己利益的最大化。现实中这种现象也存在，如纸币流通中，消费者总是愿意先花费破损陈旧的“劣币”，而把整齐干净的“良币”留在自己的钱包中，最后导致流通的纸币越来越破。乘坐交通工具时，“劣币”总是插队抢座，而“良币”得不到座位或者只能得到较差的座位，最后导致很多犹豫不定的人也蜂拥而上，排队秩序越发混乱。火车站售票时，等次低、位置差的席位通常先被拿出来出售，而临开车前出售或候补的席位往往是优等位置，最后导致越早拿出来的差席位竞争越激烈，而优等席位或者没有竞争或者竞争和缓。有些大学评定职称时，往往不按照能力和业绩进行，很多“劣币”享有较“良币”相同甚至更高的待遇，导致干与不干一个样、写与不写

---

① http：//en. wikipedia. org/wiki/Gresham's_ law.

② 《新书·铸钱》：“夫农事不为，而采铜日蕃，释其耒耨，冶镕炉炭，奸钱日繁，正钱日亡，善人怵而为奸邪，愿民陷而之刑僇，黥罪繁积，吏民且日斗矣。”

一个样，“说你行你就行，不行也行；说你不行你就不行，行也不行”，最后导致教学成绩下降，科研水平滑坡，“良币”纷纷另谋高就，“劣币”充斥教学管理岗位。官场现形记中，“劣币”贪污受贿、损公肥私，资产几何倍增长，获益颇丰，“良币”奉公守法、洁身自好，日子越过越穷，直至被排挤出局，最后导致腐败现象瘟疫般蔓延。这些都是劣币驱逐良币原则在起作用。

这种现象在花园幽径模式解读中也存在。词在被创造之初没有优劣之分，也不存在使用频率的问题。这些词的存在就是为了完善语法结构、传递语义思想。随着这些词的现实应用，彼此间出现了蕴含信息多少的不同，概率高低的不同，结构繁简的不同，语义明暗的不同。于是，自然选择的结果在语言中出现，信息多、概率高、结构简、语义明的结构往往被认定为缺省结构，在解码时首先被认知系统采纳。这是符合达尔文“适者生存”进化原则的。但是，在具有潜在歧义结构的花园幽径模式解读中，这些并不能成功完成解码的先期缺省结构却屡屡被认知系统优先采纳，而又屡屡被后续信息所颠覆，导致前期伪平衡对终极模式的驱逐，结果产生认知过载和行进错位的折返性回溯现象。

以上讨论的瓦尔拉斯均衡、帕累托最优状态，西蒙的非极致原则和格雷欣法则对语言加工都具有与信息传递相关的指导意义。瓦尔拉斯均衡侧重解码信息传递的连通性，从不对称到对称有助于信息解码。帕累托最优状态讨论了信息平衡的极致状态，符合瓦尔拉斯均衡的解码模式能够实现语言信息加工的满负荷运行。西蒙的非极致原则关注信息传递过程中的即时构建，这在提高效率的同时也为信息回溯埋下了伏笔。格雷欣法则强调了无效缺省信息对有效隐含信息的干扰。在信息不断涌入认知解码系统的同时，貌似可以引领认知系统实现信息对称的无关强势的前期信息逐渐被真正能够实现信息均衡的关键弱势的后续信息蚕食颠覆，直至被取而代之。这个“先期缺省而顺畅、中期困惑而顿悟、后期跨越而成功”的解码模式就是花园幽径效应解读的真实写照。也就是说，语言编码者和解码者的语言交流实际上就是信息由不对称到对称的均衡过程，完全平衡则达到帕累托最优，大致平衡则符合非极致原则，先伪平衡再回溯后优化平衡则是格雷欣法则作用的结果。花园幽径模式由于涉及二次解码，必然存在信息断层和后期的信息补偿。这种解码过程的非对称性信息补偿研究则是花园幽径模式分析的核心理论。

第二节　花园幽径模式非对称性信息补偿假说

花园幽径模式解读主要分为三个主要阶段：前期顺畅的信息伪对称阶段、中期困惑的信息断层阶段、后期跨越的信息再对称阶段。

花园幽径模式出现前期，信息具有表象的趋对称性。这个发生在注视初期的加工反映了大脑对花园幽径理解的初始模式。随着相关附加信息的涌入，信息表象的趋对称感逐渐被现实的断层感所取代，直到解码无法依靠前行信息继续进行加工。认知系统要求对初始模式回视、补充新的信息，然后对获取的总信息重新加工，再分析效应出现。信息得到补偿弥合后，先前信息伪对称的失衡状态被真平衡所取代，语言加工重新回到正常轨道并完成解码。

花园幽径模式的设置者，不论其目的是研究还是寻求语言效果，与被试相比都拥有更多的解码信息。被试误入花园幽径之时，就是期待信息快速补偿之时。当解歧点出现，缺损信息得到补偿，断层感得到弥合，信息变得重新对称，语言加工变得顺畅。

据此分析，我们认为花园幽径模式的解读就是当信息出现断层无法继续构建成功模式时对非对称性信息的快速补偿。由此，我们提出花园幽径模式非对称性信息补偿假说。

该假说包括三个主要部分：花园幽径模式解读中的信息是非对称性的，存在信息断层的可能；花园幽径模式解码路径呈现否定之否定的螺旋态势，存在补偿性回归的可能；花园幽径模式具有信息逆向选择的超常规解释，存在顿悟跨越的可能。

一　非对称性与信息断层

不对称信息理论是经济学术语。由2001年诺贝尔经济学奖得主、美国加州大学经济学教授阿克洛夫提出，意指在市场活动中，交易双方对信息掌控具有差异性。掌握信息充分方往往处于主导有利地位，而信息贫乏方则处于被动不利地位。信息充分方可通过向信息贫乏方对称性流动信息而在市场获益。信息贫乏方具有努力获取信息的经济利益驱动。市场信号显示在一定程度上可以弥补信息不对称的问题。如果在交易中信息交流由于各种原因出现中断，将导致双方的互不信任，交易失败。如果继续交易则需要双方坦诚沟通。

自然语言处理过程与市场交易有类似之处。语言信息输出者与信息接收者分处于语言加工的两个极端。前者拥有完全信息，掌握语言传递的主动性；后者在解码前对处理信息一无所知，在语言信息传递中处于被动。为了解码的需要，信息接收者有努力获取相关信息的元动力，以帮助快速有效地解码。输出者将语言句法和语义等蕴含信息编写在文字或声音代码中进行传递。受发音器官和文字书写等条件限制，编码通常呈现线性展开。接收者处于在线（声音）或离线（文字）解码的另一端。随着字符串在认知系统里的不断输入，其携带的蕴含信息不断进行解构，或者是句法先于语义（模块说），或者是句法与语义并行（互动说），或者是两者不分先后地混合作用（并合说）。字符串量的增加带来了解码质的提高，由于信息量不足构建的多种暂时性结构随着有效信息的加入均指向终极结构。最后，接收者获取到均衡或大致均衡的信息完成解码。自然语言处理过程也从不对称达到了对称。以上是常态化的语言处理，如果是非常态化则涉及信息断层。

“断层”是地理学术语，意指岩石破裂后，两侧岩石发生显著的相对位移。在这里，我们借“信息断层”指信息交流由顺畅到戛然而止产生的认知位移。

花园幽径模式是非对称信息解读中出现的信息断层现象。常态化的语言处理中，由接收者一端开始，信息是逐步累加的，直到与输出者间的信息势能差达到正确解码的最低值。但是，非常态化处理中，接收者端累积的信息势能达不到解码的最低值便被清零，势能褪去的临界点就是信息断层点的出现。断层横亘在信息输出者与接收者之间，阻碍了信息流动，并让前期顺畅的信息流戛然而止。普里切特（Pritchett，1988）也注意到了这种非自然中止的语言现象，称为“processing breakdown”，我们根据信息断层的精髓译为行进式错位①。

信息流遇到断层中止后有两种趋向：无条件放弃或折返后通过。前者导致解码失败；后者进入花园幽径模式补偿性回归的螺旋状态。

---

① 本书作者2008年在文章《NLES对句层“花园路径现象”的规避类型研究：基于NV互动型的探讨》中将英语processing breakdown翻译为“行进式错位”，获得中国人工智能学会2008年热词推荐（http：//caai. cn/contents/377/2340. html）。

二　螺旋上升与补偿性信息回归

花园幽径模式解读不是平面化的直线剖析，而是立体的否定之否定的螺旋上升，具有补偿性信息回归特点。

否定之否定的螺旋上升规律是黑格尔在《逻辑学》中首先阐述出来的，是辩证法对立统一规律、量变质变规律、否定之否定规律中的一部分。否定之否定规律揭示了矛盾运动过程具有的特点，是向对立面转化的自我否定。螺旋上升发展过程包括肯定、否定、否定之否定（肯定）三个阶段，形成了辩证否定的逻辑关系。具体说来，就是两次否定，从肯定、否定到否定之否定（肯定）的发展变化过程。通过辩证运动的全过程之后，从形式上看它仿佛又回到了起点，然而，从本质上看却与起点的认识具有了质的不同，是螺旋上升。逻辑图应该表现为：有—无—实有。第一次否定是矛盾的产生，第二次否定是矛盾的消解即运动的结果。

"回归（regression）"一词最早由达尔文表兄、高尔顿爵士（Sir Francis Galton①）提出。他曾对亲子间的身高做研究，发现父母的身高虽然会遗传给子女，但子女的身高却有逐渐"回归到中等（即人的平均值）"的现象，即有"回归"到平均数的趋势（regression toward the mean）。回归是统计学上的重要概念，意指随机变量有向回归线集中的趋势。

三　信息逆向选择与顿悟跨越

"逆向选择（adverse selection）"最早在1970年由阿克洛夫（George Akerlof）提出，意指信息不对称所造成的资源配置扭曲现象。交易的一方利用多于另一方的信息使自己受益而使对方失去信息平衡遭受损失。在信息不对称的情况下，市场的运行可能是无效率的，并导致"劣币驱逐良币"效应。

"由行渐顿，由顿而悟，悟而复行"是花园幽径模式的解读核心。该现象也是由于信息不对称导致的逆向选择，是超常规的选项。逆向选择带来认知扭矩的加大，并形成"顿而后悟"的跨越特点。在非对称信息补偿假说中，顿悟跨越是花园幽径模式解读的最关键部分。前期的非对称性

---

① http：//en. wikipedia. org/wiki/Francis_ Galton.

信息断层、中期的螺旋上升和补偿性回归都为后期的顿悟跨越进行铺垫。有效的启发式顿悟得益于关键性启发信息的获得。关键启发信息意指对当前解码具有启发作用的信息，它的激活带来相关信息的极量释放，促使出现恍然大悟的体验。这种标志性的启发信息具有丰富的句法和语义蕴含，能影响顿悟产生的效率和强度。解码过程存在不同水平的顿悟，其效果取决于关键性启发信息的质量。根据所获取的启发信息类型，个体便会采用不同的解题策略，从而产生不同的顿悟效果。如果在花园幽径模式中有一些辅助解码的关键性启发信息存在，如语境、语用、语义信息等，对它们高强度的激活就为语言加工提供了快速解歧的桥梁，帮助被试以毫秒甚至微秒的整合速度完成花园幽径模式的解读。

顿悟是思维跳跃式发展的产物。“顿悟（insight）”由格式塔心理学家苛勒（Wolfgang Kohler）在1917年《人猿的智力测验》（*The Mentality of Apes*）中提出。苛勒发现动物在解决问题时是通过将问题情景构建新结构的方式来实现对整个情景顿悟的。例如在“猩猩取香蕉”实验中，猩猩在徒步、跳跃都拿不到香蕉的情况下，能产生累加箱子的“顿悟”方法来实现目的。顿悟意味着理解延宕后的“瓶颈式”跨越，是后续信息整合原有存贮信息并激活有效新模式的过程。顿悟式理解后，该认知模式会在大脑中得到留存，产生正迁移效果，减少类似解码错误的产生。当熟悉的无效解码模式被陌生的有效模式取代时就会发生认知困难。人们通常在无效模式上延宕，错误认知不断被强化，负迁移效应越来越明显，有限的认知资源被极大消耗，思维惯式阻碍新异模式的形成。顿悟往往是在直截了当遇阻后的曲线迂回，是跳跃式解码的产物。

顿悟是延时发生的。“问题思考—被迫中断—顿悟跨越”是顿悟产生的模式。它的形成具有信息势能延时释放特点。顿悟是对问题结构的情景重组，是在解码中遭遇信息断层后的补偿性回归，是调整认知结构后获取的解码可行性方案。“选择”贯穿整个顿悟过程，如编码、比较和组合。延时带来的全新构建模式能超越传统认知模式的束缚。顿悟是对先前习惯模式的否定利用，是对有效模式记忆搜索认定的过程。困惑是顿悟的条件，没有困惑就无所谓顿悟。困惑消解需要激活信息的再分配，如调整初始不当表征、搜寻新异优化模式、重组遗漏信息、提取关联成分、改变问题表征等。顿悟跳跃发展过程是“貌似有序—杂乱无序—完全有序”的螺旋上升或前进，通常是对定式思维的突破或否定。

顿是悟的表现形式，悟是顿的内在基础。顿与悟是意识与无意识、自觉与非自觉、必然与后然、选择与被选择的集合与统一。顿悟具有偶发性、目标性和迁移性。偶发性意指顿悟出现是意料之外的非预期，通常是迸发式解码。目标性意指顿悟产生的有效解决方案是直接针对前期的困惑而生成的，具有排他特点。迁移性意指顿悟一旦获得，便形成抗体，再遇到此类问题时较少出现行为反复，形成正迁移效应。顿悟前期有一段“潜伏期”，是暴风雨前夜的平静和顺畅；顿悟中期遭遇失败和挫折，是信息断层导致巨大落差的不安和痛苦；顿悟后期常伴随茅塞顿开的“啊哈”体验，是跨越障碍后形成的豁然开朗。顿悟酝酿的认知循环是开放性的螺旋前进，“潜伏—躁动—开朗—验证”推动认知解码能力的提升。

顿悟是新旧结构相互作用的结果。在获得新认知结构的过程中，顿悟受到情境、经验和联系三个因素影响。情境意指语境，若明确且有条理则利于顿悟；若混沌且杂乱则加剧困惑。经验意指认知留存，正迁移则促进顿悟，负迁移则阻碍顿悟。联系意指情境与经验的关联程度，紧密则优化顿悟，松散则钝化顿悟。顿悟是认知模式的“新旧交替”，旧的无效模式被摒弃、新的有效模式被认定，最后实现信息均衡，实现解码。

四　花园幽径模式非对称性信息补偿模型

非对称性信息补偿假说（AICH：Asymmetric Information Compensatory Hypothesis）模型采用“三四五”主体构架，即涵括三个解码部分、四个外围附属部分和五个相关原则。

三个解码部分是：非回溯的正常解码；没有正确模式的错误解码；涉及折返顿悟、否定之否定的花园幽径模式解码。

四个外围附属部分涵括：词与短语的瞬时匹配；整句匹配；内程序知识库的结构启动、记忆容量和尚好策略；属于外程序知识库的信息密度、经验控制、词汇期待、语义条件和语境限定。

五个相关原则包括：西蒙非极致原则、阿克洛夫逆向选择原则、格雷欣法则、瓦尔拉斯均衡和帕累托最优。具体请见图 3－1。

为便于观察，我们把模型填充深浅色进行区分。三个解码部分由两种色彩组成，深灰和浅绿；前者利用 2.25 磅的深蓝虚线箭头代表花园幽径

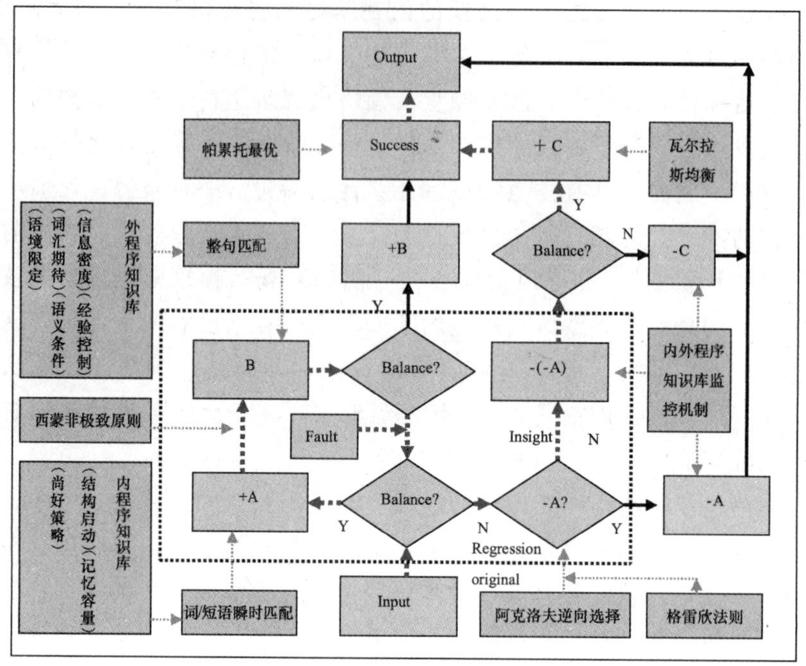

图 3-1　花园幽径模式非对称性信息补偿模型

模式的整个解码流程，后者利用 1.5 磅的黑色实心箭头代表正常和错误解码的流程。由于三个解码部分有交叉重合，我们以花园幽径模式流程为主标注。

四个外围和五个原则填充为浅黄色，以 0.75 磅的浅黄色虚线箭头代表对三个解码部分的影响。

非回溯的正常解码流程如下：

a1 输入字符串（Input）；

a2 判定字符串提供的信息与认知贮存信息是否具有暂时性匹配平衡（Balance?）；

a3 肯定答复（Yes）则在整合内程序知识库信息的基础上进行词、短语的瞬时匹配，并形成初始结构（+A）；

a4 受西蒙非极致原则影响，初始结构（+A）与后续字符串整合后形成模式 B；

a5 模式 B 涵括的字串数量在累加过程中受到外程序知识库信息

的影响，并完成整句匹配；

a6 匹配完成的模式 B 信息势能达到最佳，与全句字串蕴含的信息势能对照（Balance?）；

a7 信息平衡（Yes）则生成终极结构（+B）；

a8 终极结构达到帕累托最优状态后成功解码（Success）；

a9 输出（Output）。

错误解码流程如下：

b1 输入字符串（Input）；

b2 判定字符串提供的信息与认知贮存信息是否具有暂时性匹配平衡（Balance?）；

b3 否定答复（No）则进入下一轮选择；

b4 相对于正常解码形成的暂时初始结构（+A）来说，否定答复认知形成的结构为判定性结构（-A?），系统判定该结构是否受阿克洛夫逆向选择和格雷欣法则影响，受到影响生成的是否定之否定[-（-A）]结构，不受影响生成的是错误结构（-A）；

b5 判定生成的是否是（-A?）；

b6 肯定答复（Yes），获得的是结构（-A），经与内外程序知识库比对确认为错误；

b7 输出（Output）。

花园幽径模式解码流程：

c1-c6 与 a1-a6 相同；

c7 达到最佳信息势能的 B 模式无法实现与蕴含信息的平衡，认知过载和行进式错位产生；

c8 信息断层（Fault）出现；

c9 解码回溯到初始 a2 状态（Balance?）；

c10-c12 与 b3-b5 相同；

c13 否定答复（No），说明受阿克洛夫逆向选择和格雷欣法则影响，产生了由前期错误结构演变而来的回归（Regression）模式，大量有效信息得到补偿；

c14 顿悟（insight）出现；

c15 否定之否定[-（-A）]结构生成，并受内外程序知识库监控；

c16 完成的［－（－A）］模式信息势能达到最佳，与全句字串蕴含的信息势能对照（Balance?）；

c17 信息达到瓦尔拉斯均衡（Yes）则生成终极结构（+C）；不均衡则经与内外程序知识库比对确认为错误，转至 c19；

c18 终极结构达到帕累托最优状态后成功解码（Success）；

c19 输出（Output）。

从上面的分析可以看出，从 c1－c15（模型中用虚线的大矩形进行了标注）是花园幽径模式解码的核心区域，涉及信息断层、认知回归、顿悟和否定之否定。螺旋上升是否定之否定的必然结果。解码信息的“先期伪平衡—中期再平衡—后期优化平衡”形成了“肯定—否定—二次否定”的螺旋上升态势。花园幽径效应初期，原型模式（+A）被激活但不能成功解码，遂被认知判定为伪处理模式，第一次加工（B 模式）失败，并导致信息断层后的折返回归。如果要跨越障碍，B 需要对（+A）进行否定（即进入－A 状态）。花园幽径效应中期，系统回溯后重新进行解码，备用模式（－A）被激活。花园幽径效应后期，备选模式否定后的 C 模式（即［－（－A）］平衡模式）得到构建。由于（－A）是 B 对（+A）的否定，终结模式 C 又是对（－A）的否定，那么 C 必然是对模式（+A）的否定之否定。信息由第一次加工的不对称失败到第二次的对称成功，经历了 Z 型的否定之否定的认知轨迹，在信息断层后通过回归和顿悟获得了补偿性信息，完成了螺旋上升的认知轨迹。

五　困惑商（CQ）

困惑商（CQ：Confusion Quotient）类似与智商 IQ，情商 EQ 以及财商 FQ，这里指由于花园幽径效应存在所导致的认知困惑程度。商值高，惑度则高。

20 世纪初，法国人比纳（Alfred Binet）和西蒙（T. Simon）提出“智商”（IQ：Intelligence Quotient），意指知觉能力、观察能力、思考能力、推理能力和理解能力等诸方面的系统评测，包括注意力、判断力、记忆力、语言分析能力等各领域的智能表现，还有对知识的掌握及分析问题和解决问题的能力等。研究表明，智商与遗传因素有关，更与生活环境、学习环境有关，即是内因和外因共同作用的结果。

1990 年，美国人梅耶（Mayer）和萨洛维（Salovey）提出“情商”

（EQ：Emotional Intelligence Quotient）概念以来，尤其随着“情商之父”戈尔曼（Daniel Goleman）的《情商：为什么情商比智商更重要》（*Emotional Intelligence：Why It Can Matter More Than IQ*,）一书的出版，情商受到越来越多的关注。情商意指情绪、情感、意志以及耐受挫折等方面的品质评测。情商高的孩子更快乐自信，更善于跟别人融洽相处，事业上更可能获得成功。享受生活的乐趣是情商教育至关重要的一环。

1999年，“财商”（FQ：Financial Quotient）由美国人清崎（Robert T. Kiyosaki）在《富爸爸穷爸爸》（*Rich Dad and Poor Dad*）一书中提出，意为一个人与金钱打交道的能力。在这本财商教育开山之作中，清崎讲述了相互交叉的两个故事：没有投资理财经验的高学历父亲如何努力工作可最后却被通胀和生活支出折磨得穷困潦倒，以及没有学历的叔叔如何懂得让钱生钱最终成为富有之人。清崎以亲身经历的财富故事展示了“穷爸爸”和“富爸爸”截然不同的金钱观和财富观。

我们这里提出“困惑商CQ”的概念，特指由于非对称信息的补偿所产生的认知过载现象，包括行进式错位和信息断层，蕴含顿悟式回溯解码，是高信息势能向低信息势能的流动。就像信息熵代表“不确定性”一样，当低频、高困惑商的非优选结构颠覆高频、低困惑商的优选结构时，认知系统需要为成功解码提供足够多的补偿性解释信息，这就为认知系统带来了额外的认知负担。

非对称信息的补偿是由超出常规预期的次优选项导致的。在花园幽径模式中必然存在一个优选结构和次选结构，而且通常这种结构的优选与否在统计学意义上具有差异性。

优选结构是认知系统的缺省模式，在解码前享有较高的使用频数，其曾经存在的频数越高对后续认知折返的阻力越大，产生的顿悟效应越明显，认知过载现象也越突出。也就是说前期观察频数正偏离预期频数的差值越大（观察频数大于预期频数），越可能充当优选结构。

次选结构则相反。如果认知系统中前期观察频数负偏离预期观察频数的差值越大（观察频数小于预期频数），越不可能充当优选结构，其非对称导致的信息补偿的可能性越大，要求越强烈，具有的认知扭矩越大。

在花园幽径模式中，折返性顿悟现象所需要的信息补偿来源于认知的多个系统，如词汇、句法、语义、语用等，它们共同作用的结果可完成花园幽径模式的解读，弥合认知扭矩不平衡带来的信息断层，实现信息补偿。所以，我们认为对非对称信息的补偿计算需要如下几个变量：

基于语料库的某项属性的观察频数（O：Observer）；

某项属性的预期频数（E：Expecter）；

参与信息补偿的属性单元数量（n：number）；

属性单元（i）；

困惑商（CQ：Confusion Quotient）；

非对称信息所需要的困惑商值（V：Value）。下文中具体困惑商值的简写为 V_{cq}，下标 cq 表示困惑商。

$$\frac{\sum_{i=1}^{n}\left(1-\frac{Oi-Ei}{Ei}\right)}{n}=\frac{1}{n}\sum_{i=1}^{n}\left(2-\frac{Oi}{Ei}\right)$$ ……………………………（公式 2）

公式中（$O_i - E_i$）表示对属性 i 来说，观察频数偏离预期频数的距离；

（$O_i - E_i$）/ E_i表示偏离距离与预期频数的比值，负值表示负偏离，正值表示正偏离；

1 -（$O_i - E_i$）/ E_i表示正负偏离以 1 为基点向两侧辐射，正偏离辐射范围为（-∞，1），负偏离范围为（1，2）。

取和公式表示所有参与信息补偿的属性所具有的偏离比值可以进行累加，然后取平均值。

从正负偏离的辐射范围可以看到计算也是具有不对称性的，次选结构的偏离值在一个封闭域内，而优选结构的偏离值则是半开放的。以前面讨论的动词 raced 举例说明如表 3-1 所示。

表 3-1　**动词 raced 非对称信息困惑商计算**

分类	观察频数 O	预期频数 E	偏差 O-E	（O-E）/E	1-（O-E）/E
施事角色	46	25	+21	0.84	0.16
受事角色	4	25	-21	-0.84	1.84
总计	50	50			

如表 3-1，由于这里只计算了动词的困惑商，句中其他结构成分没有涉及，所以不存在平均值的问题，即这里是 n=1 的状态。施事角色属性的困惑商为 0.16，而受事角色困惑商为 1.84，后者造成的认知扭矩更

大，需要更多的信息补偿才能实现平衡，完成解码。

假定某动词 X 观察频数和预期频数相等，那么不对称情况被消解，两者差值为零，获得的困惑商为 1。这是平衡解码的理想状态。

假定某动词 X 观察频数无限小于预期频数，即观察频数近乎为零，则困惑商约为 2。这种极端低概率的解码模式一旦被采纳，需要认知系统释放来弥补信息断层的补偿信息量也超乎想象。这就是说不对称信息困惑商最大为 2。

假定需要进行不对称信息补偿的某动词 X 观察频数无限放大，由于不对称性的存在，该次选结构的频数不会超过优选结构频数，也就是说它的观察频数的最大值就是预期频数。此时，观察频数和预期频数相等，困惑商为 1。这表明次选结构的不对称困惑商最小为 1。

这样，次选结构不对称信息困惑商区间为（1，2）。越接近 1 表示需要补偿的信息少，信息趋向于对称，引起顿悟的可能就小，产生折返性回溯的花园幽径效应可能性也小，而出现通达性歧义的可能性增大。越接近 2 则情况相反，认知扭矩不断累加，直至达到超出认知总容量的极点。

对优选结构来说，观察频数的最低点就是预期频数，低于该频数结构就不再是优选结构了。因此，不对称困惑商最大为 1。随着观察频数对预期频数的不断超越，所需要的信息困惑商越来越小。

假定某动词 Y 在认知中具有 5 个可供选择的属性，抽样总数为 500，那么理论预期频数为 100。如果每个属性在语料库中都观察到 100 个符合各自属性的频数，那就是理想的帕累托最优状态。假定有一个属性的观察频数达到了 490，那么需要进行信息补偿的值为 -2.90。这表示该优选模式已经具备了足够的解码信息量，它产生的是正偏离，不需要再对该属性进行信息补偿。

优选结构产生的困惑商从 1 不断向负无穷辐射。越接近 1 表示优选结构需要补偿的信息越多，信息趋向于对称，而基于频数的优选结构倾向受到极大挑战。相反，困惑商向负无穷辐射过程中，需要额外补偿说明的信息越少，该优选结构信息自足量越大，越容易在解码时被认知系统优先采纳，困惑程度越来越低，直至该结构解码成为一种非受控的完全无意识状态。

非对称性信息补偿通常是以优选结构和次选结构的频数统计差异性存在为条件的，所以，我们需要根据卡方检验的临界值测算出可能诱发花园幽径效应的非对称困惑商的临界值。超出临界值则表明频数具有显著性差异，信息困惑商也具有区别性特征。如果实际统计值没有超出临界值则表明频数不具有统计意义的显著差异，信息处于非补偿的统计意义的对称状态。

假定显著水平为0.05，自由度为1，理论临界值则为3.84。

假定实际解码中涉及两个义项属性且可能诱发花园幽径效应的次选属性频数为X，统计中总观察频数为50，那么优选属性频数则为50－X。根据卡方检验公式推导如表3－2所示。

表3－2　**次选属性临界观察频数推导**

分类	观察频数O	预期频数E	偏差D	D^2	D^2/E
优选属性	50－X	25	25－X	$(25-X)^2$	$(25-X)^2/25$
次选属性	X	25	X－25	$(X-25)^2$	$(X-25)^2/25$
总计	50	50			3.84

如上表所示，$(X-25)^2/25=1.92$，X＝18。这说明具有优选结构和次选结构的观察频数临界比为32:18。比值越大，说明优选和次选结构频数差异越悬殊，如果诱发花园幽径效应产生认知困惑度也越强烈。比值越小，两结构频数趋同，统计学意义的差异不断弥合，呈现非回溯通达性歧义的可能性加大。依据以上数据我们可以推导出非对称信息困惑商的临界值，具体如表3－3所示。

表3－3　**次选属性非对称信息补偿临界值测算**

分类	观察频数O	预期频数E	偏差O－E	(O－E)/E	1－(O－E)/E
优选属性	32	25	+7	0.28	0.72
次选属性	18	25	－7	－0.28	1.28
总计	50	50			

如表3－3所示，次选属性非对称信息补偿临界值为1.28，说明如果实际解码中困惑商大于临界值，诱发花园幽径效应的可能性增大，信息断层后需要信息补偿的强度也增大。困惑商从1.28向2.00变化时，认知扭矩处于不断加大状态，一旦次选属性颠覆优选属性成为正确的解码模式，

那么大扭矩产生的认知困惑和过载现象将得到释放。相反，从 1.28 向 1.00 变化时，认知扭矩变小，信息不对称可能减少，认知困惑程度减弱，出现“多车道通行”的通达性歧义可能性增大。

本章小结

非对称性信息补偿假说借鉴了多种理论的精华，包括瓦尔拉斯均衡、帕累托最优状态、西蒙的非极致原则、劣币驱逐良币的格雷欣法则。

瓦尔拉斯均衡认为信息有从高势能区向低势能区流动的趋势。在语言解码中，这种均衡体现在低信息区解码者具有从高信息区编码者处获取信息并成功解码的倾向。如果信息解码的两端最终能够实现信息的终极传递，便达到帕累托最优状态。

西蒙的非极致原则认为，机体组织在进化时采取“快捷优先”和“见好就收”的理念。信息解码则更多地体现为就近匹配相关模式而不是追求精益求精的完全匹配，解码者也更倾向于快速有效地大致理解编码者的语言意图。这种囫囵吞枣的语言理解方式为花园幽径模式中次选结构颠覆优选结构提供了便利。

格雷欣法则提出劣币驱逐良币的市场发展趋势，其本质是名不副实的产品取代名副其实的产品，并最终抢占市场。信息解码中，高频优选结构通常在认知中居于主导地位，是名副其实的“良币”，而低频次选结构在认知中居于边缘地位，是名不副实的“劣币”。花园幽径模式实际上就是低频次选结构在信息解码中对高频优选结构的驱逐。

在花园幽径模式非对称性信息补偿假说中包括五个基本观点：非对称性与信息断层；螺旋上升与补偿性信息回归；信息逆向选择与顿悟跨越；效应模型构建；困惑商 CQ（Confusion Quotient）。其中，核心是困惑商的提出。

非对称性与信息断层是假说的根本。花园幽径效应源于编码者与解码者之间的信息不均衡，其产生的不对称性在信息交换中容易出现伪平衡，而补偿性信息对伪平衡的颠覆则导致信息断层的出现。

螺旋上升与补偿性信息回归是假说的结果。花园幽径模式解读呈现立体的螺旋上升态势，终极解码模式是对原解码模式的否定之否定。获得信息补偿的认知从困惑状态回归到自然，延续了从顺畅到困惑再到回归的解码轨迹。

信息逆向选择与顿悟跨越是假说的特征。信息逆向选择在花园幽径模式中表现为对非优选结构的选择，而顿悟跨越则是“由行渐顿，由顿而悟，悟而复行”特征的集中表现。

效应模型构建是假说的主体框架。包括三个解码部分、四个外围附属部分和五个相关原则。三个解码部分包括伪平衡解码、错误解码、回溯解码。四个外围附属部分包括瞬时匹配、整句匹配、内程序匹配、外程序匹配。五个相关原则包括西蒙非极致原则、阿克洛夫逆向选择原则、格雷欣法则、瓦尔拉斯均衡和帕累托最优。

困惑商 CQ 是假说的灵魂。困惑商 CQ 专指信息解码时的认知困惑程度，并以此作为诱发花园幽径效应强烈与否的一个量化标准。非对称导致的商值越高，困惑度越突出，信息补偿的可能性越大，认知扭矩越明显，系统回归到原位的要求越强烈。困惑商的价值标准与频数密切相关。困惑商 CQ 的计算主要涉及如下因子：观察频数（O：Observer）；预期频数（E：Expecter）；属性单元数量（n：number）；属性单元（i）；困惑商值（V：Value）。其公式为：

$$\frac{\sum_{i=1}^{n}\left(1-\frac{Oi-Ei}{Ei}\right)}{n}=\frac{1}{n}\sum_{i=1}^{n}\left(2-\frac{Oi}{Ei}\right)$$

该公式表示为：某花园幽径句的整体困惑商值 V_{cq} 等于该句中多属性频数偏移标准频数的均值。

困惑商 CQ 公式是建立在优选频数和次选频数具有显著性差异这一统计学基础之上的，所以，我们可以借用统计学中的卡方检验的临界值来测算不同花园幽径句的困惑商，并由此奠定花园幽径模式量化研究的基础。

假定显著水平为 0.05，自由度为 1，属性 $n=1$，经测算，次选属性非对称信息补偿临界值为 1.28，最大值为 2，最小值为 1。也就是说，如果实际解码中困惑商大于临界值 1.28，则诱发花园幽径效应。困惑商从 1.28 向 2.00 递增变化时，认知过载现象加剧。相反，从 1.28 向 1 递减变化时，认知过载现象变缓直至消失。最小值 1 表示次选结构和优选结构实现了帕累托最优，无信息流动。最大值 2 表示认知系统需要最大能量的信息补偿才能实现瓦尔拉斯均衡。

第四章　花园幽径模式信息解码的神经语言学理据

神经语言学是借助脑科学来探讨人类思维密码的科学研究，关注如何利用精密的科学试验仪器和缜密的实验设计来分析科学与人类脑结构与功能发展关联性这一终极价值命题。

自然语言理解是人类非常复杂的心理认知活动，其语义单元的整合与加工通常是以毫秒①为单位进行的。如果仅仅依靠传统的语言学方法，无论在理论上还是技术上，都无法提供人类完全理解语言所必需的“毫级”数据作为支撑。神经语言学的出现适合了这一语言科学发展的需要。

语言是人类具有特异性的重要的认知功能之一。人类在使用语言的过程中涉及复杂的心理认知活动。科学新技术的发展和脑科学研究的深入为语言研究开辟了新的途径，提供了新的思路，引领语言研究者从单纯的定性研究进入一个相对科学的、定量与定性高度交叉的研究领域。

神经语言学可用于实时研究的核心技术主要包括实时定位技术和实时描述技术。前者包括功能性磁共振成像（fMRI：functional Magnetic Resonance Imaging）和正电子辐射补偿摄影（PET：Positron Emission Tomography）等，这类技术的应用侧重语言加工时脑区的定位。后者包括眼动、事件相关电位技术（ERP：event-related potential）、脑电图（EEG：Electroencephalograph）、脑磁图（MEG：Magnetoencephalography）和扩散光学成像（DOI：Diffusion Optical Imaging）。

---

① 1秒等于1000毫秒。

第一节　语言理解研究的神经语言学方法

句子理解是语言交流和研究的基本形式。实时状态下句子加工的心理机制研究受到越来越多的语言研究者关注，包括研究语言系统和非语言知识系统如何交互作用、如何传递和接收语言意义等。虽然反应时（RT：Reaction Time）只是一个单维的指标而且在精确描述理解即时性和连续性时有自身不足，但是，反应时具有客观反映句子理解难易的基本特点，目前仍作为语言理解的主流评价标准之一。正确率评价是反应时外的另一个变量。心理测验技术往往也利用这些变量评价各种神经语言学理论的得与失。

一　眼动

人的眼球运动与心理活动具有关联性，通过从眼动轨迹中提取注视点、注视时间、次数、眼跳距离、瞳孔大小等数据分析可研究个体的内在认知过程，提高心理活动研究的精准度。研究者可利用测量的眼动时间和位置变化值来推测被试大脑的认知变化。眼动作为实时测量技术包括观察法、后像法、机械记录法、光学记录法、影像记录法、红外技术（infrared technique）等多种方法。使用较多的红外技术通过红外线摄像机测量出瞳孔中心位置与角膜的相对位置，据此推算出注意目标坐标值并绘制眼动图谱进行分析。眼动方式包括注视（fixation）、扫视（saccades）和追随运动（pursuit movement），每秒输出约50组数据。

文字材料在阅读过程中对视觉产生刺激，眼动反应的实时监测有利于分析被试是如何进行阅读的。实验已经证明阅读不是逐字逐词的推进，而是小幅跳跃地前行，即阅读采用跳读的方式展开，通常每秒进行3—4次跳跃，每次持续20—40毫秒，注视长度200—400毫秒。

在眼动中，花园幽径现象的存在体现在消歧区域中阅读时间的延长以及超出这一区域的较强效应的回视。在探讨阅读的眼动中，花园幽径句往往是研究的主流。

弗雷泽等（Frazier and Rayner，1982）在实验中对被试阅读花园幽径句时的眼动情况进行了记录。实验表明，语言加工是句法倾向的（in a rather systematic fashion）；对解歧成分的初次注视所耗费的时间影响整个句子的解码时间（longer fixation durations were associated with the very first fixation in the region of the sentence which disambiguated the sentence）；独立驱动策略（independently motivated parsing strategies）的晚闭合原则（late closure）和最小附着原则（minimal attachment）能加速花园幽径句的解码。眼动回归模式表明，解析机制通常利用掌握的错误信息进行选择性再分析（the parsing mechanism typically engages in selective reanalysis, exploiting whatever information it has available about the type of error it has committed to guide its reanalysis attempts）。眼动回归测试还对如下观点提出了质疑：系统是否会在花园幽径句解码时自动跳转到句首修正错误结构（the parsing mechanism automatically returns to the beginning of the sentence to revise an incorrect analysis of linguistic material）；是否在错误分析得到解决后才停止系统性回溯（the parsing mechanism systematically backtracks through the sentence until the source of the erroneous analysis is located）。眼动回视研究可以很好地分析语言理解的困难所在。歧义引起的长时间注视和回视相结合形成典型的花园幽径现象。

弗雷泽等（Frazier and Rayner, 1990）利用眼动技术讨论了认知系统语义解歧的问题。实验数据表明，对多义词来说，如果消歧信息出现在歧义目标后将延长眼睛注视的时间（delaying the presentation of disambiguating information until after the occurrence of an ambiguous target lengthened fixation times for words with multiple meanings）。也就是说消歧信息后置要比前置给认知系统带来更大的困惑。

倪等（Ni et al., 1998）认为，句子处理中的花园幽径效应是输入字符串产生的显性异常现象（The symptom of a garden path in sentence processing is an apparent anomaly in the input string）。异常信号通过异常检测（Anomaly detection）提示系统程序发生了错误，需要进行基于线索的修复。通过眼动可以分析系统在处理没有歧义现象但包含句法违例和语用违例的句子（unambiguous sentences that contain syntactic anomalies and pragmatic anomalies）时的解码情况。句法违例和语用违例的敏感性非常高而且几乎是同时激活的（sensitivity to the two kinds of anomaly was very rapid and essentially simultaneous），但在首读通过时间和回视模式上存在质的差

异（qualitative differences existed in the patterns of first-pass reading times and eye regressions），这说明句法信息和语用信息对花园幽径句解码发挥不同的作用（syntactic information and pragmatic information are used differently in garden-path recovery）。

弗里森等（Frisson et al.，1999）利用眼动分析了借代表达（metonymic expressions）对歧义的消解作用。实验证明，借代导致的歧义不是先后启动模式，即或者是字面意义（literal sense）或者是比喻意义（figurative sense）先解读，相反，解码模式应该是并行启动的，即字面意义和比喻意义是同时获得解码期待的（both senses can be accessed immediately）。

特拉克斯勒等（Traxler et al.，2002）通过眼动研究证明，在关系从句和矩阵主动词条件下（during the relative clause and the matrix verb），宾语从句加工要比主语从句加工困难（sentences containing object-relative clauses were more difficult to process than sentences containing subject-relative clauses）。引导词具有非动物性语义特征时难度降低（the difficulty associated with object-relative clauses was greatly reduced when the sentential subject was inanimate）。

二 功能性磁共振成像（fMRI）

功能性磁共振成像（fMRI，functional Magnetic Resonance Imaging）是神经影像学造影技术之一，通过磁振描述神经元活动的血液动力变化轨迹并进行造影。功能性磁共振成像能够显示人在受到外界刺激时事件相关脑区域的激活状态，被激活的区域在计算机辅助的脑部解剖影像（灰阶）中显示为黄色和橘色部分。通过检验血流进入脑细胞的磁场变化而实现脑功能成像，给出更精确的结构与功能关系。功能性磁共振成像实验设计主要分为模块设计（block design）和相关事件设计（event related design）。前者以一揽子模式连续、反复呈现刺激。后者只出现一次刺激，间隔一段时间再进行下一次刺激。

在血液动力学中，一定的血流速度和血氧浓度是脑神经元活化的必备条件。神经元对葡萄糖和氧气的自身非储存性决定了神经活化后能量补充的即时性。细胞活化时，氧气得到消耗，血氧浓度随之降低。作为补充，

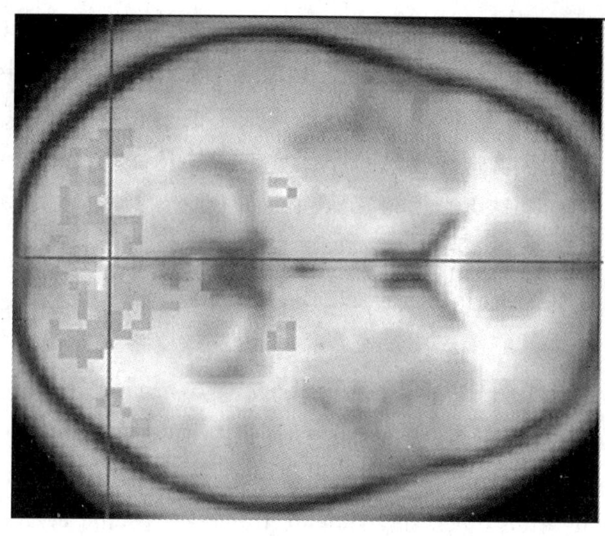

图 4-1 功能性磁共振成像示意图

附近的血流速度就会提升，单位时间内运送的氧气量得到增加，以此补充消耗掉的氧气，最终使细胞功能得到还原。整个“消耗—补充—还原”的神经元活化循环过程需要 1—5 秒，也就是说从神经活化开始到引发血液动力学的改变，会有 1—5 秒的延迟，然后达到血氧浓度高峰。动力反应后的血液在活化神经元区域释放出葡萄糖与氧气，使带氧血红素充满于活化神经元处。这与未活化释放区域血红素比例形成强烈对比。带氧血红素具有抗磁性，缺氧血红素具有顺磁性，计算机根据血液中血红素的氧化比率分辨磁共振信号。血液抗磁性增强，相对的血氧水平依赖（BOLD：blood oxygen level dependent）信号也会随之加强。通过血氧浓度相依比信号可知脑部血流与氧气消耗值，由此获知相关事件脑区域的活化程度。例如，当被试被要求进行相关事件运动（如思考某问题、进行某动作、感知某经历等）时，核磁可通过精密计算来确定哪些脑区负责思考、运动、经历，以此实现对脑相关区域的定位。这种神经活化区域的脑血流微变会带来局部血液浓度微变以及脑血容积的微变，为利用精密仪器捕捉定位脑神经元活化区域提供了条件。这种方法在语言学研究中得到应用之初就以其较高的空间分辨率受到了极大关注。

弗里德里西（Friederici，2000）通过对语义上的具体词、抽象词和语法上的内容词、功能词进行语言加工的实验任务数据分析后说明：语义任务要求选择性地激活左侧额下回的三角 BA 45 区和后部的左侧中间颞上回 BA21/22/37 区。句法加工的要求导致左侧额叶 BA 44 区，额下回和下中央前沟 BA 44/6 区交界处的皮质下的活化程度增加。语义词和语法词相互作用形成典型效果：非原型特征的具体功能词和抽象内容词要比原型特征的抽象功能词和具体内容词表现为更高的活化程度。语言材料通过听觉系统输入时，听觉皮质和双侧相邻区域得到激活。语义不关联的语言材料处理时，左前额皮质和双侧颞叶皮质被激活。母语加工时，呈现自动性，前额皮质没有激活征兆。最后得出结论：语言加工中语义和句法分属于两种功能不同的神经元组织网络，都拥有子系统而且在语言加工中可指向特定域（semantic and syntactic aspects of processing are both functionally distinct and involve different subparts of the neuronal network underlying word processing support a domain-specific organization of the language system）。

奥萨卡等（Osaka et al.，2004）为了讨论不同被试阅读过程中解歧所需的工作记忆大小（with respect to differences in working memory capacity），借助功能性磁共振成像进行了较为全面的阐释。实验把阅读跨度测试和阅读条件（reading span test and read conditions）作为两个变量进行研究。被试根据跨度测试可分为高阅读跨度者（HSS：high-span subjects）和低阅读跨度者（LSS：low-span subjects）。不同被试表现出了显著性激活效应（significant activation），主要体现在如下区域：前扣带皮层（ACC：anterior cingulate cortex），左额下回（IFG：left inferior frontal gyrus），视觉联合皮层（VAC：visual association cortex）和顶上小叶（SPL：superior parietal lobule）。高阅读跨度者的前扣带皮层和左额下回区域（in the ACC and IFG region）在同等情况下比低跨度者获得更强烈的共振信号（a significant increase in signal intensity），这说明高阅读跨度者神经系统在两区域间更容易被激活。当需要更多记忆容量的句子出现时，只有高阅读跨度者前扣带皮层得到强化激活（only HSS showed an increase in ACC with increasing working memory demands）。实验证明尽管听力和视觉采用不同形态的特定缓冲区（differences in modality-specific buffers），但仍存在一个具有中央执行功能的统一神经网络基础（there is a general neural basis for the central executive function in both RST and previous listening span test tasks）。

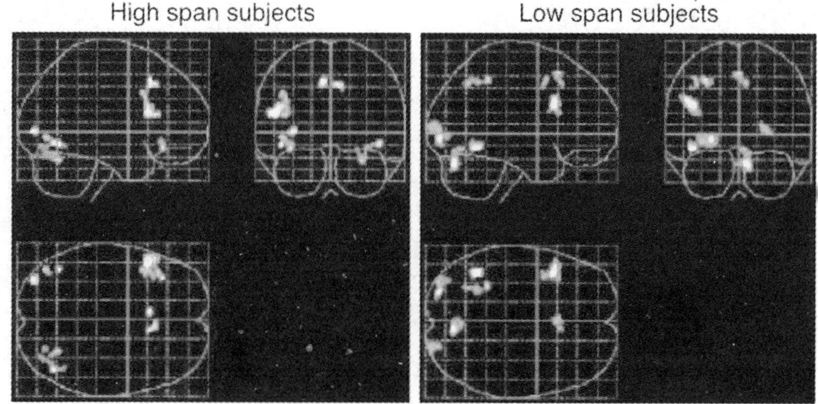

图 4-2　高低阅读跨度者解码时 fMRI 信号对照（Osaka et al.，2004）

图 4-2 展示了高低阅读跨度者解码时 fMRI 标准脑成像信号（the standard glass brain images）不同。主要表现在左半球的矢状面（sagittal）、冠状（coronal）、轴向平面（axial planes）的激活区域的不同。冠状取的是左侧（left side of the coronal），轴向取的是上侧（upper side of axial image）。

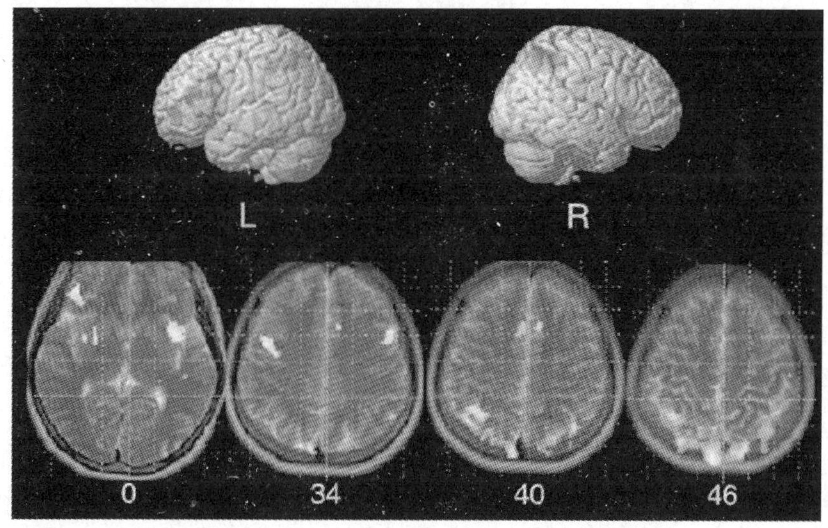

图 4-3　高阅读跨度者轴向平面激活的左右脑对照（Osaka et al.，2004）

图 4-3 展示了高阅读跨度者在轴向平面（axial planes）被激活时的

左右脑成像图的不同。

通过上面的两个图像，我们清楚地看到功能性磁共振具有极高的空间分辨率和定位技术。利用它可以区分高低阅读跨度者在解读同一语言材料时激活区域的不同，也可以对同一被试的左右脑在语言理解中的不同激活区域进行定位。

《自然》（*Nature*）期刊撰稿人、中国科学院心理健康重点实验室罗劲教授（2004）认为，顿悟过程中新异而有效的联系的形成依赖于海马，问题表征方式的有效转换依赖于一个“非语言的”视觉空间信息加工网络，而思维定式的打破与转移则依赖于扣带前回与左腹侧额叶。

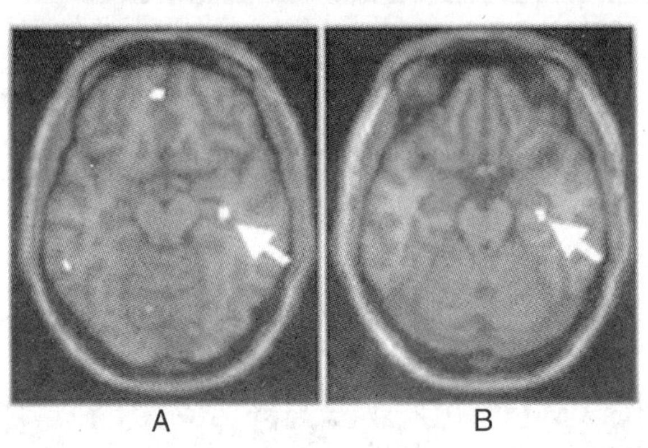

图 4－4　海马在非新异性顿悟中的活动（罗劲，2004）

图 4－4 表示了海马在顿悟中（A）与任务相关联系形成中（B）的活动（箭头所指的白色区域代表脑区的激活范围）。与传统的海马是新异刺激所激活的观点不同，罗劲认为在顿悟中观察到的海马的活动，并不是由于词（标准答案）的新异性所引起的，日常生活中极为常见的概念也能引起海马活动。A 为顿悟状态与静息状态相比较所获得的结果，B 为任务相关词的加工与任务无关词的加工相比较的情况。

功能性磁共振成像以其自身扫描的非侵入性和辐射的非暴露性优势在神经医学领域得到广泛应用，并在事件相关的脑功能定位方面受到青睐。越来越多的研究者意识到将脑功能定位见长的功能性磁共振成像和脑实时描述见长的事件相关电位结合起来，可实现高空间分辨率和高时间分辨率的结合。这无疑为花园幽径模式解读时对折返回溯的实时描述和顿悟出现时的空间定位提供了非常便利的研究条件。

三　正电子辐射补偿摄影（PET）

正电子辐射补偿摄影（PET：Positron Emission Tomography）作为核医学领域先进的检查影像方法，采用解剖形态的功能代谢和受体显像技术，可提供全身三维和功能运作图像，具有无创性。

受体首先需要注射一定剂量但很安全的不同种放射活性物质，这些物质在脑内被活动的脑细胞吸收。当这些同位素经历正电子放射衰变时，释放出一个正电子。在经历了几个毫米的旅行后，正电子将会与生物体中的一个电子遭遇并湮灭，产生一对湮灭光子射向两个相对方向。他们遇到侦测器中的闪烁晶体物质时，会造成一点光亮，随后被对光敏感的侦测器探测到。PET 扫描器获得的原始数据是一系列探测器数据的综合，后被多角度和多方向排列组合构成三维图像。这种技术对相关事件脑区域定位具有高效性。fMRI 和 PET 对神经活动的监测都是通过血液流动进行的，由于血液变化非常缓慢，以上这两种方法在时间分辨率上有一定的局限性。

四　脑电图（EEG）

脑电图（EEG：Electroencephalograph）可以实时描述脑部活动。描记仪工作时，脑活动产生生物电被放大后实时记录，并形成波形图。由于脑电图易受干扰，对脑的实时描述通常要结合其他手段来使用。有学者把 EEG 技术用于语言理解研究。

勒默等（Roehm et al.，2004）在语言理解中采用新的脑电图技术对 ERP 中表面难以区别的成分进行分解处理（dissociates superficially indistinguishable event-related potential components）。实验表明，在可分离频段活动的范围内（in terms of activity in separable frequency bands），基于概率的分析可以区分表面相同但功能不同的 N400 效应（a frequency-based analysis differentiated between two apparently identical but functionally distinct N400 effects），也可以区分是否该活动源于功率的增加或相位的锁定（whether the activity stemmed from increased power or phase locking）。语言问题检测与 theta 频带（3.5—7.5Hz）活动相关，而问题解决与 delta 频带（1—3Hz）活动相关（Whereas linguistic problem detection is associated with theta band activity（~3.5—7.5 Hz），conflict resolution correlates with activity in the delta band

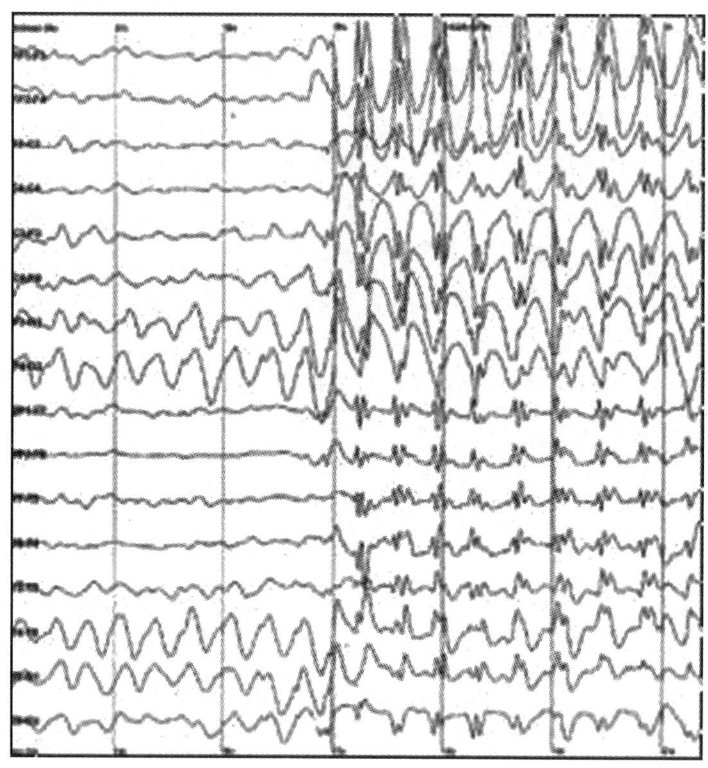

图 4 - 5　脑电图示例

(1—3 Hz))。实验数据说明频率特性（功率与相位锁定）影响神经元机制对不同种类语言违例现象的解决［The data further differentiate between the neuronal processing mechanisms involved in different types of conflict resolution on the basis of frequency characteristics (power vs phase locking)］。

五　脑磁图（MEG）

脑磁图（MEG：Magnetoencephalography）可直接用来测量神经活动。脑神经活动时电信号会产生相应的、基本不受周边组织影响的磁信号。通过用于测量极端微弱信号的超导量子干涉设备（SQUID：Superconducting Quantum Interference Device），这种人体脑部电磁场微弱变化产生的磁信号可以得到测量，最终实现对脑部区域相关事件的实时描述。

皮尔等（Peelle and Davis，2012）利用脑磁图（MEG）研究表明，语言处理中低频振荡的声学语音信号形成了韵律节奏的层次结构，反映了在人类大脑处理复杂结构时的锁相振荡（low-frequency oscillations in the acoustic speech signal form the foundation of a rhythmic hierarchy supporting spoken language, mirrored by phase-locked oscillations in the human brain）。言语解读本质上是时间线性的，通过振幅传递的韵律信息包含着地点和方式、切词、语速衔接的重要信息。低频词言语解码时，相位持续锁定在低频信息处理的皮质振荡区（4—8HZ）［phase locking by ongoing cortical oscillations to low-frequency information（4 – 8 Hz）in the speech envelope］。实验证明，语速能够影响语言的加工效率（the perception of phonemes and words in connected speech is influenced by preceding speech rate），而且，解码主要集中在左脑区域，如侧前方颞叶皮层（lateral anterior temporal cortex）。

六　扩散光学成像（DOI）

扩散光学成像（DOI：Diffusion Optical Imaging）也是一种有效的神经成像方法，又称为事件相关光学信号（EROS：Event-related Optical Signal）方法。根据血红蛋白对近红外光具有可吸收性这一特点，当脑组织受到外部相关事件刺激时脑部代谢的氧含量发生变化，血红蛋白吸收的近红外光也随之变化，DOI 通过测量吸收光谱来计算血液中的氧含量，以此实现对脑区域细胞活性的实时描述。该方法具有较高的空间分辨率（毫米量级）和时间分辨率（毫秒量级），缺点在于它无法观测深部脑组织的活动。

以上神经语言学脑区域定位技术和实时描述技术在语言研究中处于探索尝试阶段，相比较而言，ERP 技术较为成熟稳定。它具有较高的时间分辨率，可以描述毫秒单位的事件发生时的时间历程。以其为核心的句子理解能够实现从整体视域上展开的心理机制研究。这里，我们单独把 ERP 作为重点讲述其对花园幽径模式解读的重要性。

第二节　事件相关电位 ERP

事件相关电位研究近几年在语言加工领域取得了丰硕的成果。这种具有高时间分辨率的实时研究手段为语言研究提供了新的视角，解决了很多单纯依靠语言本体研究无法解决的问题。头皮表层微电压可以随着脑神经元的活化程度进行相应变化，句法违例通常导致正成分 P600 的出现，语义违例则诱发负成分 N400，脑的左右半球在处理不同违例的语言成分时呈现非对称性。这些神经语言学特点为花园幽径模式的 ERP 研究提供了便利。

一　事件相关电位（ERP）简介

事件相关电位（ERP：event-related potential）是一项记录大脑过程信号的非介入性技术，基于脑电图技术发展而来，与特定的物理事件或心理事件相关，在脑电处理时间维度上形成可被颅外电极记录的电压波动(voltage fluctuation)。通过对头皮表层的电流变化进行测试，研究者可以凭借滤波和信号叠加技术从脑电信号中提取这种波动变化，推断感觉刺激或认知事件中大脑区域的活化特征，实现对脑活动区域实时描述的高时间分辨率。随着 128 导和 256 导 ERP 工作站的开发应用，ERP 相对较低的空间分辨率得到提升。此外，诸多研究者还将 fMRI 和 ERP 结合使用，既克服了前者低时间分辨率的缺点，又克服了后者低空间分辨率的不足，使脑区域的实时定位和实时描述更加精密准确。ERP 可以对语言功能违例进行高时间分辨率的实时研究。

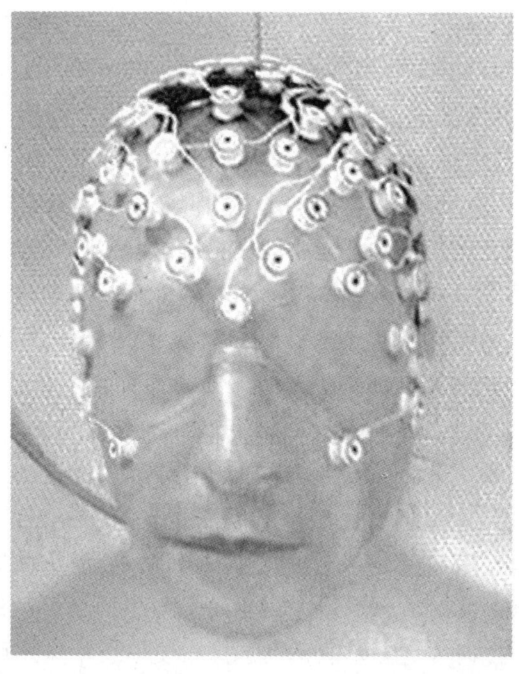

图 4－6　ERP 电极分置示意图

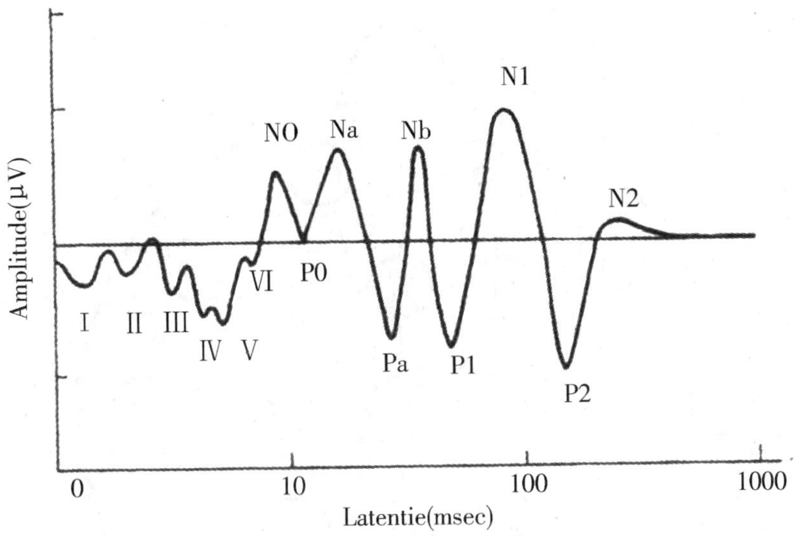

图 4 - 7　ERP 早成分分析样图

语言事件设定时，大量神经元产生突触并形成电位累积，呈现了与刺激反应几乎同步的脑电信号。这些与事件相关的脑电压波动有正负之分，被称为“峰”“波”或“（脑电）成分”。峰值反映大脑兴奋度，潜伏期体现神经活动与加工过程的时间维度。

事件相关电位的主要成分有两种命名方法：成分与事件时间的对应关系和成分出现的序列关系。

第一种命名方法依据成分与事件对应的时间关系。事件后 100 毫秒左右达到峰值的正成分被称为“P100（Positive 100）”，负成分被称为“N100（Negative 100）”。当成分潜伏期较长，在事件后 600 毫秒达到峰值的正成分为 P600，而在事件后 400 毫秒达到峰值的负成分为 N400。P600 通常出现在句法违例的事件中，而 N400 一般出现在语义违例的事件中。

第二种命名方法关注成分的序列性。事件诱发的第一个正成分被称为“P1”，负成分被称为“N1”。第六个出现的正成分是“P6”，而第四个出现的负成分为“N4”。

以上两种命名方式具有对应性。脑电成分的潜伏期数值往往接近其序列位置的 100 倍，即 N1 = N100，P1 = P100，N4 = N400，P6 = P600。由于存在这种对应关系，两种命名不影响研究与交流。有学者将较早出现

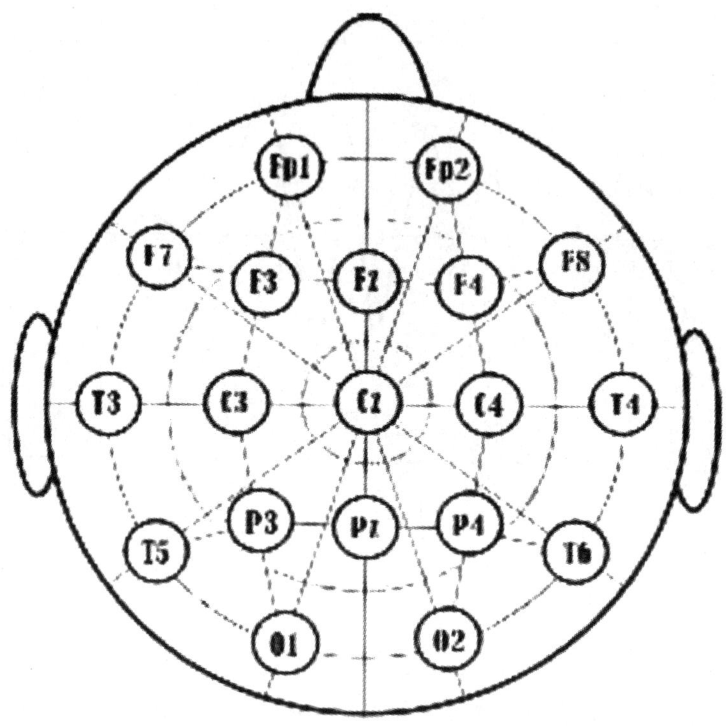

图 4－8　国际脑电 10—20 系统电极分布

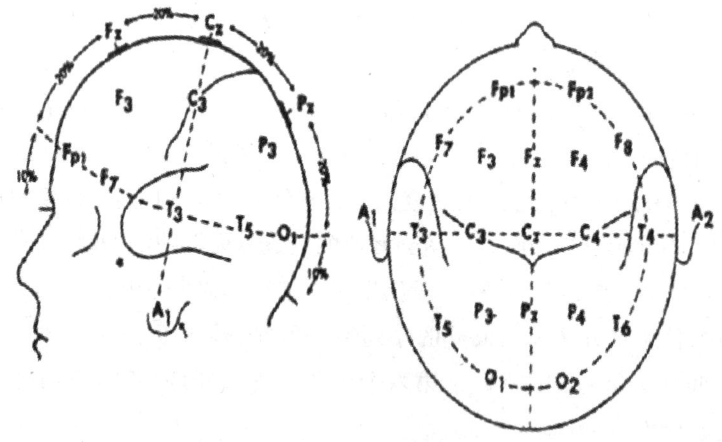

图 4－9　国际脑电 10—20 系统电极分布侧视图及对照

的成分称为 N1、P1，而对较晚出现的成分称为 P600、N400，两种方法混用情况比较普遍。由于脑电成分的潜伏期具有非恒定性，部分研究者更推崇使用第二种命名法。例如在 P300 后出现的正成分被统称为晚期正成分（late positive component），被非注意刺激所诱发的脑电负成分被称为失匹配负波（mismatch negativity）等。

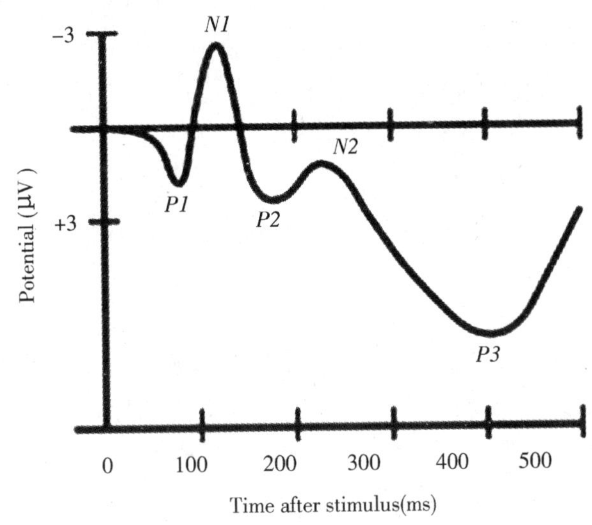

图 4－10　ERP 晚成分分析样图

基于 ERP 的认知研究主要有脑电成分研究和脑电差异研究两条路径。前者从 ERP 到认知，研究脑电成分的属性、发生源和心理意义，如对句法违例时出现的 P600、对语义违例时出现的 N400 进行的研究。后者从认知到 ERP，关注认知事件相关的脑电差异，如跨语言、跨感官、跨文化 ERP 波形差异形成的研究领域。

ERP 是由很多大小形状不一、正负向不同的脑电成分组成，可构建具有多维性的脑地形图，并在极性、峰值、潜伏期、头皮分布等指标中得到反馈。峰值体现大脑兴奋度，活化度越高，波幅越大。潜伏期是对脑加工时间历程与速度的实时评价。

国际脑电图学会建议（Jasper，1958），在对头皮进行 EEG 记录时，可采用 10%—20% 系统来确定电极的安放位置，简称国际 10—20 系统

（International 10－20 EEG System）。具体信息请见附录。

目前国内使用较多的是64导（导是脑电监测点的单位名称，电极的安放位置越多，导数越大，测量的数值越精密），128导和256导也逐渐进入科研和应用研究的领域。事件相关电位是语言加工时对脑区活动实时描述的有效技术，在神经语言学领域得到广泛使用。

语言传递是信息流动的结果。解码者以毫秒甚至微秒[①]级速度将接收的信息流切分成游离但相对独立的信息粒，然后按照认知系统的既定模式快速整合编码后实现输出。具有毫秒级的高时间分辨率ERP成像技术对分析语言解码过程的实时性具有技术优势。

二 P600与N400研究

句法违例（syntactic anomalies）是指在语言加工过程中出现的对句法规则的违反。例如在被试解读不符合规定语法（prescriptive grammar）的句法组合（the tree are beautiful）时，就会在ERP中呈现典型的正波，大约出现在违例词后600毫秒达到最高峰值，形成P600效应。通过对句子成分的畸变可以诱发句法违例，这种干预性破坏能导致认知负荷的加重，并在脑电中体现为正成分的波动幅度加大。句法和语义分属不同的加工系统。一般情况下句法违例加工在前，语义违例加工在后。

语义违例（semantic anomalies）是指在语言加工过程中出现的对认知语义的违反。例如在解读非动物性主语发出的不具有认知背景的动作的语义组合（the tree swims）时，就会在ERP中出现违反语义的N400效应。语义特征的非合理性变化可以诱发语义违例，带来认知过载现象，并导致脑电负成分的出现。

沃斯等（Vos and Friedericic，2003）认为，工作记忆的大小影响了句法复杂的宾语先行关系子句（object-first relative clauses）的加工。对低阅读跨度的被试而言，宾语先行关系子句的加工需要句子间句法背景信息（intersentential syntactic contextual influence），高阅读跨度的被试对此影响不大。前者选择加工模式时往往无法以最快速度找寻到最简模式，效率较低，导致多重模式不分主次同时构建，认知负荷较大。而后者由于解码中多采用最简模式，能在解码中找寻到歧义模式的高频选项进行整合，所以

---

① 1s＝10^3ms（毫秒）＝10^6μs（微秒）。

当该模式信息不对称时，花园幽径现象出现。高阅读跨度的被试被迫启动信息补偿机制，独立于语境的 P600 结构主效应（main effect of structure）得到诱发。低阅读跨度的被试 P600 则没有诱发。也就是说，低阅读跨度的被试对背景信息较为依赖，也更容易被无关信息干扰。

库塔斯等（Kutas and Hillyard，1980）认为如果在句子中出现了令人意外的成分（surprising events in a language context），如荒唐的、语义不匹配的词（the occurrence of absurd，semantically inappropriate words）等，那么这种违例现象会出现典型的负波，大约出现在违例词后 400ms 达到最高峰值，这被称为 N400。语义匹配越适合的词，出现的 N400 的波幅越小。

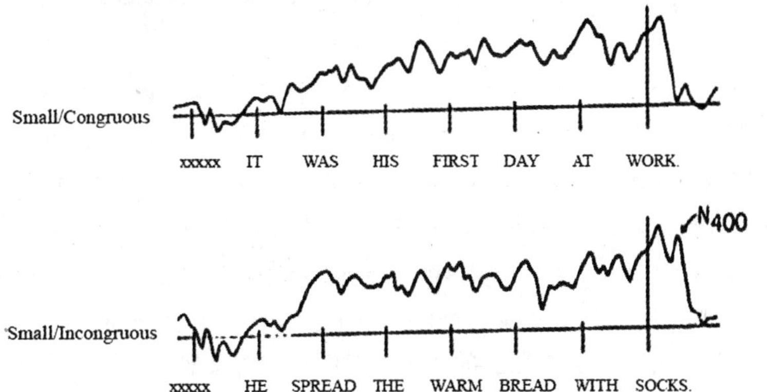

图 4－11　N400 脑电图形与非语义违例图形对比（Kutas and Hillyard，1980）

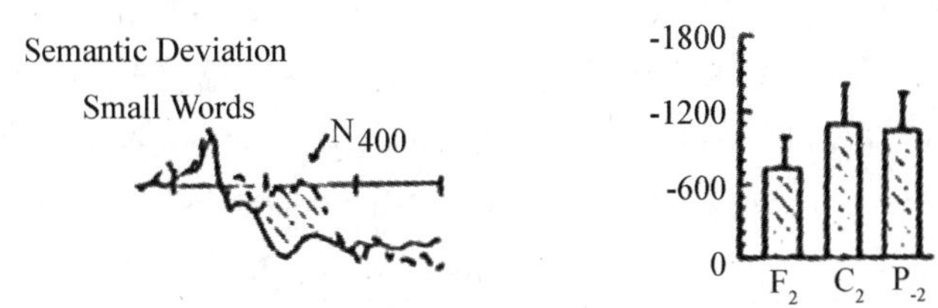

图 4－12　语义违例诱发 N400 样图（Kutas and Hillyard，1980）

如图 4－11 所示，在句子“He spread the warm bread with socks”中，最后一个词的出现带来了语义上的不匹配，相应地在脑认知中出现了较明显的脑电反应。与句子“It was his first day at work”中最后一个词 work 对照，可以发现，语义违例词的出现比非违例词图形多了一个向上的波形，而且是出现在该词后 400 毫秒。这个 N400 在语义违例的其他样图（如图 4－12）中也能发现。

内维尔等（Neville et al.，1991）认为从临床、心理语言学发展研究的理论和实践角度来说，语言理解过程可分解成包括语义和语法的各自独立的子系统进行研究。语义违例产生的 ERP 波形与句法违例产生的波形是有显著差异的，这在符合语法但不符合语义的句子（syntactically well-formed but semantically anomalous sentences）解码中可以看到。波形的不同主要体现在时间和分布上（distinct in timing and distribution）。特异性限制语义违例主要集中在大脑左半球，约在 125 毫秒后产生了慢负电位，这在脑前半部波幅中也是最大的（Violations of Specificity constraints produced a slow negative potential, evident by 125 msec, that was also largest over anterior regions of the left hemisphere）。此外，语义违例主要产生的是负电位 N400，双边分布而且在脑后部区域波幅最大（the semantic anomalies produced a negative potential, N400, that was bilaterally distributed and was largest over posterior regions）。脑电反应在时间和分布上的不同提供了生物学证据（the distinct timing and distribution of these effects provide biological support），语义和语法是不同的子系统（semantic and grammatical processes are distinct subsystems），在语言加工中起到了各自独立的作用，对语义违例通常诱发的是负成分。

乔治等（George et al.，1994）讨论了 N400 效应是否对局部或全局语义期待都具有敏感性（whether the N400 component is sensitive to global, as well as local, semantic expectancy）。题目的使用与否将作为全句语义测试的主要评价。与有题目的样文相比，无题目样文的 N400 效应要明显很多，这说明题目的使用影响了语义违例的评判（an increase in N400 amplitude in response to the words in the Untitled paragraphs relative to the Titled paragraphs, indicating that global coherence does affect the N400）。题目整体连贯性的存在使更多的关注被分配到早期视觉处理（the presence of global coherence allows greater attention to be allocated to early visual processing of words），加强了全文的语义关联。总之，题目对 N400 波幅有影响，获知题目所诱发的 N400 波幅要比未知题目所诱发的 N400 波幅小。

哈古尔特（Hagoort，2003）认为句法违例包括句内或句末的名词短语中定冠词和名词在语法性或数功能方面的不匹配（Syntactic violations consisted of a mismatch in grammatical gender or number features of the definite article and the noun in sentence-internal or sentence-final noun phrases）。语义违例包括形容词和名词在语义上的不合理（Semantic violations consisted of semantically implausible adjective -noun combinations）。这两类违例混合到一起形成与单独违例不同的脑电效应。

非歧义句实验表明，同时融合了句法违例的语义违例所诱发的 N400 效应范围比没有融合时扩大了很多（The size of the N400 effect to the semantic violation was increased by an additional syntactic violation）。然而，语义违例融合与否对句法违例所诱发的 P600 效应范围没有产生显著影响（the size of the P600 to the syntactic violation was not affected by an additional semantic violation）。这说明非歧义句中（in the absence of syntactic ambiguity），句法结构处理是独立于语义的（the assignment of syntactic structure is independent of semantic context），也就是说句法加工在前，语义加工在后，语义不影响句法的加工，句法却影响到语义的加工（semantic integration is influenced by syntactic processing）。加速的违例探测显示，语义违例比句法违例需要花费更多的时间（A speeded anomaly detection task revealed that it takes substantially longer to detect semantic than syntactic anomalies）。这些实验结果与 N400 和 P600 的延迟和处理特性相关（these results are discussed in relation to the latency and processing characteristics of the N400 and P600/SPS effects），揭示了在实时句子理解中语法和语义之间不对称性作用（an asymmetry in the interplay between syntax and semantics during on-line sentence comprehension）。

如图 4－13 所示，下方的句法分配（syntactic assignment）通过互动（interaction）对上方的语义整合（semantic integration）产生影响，在 N400 效应器中扩大了语义违例的效应范围。但是，由于语义整合在后，句法加工在前，所以语义不会在句法效应器中起到作用，因此，语义对 P600 效应的幅度和范围不产生影响。

图 4－14 展示了句中位置（at a sentence-internal position）在中央中点（Cz）电极点处的 N400 窗口期。实验共分成四种情况：双违例（蓝线）、语义单违例（绿线）、句法单违例（红线）和无违例（黑线）。在 N400 效应窗口期，可以看到双违例的波幅最大，语义单违例次之，句法单违例稍小，无违例最小。这说明在双违例中，句法违例的参与加深了语义违例的幅度，带来了较单语义违例更大的语义困惑。语义加工

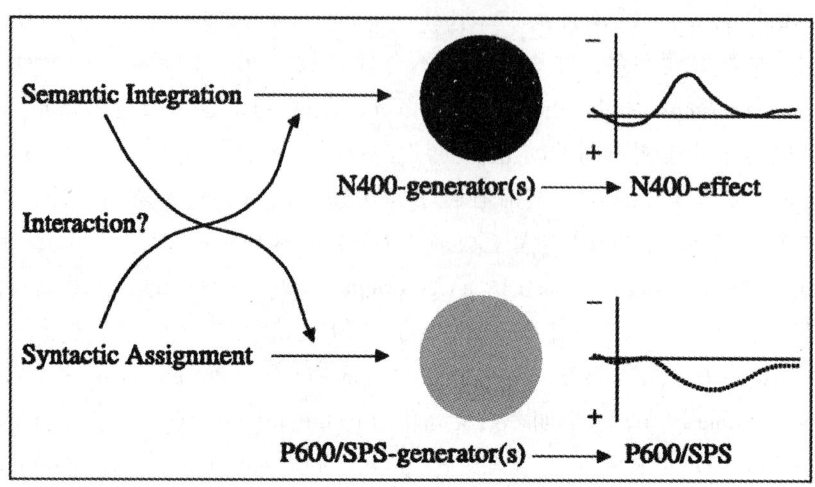

图 4－13　**双违例中句法和语义的不对称性影响**（Hagoort，2003）

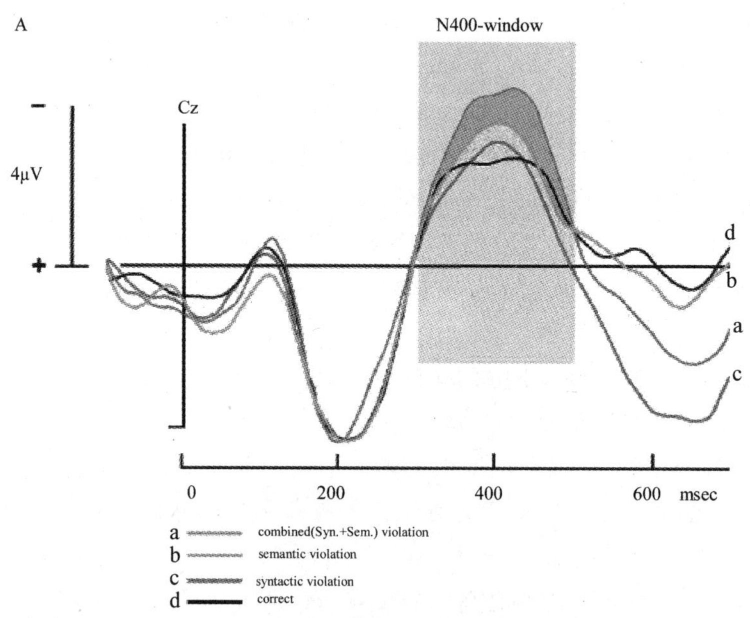

图 4－14　**语义违例诱发** N400 **窗口期展示**（Hagoort，2003）

受到句法影响。

图 4－15P600 的窗口期中，句法单违例（红线）和双违例（蓝线）在最大波幅处是重合的，验证了在双违例中语义不影响句法加工的论断，

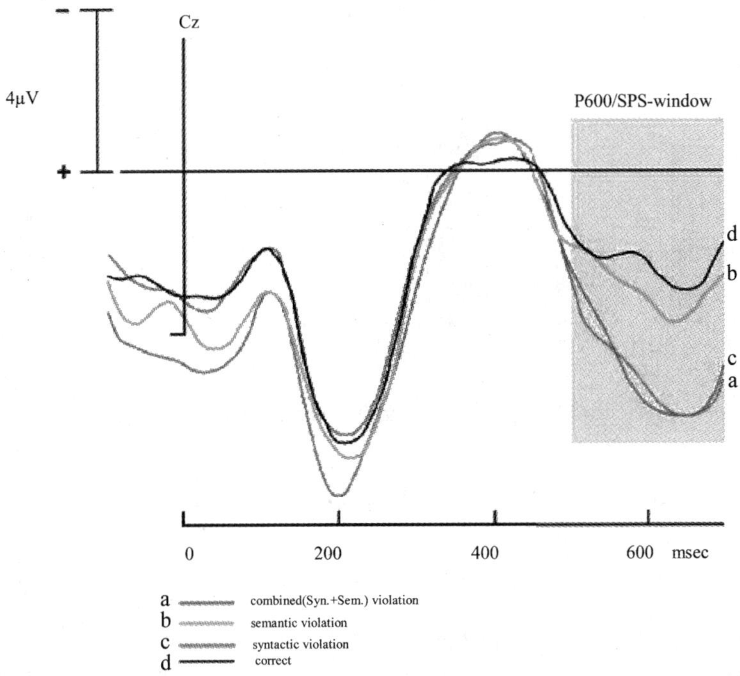

图 4－15　句法违例诱发 P600 窗口期展示（Hagoort，2003）

这也是为什么即使在有语义违例参与的情况下，双违例诱发的 P600 和单句法违例诱发的 P600 没有显著差异。句法加工在前，语义加工在后，所以句法违例 P600 不受语义因素的影响。

如图 4－16 所示，左右侧图的违例位置分别代表句中（sentence-internal）和句末（sentence-final）。从毫秒级反应时（RT：reaction time）来看，在三个违例状态中，语义单违例不论位置均耗时最多，而双违例耗时最少。结合前面的分析可知，双违例中语义和句法发生了交互作用，这为双违例降低解码耗时提供了便利。总体上来说，语义违例（深色）、句法违例（浅色）和双违例（灰色）出现在句末位置耗时最多，均超过句中位置。这说明被试对句尾出现的违例状态极端敏感，而对句中出现的违例反应则相对缓和。对句法和语义的相互作用来说，句中位置比句尾位置具有更易于理解的明显效应（the effects in sentence-internal positions are more straight-forward with respect to the interplay between syntactic and semantic processes than the results in sentence-final position）。

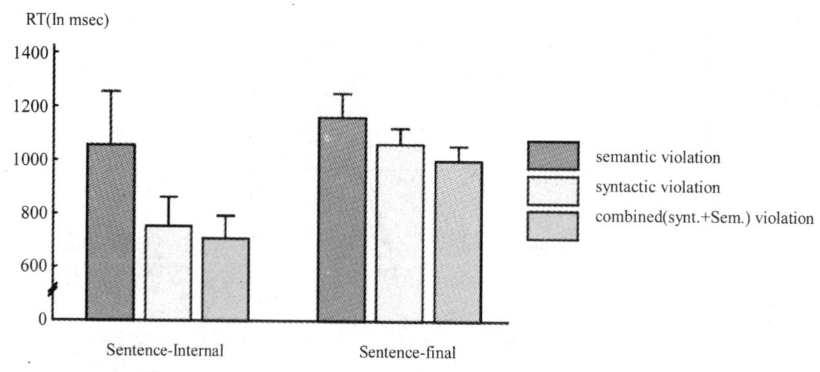

图 4－16 违例位置对脑电反应的影响（Hagoort，2003）

总之，在非歧义结构中，语义违例 N400 受额外句法违例影响波幅加大（the consequences of a semantic violation on the N400 amplitude are boosted by an additional syntactic violation）。句法违例 P600 不受额外语义违例影响（the consequences of a syntactic violation on the amplitude of the P600 are unaffected by an additional semantic violation）。语义和句法加工是不平衡的（an asymmetry between semantic and syntactic processing），语义加工受句法影响，反之则不成立。在歧义结构中，包括花园幽径模式在内效果则相反。已有的行为测试和 ERP 数据表明，存在多种启动结构时，词汇和话语语境在句法启动前就影响了句法结构（There is clear evidence from both behavioral data and from ERP recordings that lexical context and discourse context immediately influence the assignment of structure when there are different structural options）。如果确定结构时语义是必须考虑的，句法则受到语义影响，如果句法不需要语义则忽略语义的存在（syntactic constraints conspire with semantic constraints if the latter are necessary for determining structure, but semantics is ignored by syntax if its contribution is not needed）。语法是自私的，而语义是利他的（Syntax is selfish, whereas semantics is altruistic）。

博恩克思尔等（Bornkessel-Schlesewsky and Schlesewsky，2008）提出了扩展参数依赖模型（extended Argument Dependency Model）。该模型认为除了常规的 N400 效应，语义违例还会诱发 P600 效应。这个观点与传统的语义违例只诱发 N400 的观点不同，凸显了脑认知加工的复杂性。

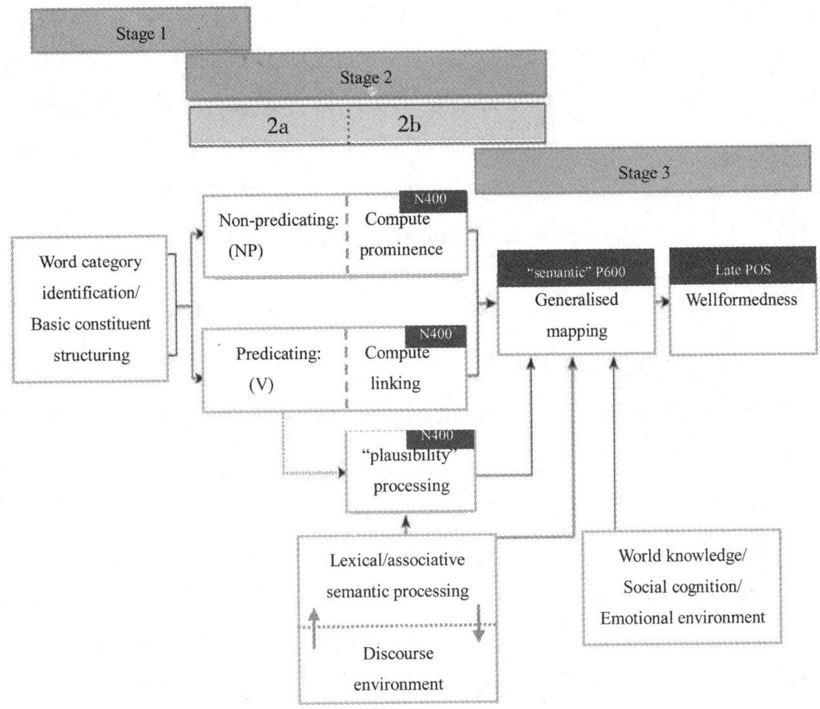

图 4-17　语义 P600 诱发图（Bornkessel-Schlesewsky and Schlesewsky，2008）

如图 4-17 所示，主要分成三个阶段模型。第一阶段（stage 1）包括词汇识别（word category identification）和基本成分构建（basic constituent structuring）。这一阶段是语义违例的初始，没有显著的脑电反应。第二阶段分成 a 和 b 两部分，前者没有 N400 出现，后者则出现常规语义违例的 N400。在不可预期阶段（non-predicating）的计算显著性（compute prominence）产生 N400。在可预期阶段（predicating）的计算连接性（compute linking）和可能性处理（plausibility processing）都产生 N400。这三类虽然都诱发 N400，但是效应程度不同，违例重则波幅大。第三阶段是语义 P600 诱发期，主要受到四个方面影响。首先是受到可预期模型和违例模型的联合影响，其次是合理性处理的影响，再次是词汇关联语义处理和话语环境的影响，以及世界知识、社会认知和情绪环境的影响。实验表明语义 P600 相对于传统 N400 的产生更多元化。

语义 P600 常出现在令人难以置信的可分配给特定论元的主题角色句中（in sentences involving an implausible thematic role assignment to an argument），该论元可以与不同主题角色的相同动词进行合理搭配（that argument would be a highly plausible filler for a different thematic role of the same verb）。超常规的语义 P600 发现引发了关于语言理解体系潜在属性的讨论（sparked a discussion about underlying properties of the language comprehension architecture），并对语言理解中句法在前、语义在后的观点提出了挑战（a challenge to the notion that syntax precedes semantics in the comprehension process）。

三 脑加工的非对称性

科茨等（Kotz，Holcomb and Osterhout，2008）的《英语与非英语母语阅读者句子处理的 ERP 比较》（ERPs reveal comparable syntactic sentence processing in native and non-native readers of English）讨论了二语解码中与 ERP 的 P600 效应相关的句法异常检测和歧义消解（syntactic anomaly detection and syntactic ambiguity resolution）。由动词次范畴信息（verb subcategorization information）所引发的潜在歧义通常发生在二语中，而源于短语结构约束（phrase structure constraints）的异常句法歧义现象却非二语独有。母语者与二语者在潜歧句（temporary syntactically ambiguous sentences）和违例句（syntactically anomalous sentences）中都出现了不同分布和延迟的 P600 效应。结果清楚地表明，二语语法知识的早期习得（early acquisition of L2 syntactic knowledge）可以在暂时句法歧义（花园幽径潜歧句）和句法异常现象（syntactic anomaly）解码中产生较高的敏感度（comparable online sensitivity），这个现象既出现在早期二语习得者中，也出现在高度熟练的二语习得者中，甚至还出现在英语是母语的读者中（in early and highly proficient non-native readers of English and native readers of English）。

如图 4－18 所示，“to”表示具有暂时句法歧义的样例解码，“was”表示具有短语结构约束的样例解码。在解读符合语法的样例中，母语者与二语者分获 94.16% 和 96.25% 的正确率。

我们可以利用卡方检验四格表简易算法对科茨等（Kotz，Holcomb and Osterhout，2008）的统计结果进行显著性分析，比较母语者与二语者的不同。具体如表 4－1 所示。

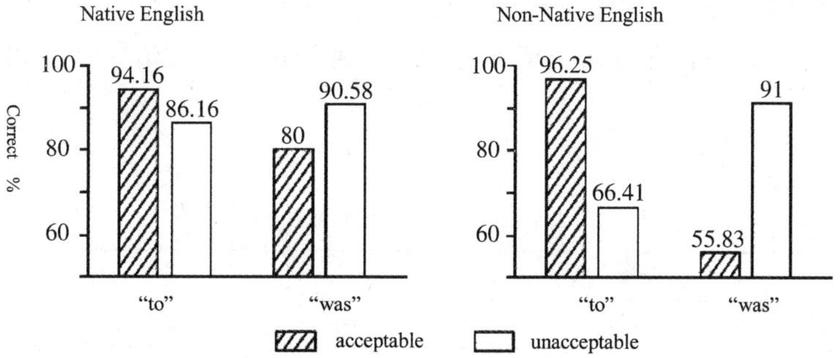

图 4－18　母语与二语异常句法正确率对照（Kotz et al.，2008）

表 4－1　**"to"语法可受性正确率卡方检验四格表**

分类	正确率	错误率	合计
母语	A 94.16	B 5.84	A + B = 100
二语	C 96.25	D 3.75	C + D = 100
总计	A + C = 190.41	B + D = 9.59	N = A + B + C + D = 200

由上可知，母语者与二语者在对暂时句法歧义的"to"解码时产生了不同的百分率，可根据如下公式进行卡方检验。

$$x^2 = \frac{N(AD-BC)^2}{(A+B)(C+D)(A+C)(B+D)} \quad \cdots\cdots\cdots\cdots\cdots\cdots\cdots\cdots（公式 3）$$

$N = A + B + C + D = 200$

$AD = 94.16 \times 3.75 = 353.1$

$BC = 5.84 \times 96.25 = 562.1$

$(AD - BC)^2 = (353.1 - 562.1)^2$

$A + B = 100$

$C + D = 100$

$A + C = 190.41$

$B + D = 9.59$

df = （行数 − 1）（列数 − 1） = 1

$X^2_{0.05}(1) = 3.84$（自由度为 1，在 .05 显著水平下，X^2临界值为 3.84）

$X^2 = 0.48$

由上可知，$X^2 = 0.48 < 3.84$，接受零假设，即母语者与二语者在符合

语法的暂时句法歧义的“to”解码时不存在差异。

按照上面公式和方法，可得到其他三种情况的卡方值，具体如表4－2所示。

表4－2　“to”语法不可受性正确率卡方检验四格表

分类	正确率	错误率	合计
母语	A 86.16	B 13.84	A + B = 100
二语	C 66.41	D 33.59	C + D = 100
总计	A + C = 152.57	B + D = 47.43	N = A + B + C + D = 200

由上可知，$X^2 = 10.78 > 3.84$，拒绝零假设，即母语者与二语者在不符合语法的暂时句法歧义的“to”解码时存在差异，母语者能更好地避开不合语法的歧义现象。

表4－3　“was”语法可受性正确率卡方检验四格表

分类	正确率	错误率	合计
母语	A 80	B 20	A + B = 100
二语	C 55.83	D 44.17	C + D = 100
总计	A + C = 135.83	B + D = 64.17	N = A + B + C + D = 200

由上可知，$X^2 = 13.40 > 3.84$，拒绝零假设，即母语者与二语者在符合语法的具有短语结构约束的“was”解码时存在差异，母语者能更好地在艰涩句理解中遵循语法规范。

表4－4　“was”语法不可受性正确率卡方检验四格表

分类	正确率	错误率	合计
母语	A 90.58	B 9.42	A + B = 100
二语	C 91	D 9	C + D = 100
总计	A + C = 181.58	B + D = 18.42	N = A + B + C + D = 200

由上可知，$X^2 = 0.01 < 3.84$，接受零假设，即母语者与二语者在不符

合语法的具有短语结构约束的“was”解码时不存在差异。

我们通过对科茨等（Kotz, Holcomb and Osterhout, 2008）统计结果的分析得出结论，在花园幽径模式中，如果符合语法，母语者和二语者在解码正确率上不具有统计学意义的显著差异，即两者都能成功解读花园幽径句；如果与语法相悖，母语者解读歧义模式具有较高正确率，即他们能较快判定该句式为错误。在艰涩句解读中，符合语法时，母语者能比二语者更好地理解复杂句；如果与语法相悖，母语者与二语者一样能对错误的复杂句很快作出判定。

为了更好地对比母语者和二语者的句法理解的实时性，Kotz, Holcomb and Osterhout 还引入了高时间分辨率的 ERP 分析，请见图 4－19：

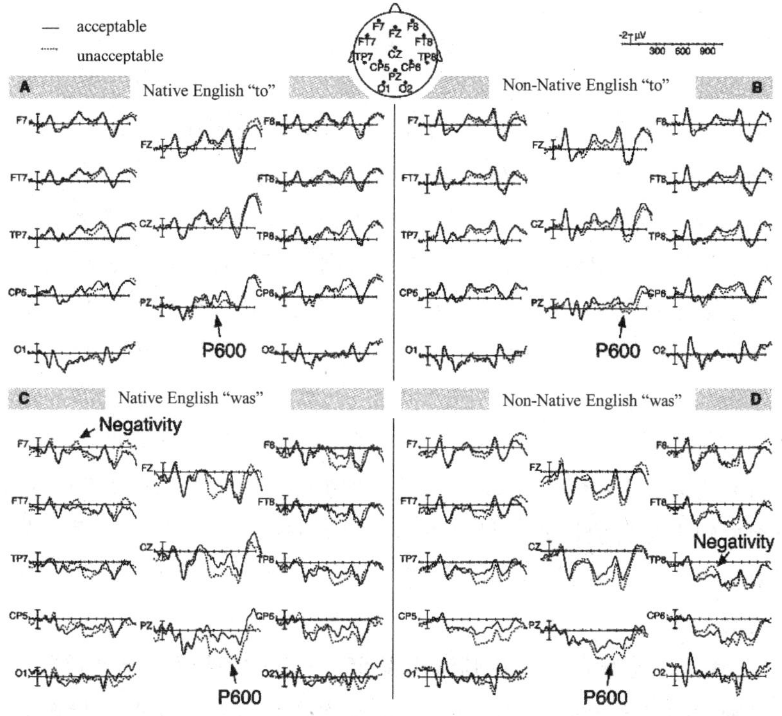

图 4－19　母语与二语解码 ERP 对照（Kotz et al.，2008）

如图 4－19 所示，显示了目标关键词刺激前 100 毫秒的平均值到刺激后 1100 毫秒的平均值波形。正成分方向向下，负成分方向向上。

“to”的符合语法的潜歧句实时解码中（实线部分），母语者和二语者的ERP图形没有显著差异；但在不符合语法的实时解码中（虚线部分），两者都在PZ（顶中点）① 出现了表示句法违例的P600，二语者的波幅要大一些，这与二语者较低的解码正确率相符合。

"was"的符合语法的艰涩句实时解码中（实线部分），母语者和二语者的ERP图形直观上没有显著差异；但在不符合语法的实时解码中（虚线部分），两者除都在PZ（顶中点）出现了表示句法违例的P600外，母语者在F7（左前颞）点出现了负成分，二语者则在TP8点出现了负成分。这说明尽管母语者和二语者在不符合语法的艰涩句解读中都诱发了P600，但两者同时诱发的负成分出现在不同脑区，预示着两者在艰涩句解读中遇到有悖于语法时，激活的头皮区域具有区别性。

图4-20展示了在两次测得的时间窗口中P600的平均振幅值（mean amplitude values），以及短语结构引起的前负成分（preceding negativity）。左侧为母语读者，平均振幅值（A，C，E）。右侧的为非母语读者的平均振幅值（B，D，F）。深色表示可接受"was"花园幽径句平均振幅值，灰色表示不可接受"was"花园幽径句平均振幅值。

A、B两图比较可知，在刺激出现500—650毫秒后，母语者和二语者在左右脑都诱发了P600。当"was"花园幽径句符合语法时，母语者和二语者的左脑半球平均振幅值比为1.36/0.73，右脑半球平均振幅值比为1.45/2.27，这说明花园幽径句符合语法时，母语者与二语者激活程度较高的分别是左脑和右脑。

当"was"花园幽径句不符合语法时，母语者和二语者的左脑半球平均振幅值比为1.63/1.92，右脑半球平均振幅值比为2.56/2.50，这说明花园幽径句不符合语法时，母语者与二语者右脑激活程度无显著差异，而左脑激活中二语者要高一些，这说明二语者左脑比母语者左脑更容易被句法违例所激活。

C、D两图比较可知，在刺激出现650—800毫秒后，母语者和二语者在左右脑持续诱发P600。当"was"花园幽径句符合语法时，母语者和二语者的左脑半球平均振幅值比为1.48/0.12，右脑半球平均振幅值比为1.50/1.72，这说明P600延时过程中，母语者左脑激活程度由1.36进一步加强为1.48，而二语者左脑激活程度由0.73进一步减弱为0.12。母语

① 具体脑电极位置代码请见附录的国际脑电10—20系统。

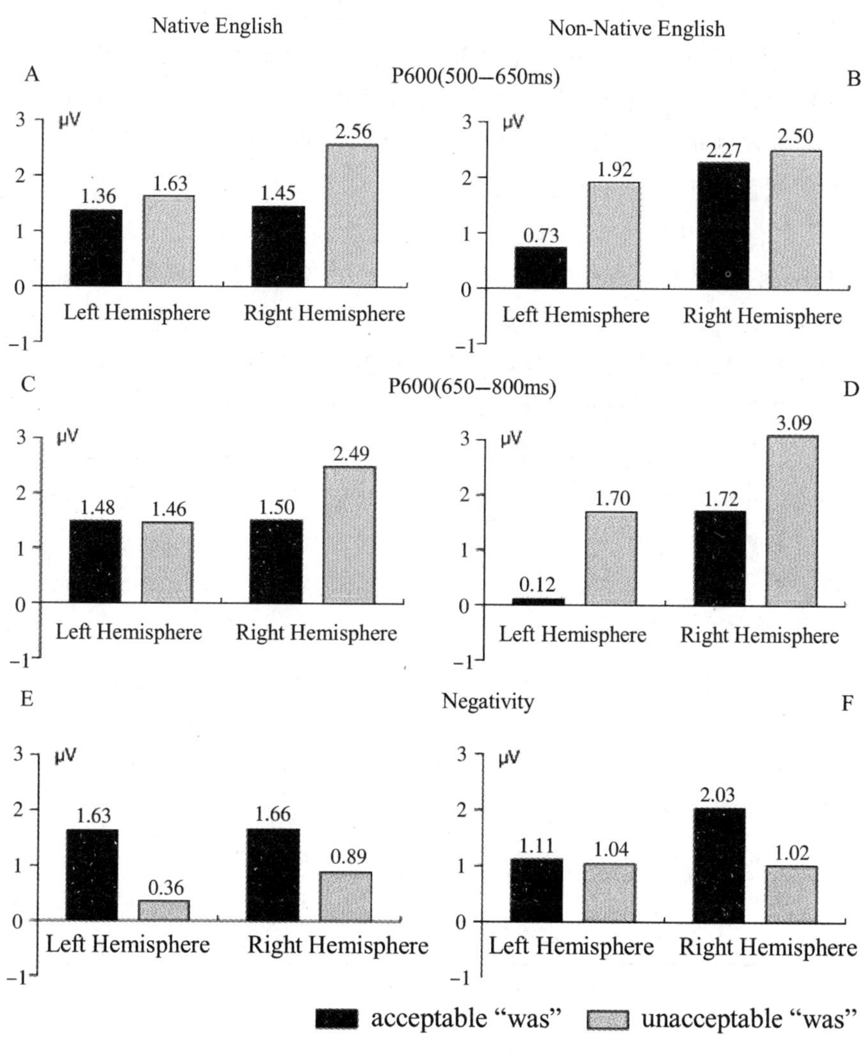

图 4-20　母语与二语解码左右脑平均振幅对照（Kotz et al.，2008）

者和二语者的右脑激活程度差异在逐渐减少。这说明母语者 P600 延时过程中左右脑仍然保持了较高的激活程度，而二语者左右脑激活程度随着 P600 延时都在持续回落。

当"was"花园幽径句不符合语法时，母语者和二语者的左脑半球平均振幅值比为 1.46/1.70，右脑半球平均振幅值比为 2.49/3.09，这说明花园幽径句不符合语法时，母语者与二语者左脑激活程度随着 P600 延时近乎同步回落，而二语者右脑激活程度在母语者右脑激活程度近乎持平的情况下持续提升，由 2.50 提高到 3.09。这说明母语者和二语者右脑都处于高度活跃状态，二语者在遭遇不符合语法的花园幽径句时，右脑激活程度会不断加剧直至达到高点，这体现二语者在 P600 延时阶段右脑比母语者右脑更容易被句法违例所激活。

E、F 两图比较可知，母语者和二语者在左右脑都诱发了负成分，当"was"花园幽径句符合语法时，母语者和二语者的左脑半球平均振幅值比为 1.63/1.11，右脑半球平均振幅值比为 1.66/2.03。这说明从负成分诱发角度看，母语者左右脑激活程度基本相当，二语者右脑激活程度近乎是左脑的两倍，右脑对负成分诱发具有较高的敏感度。

当"was"花园幽径句不符合语法时，母语者和二语者的左脑半球平均振幅值比为 0.36/1.04，右脑半球平均振幅值比为 0.89/1.02，这说明从负成分诱发角度看，二语者左右脑激活程度基本相当，母语者右脑激活程度近乎是自己左脑的两倍半，右脑对负成分诱发具有较高的敏感度。

表 4－5　**基于科茨等（Kotz et al.，2008）的 ERP 振幅值综合对照**

分类	符合语法（深色）				不符合语法（浅色）			
	母语		二语		母语		二语	
	左脑	右脑	左脑	右脑	左脑	右脑	左脑	右脑
500—650ms	1.36	1.45	0.73	2.27	1.63	2.56	1.92	2.50
650—800ms	1.48	1.50	0.12	1.72	1.46	2.49	1.70	3.09
负成分	1.63	1.66	1.11	2.03	0.36	0.89	1.04	1.02

表 4－5 所示，综合比较后我们可以发现，在刺激出现后 500—650 毫秒，解码符合语法的花园幽径句时，母语左脑（1.36）比二语者左脑（0.73）激活程度高；二语者右脑（2.27）比母语者右脑（1.45）激活程度高。而不符合时二语者左脑（1.92）比母语者左脑（1.63）更容易被激活。

在刺激出现后 650—800 毫秒，解码符合语法的花园幽径句时，母语者左脑（1.48）右脑（1.50）仍持续活跃，而二语者左脑（0.12）右脑（1.72）活跃程度与 500—650 毫秒相比（0.73/2.27）持续走低；解码不符合语法时，母语者右脑（2.49）和二语者右脑（3.09）都处于高度活跃状态。

负成分诱发方面，解码符合语法的花园幽径句时，二语者右脑（2.03）比母语者右脑（1.66）具有较高的负成分诱发敏感度，而且比二语者自己的左脑（1.11）更容易诱发负成分；不符合时，母语者左脑（0.36）右脑（0.89）比符合状态时有较大回落（1.63/1.66），右脑回落较慢，不及二语者右脑（1.02）对负成分诱发敏感。总之，母语者与二语者在解读花园幽径句时具有脑电反应的区别性差异。

费德米尔等（Federmeier and Kutas，1999）认为在同等条件下，N400效应在内后侧位置较明显，右侧较左侧明显（the N400 effect was larger over medial posterior sites and slightly larger on the right than on the left）。实验表明，符合语义预期的结尾在250—550毫秒诱发了正成分，而违反语义预期的结尾则诱发N400（expected endings elicited a positivity between 250 and 550 ms while all unexpected endings elicited an N400）。这种效果模式很好地解释了与语境无关的长期记忆结构对句子处理的影响（this pattern of effects is best explained as reflecting the impact of context-independent long-term memory structure on sentence processing）。

语言理解需要长时记忆中世界知识的提取和整合（language comprehension involves the recruitment and integration of world knowledge stored in long-term memory）。例如，在“Getting himself and his car to work on the neighboring island was time consuming. Every morning he drove for a few minutes and then boarded the...”中，多数被试认为最后应该出现的单词可能是渡轮，而不是远洋客轮、游艇、飞机或直升机（the vehicle in question is likely to be a ferry and not an ocean liner, barge, airplane, or helicopter）。N400与语义类别具有关联性。在实时句子处理中，N400的变化可用于研究长期记忆与语境在何种程度上相互作用的问题（use the N400 to examine the extent to which long-term memory structure interacts with contextual information during on-line sentence processing）。

为验证语境的强弱与长时记忆结构在解码中具有关联性，Federmeier and Kutas引入两类语境违例（contextual violations）：类别内违例（within-category violations）和类别间违例（between-category violations）。前者是指与语境预期属于相同的语义范畴、可共享许多共同特点的违例（those that come from the same semantic category as the contextually predicted item and thus share many features in common with it）；后者是指与语境预期分属不同

的语义范畴，实际与预期可供分享的特性相差甚远的违例（those that come from different semantic categories and thus share far fewer features in common with the predicted item）。

测试句“They wanted to make the hotel look more like a tropical resort. So along the driveway, they planted rows of …（palms/pines/tulips）（他们希望让酒店看起来更像一个热带度假胜地。因此，他们沿车道种植了……[棕榈树/松树/郁金香]）”中，受长时记忆预期的选项是棕榈树（palms），没有预期的类别内违例是松树（pines），没有预期的类别间违例是郁金香（tulips）。后两个类别虽然都是语义类别的违例但都属于同一上位词（如都属于“植物”）。实验表明，可预期选项出现时，被试在300—500毫秒诱发正成分（the expected exemplars will elicit a positivity between 300 and 500 ms）。类别间违例在同一时间窗口诱发N400（elicit an N400 in the same time window），其幅度要比类别内违例N400波幅大。

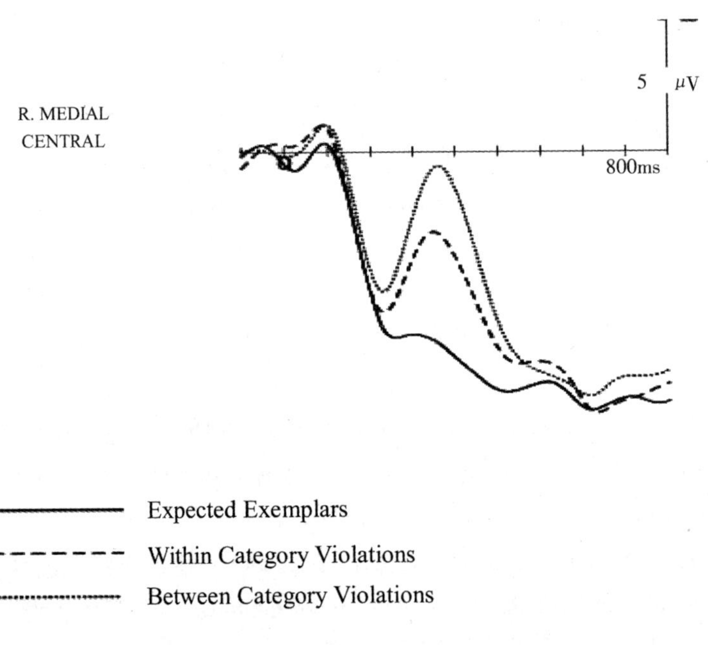

图4-21　语义范畴不同对ERP的影响（Federmeier and Kutas，1999）

如图4-21所示，在右内侧中央点（at the right medial central site），语境预期选项（solid line实线）出现了正成分，语境类别间违例（dotted line 点线）诱发了高幅 N400，语境类别内违例（dashed line 虚线）引发的是低幅 N400。这说明不同语义范畴违例引发高困惑、同一语义范畴不同预期的选项引发较高困惑，期望选项出现时不引起认知困惑。在同一语义范畴违例诱发的 N400 中，低约束选项由于距离期望选项的语义共享特征较远，所以比高约束选项产生更明显的 N400 效应。请见图 4－22。

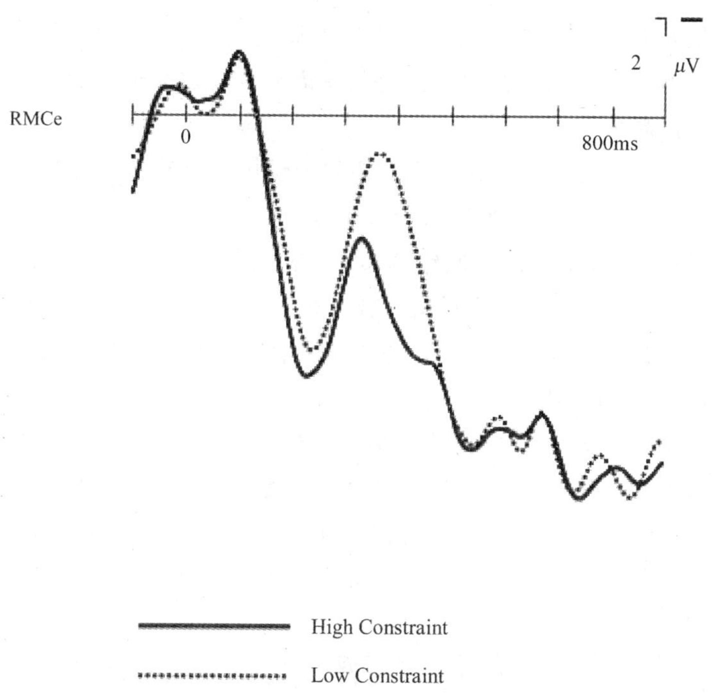

图 4－22　**类别内违例不同约束对 ERP 的影响**（Federmeier and Kutas，1999）

如图 4－22 所示，虽然同为类别内违例，但是所选词汇与语义范畴的共享语义特征的紧密程度也会影响 N400 效应的强弱。与期待模型共享语义特征较多的高约束选项产生的 N400 效应较低，语境变化带来的困惑也较少。例如，低约束语境句子“‘I’m an animal like Eeyore!’ the child exclaimed. His mother wondered why he was pretending to be a… donkey/zebra/dalmatian”，中间 zebra 是超预期的类别内违例选项（within-category violation）；高约束语境句子“At the zoo, my sister asked if they painted the black and white stripes on the animal. I explained to her that they were natural features of a …zebra/donkey/poodle"，中间 donkey 是预料外的类别内选项。与预期模式相比（低约束句是 donkey；高约束句是 zebra），高约束语境违例句子 donkey 选项比低约束语境违例句子的 zebra 选项在语义范畴上更靠近。也就是说，低约束违例句中 donkey/zebra 共享语义特征少于高约束违例句 zebra/donkey 共享特征，这引起前者较高的 N400 效应。Federmeier and Kutas 实验证明，脑加工是非对称的，长时记忆模式如果与语境一致，将不影响脑电反应；不一致时，N400 效应大小与所选词项语义范畴离预期共享语义特征的远近相关，越远产生的效应幅度越大。

在对中国学生进行的英语语义违例测试中，常欣（2009）发现英语专业八级被试 N400 具有半球效应，主要分布在头皮中部（FZ，CZ，PZ）和右部（F4，C4，P4）；一般组 N400 头皮分布广泛，不具有半球效应。英语句法违例测试中，英语专业八级被试 P600 不具有位置效应，头皮分布广泛；一般组具有位置效应，主要分布在头皮中部（C3，CZ，C4）和后部（P3，PZ，P4）①。

句法违例诱发的 P600 效应，语义违例诱发的 N400 和特定情况下语义违例诱发的 P600 都证明了脑认知加工的复杂性。在对脑电进行实时研究的过程中，也验证了左右脑对句法和语义加工的非对称性。这些都为利用 ERP 研究更复杂的潜在歧义的花园幽径模式提供了条件。

第三节　花园幽径句潜在歧义的 ERP 研究

ERP 因其具有毫秒级的高时间分辨率，非常适合对被试在理解花园幽径句潜在歧义时所产生的认知过程进行实时性研究。花园幽径句潜在歧义的剖析策略可以借助 ERP 在不同记忆容量被试中进行实践。高记忆容量的高跨度被试（high span readers）和低记忆容量的短跨度被试（low span readers）可以作为两个对照组进行研究。

弗里德里西等（Friederici et al.，1998）首先把包含主语从句或宾语从句的潜在歧义句分为三个类型：（1）随关键成分在句尾出现而实现的

① 具体电极标准位置代码请参考附录"国际脑电 10—20 系统（International 10 - 20 EEG System）"。

句尾解歧（late disambiguation），（2）随格标记代词出现而实现的即时解歧（immediate disambiguation），（3）随蕴含附加信息的短语结构出现而实现的早期解歧（early disambiguation）。

基于 ERP 的数据分析表明，在句尾解歧的条件下，高跨度被试在解读宾语从句结构的潜歧句中发现了显著的、较强正向脑电波，而在主语从句结构的潜歧句中发现的则较弱。与此相对，低跨度被试则没有此项特征（In the late disambiguation condition, high span readers, but not low span readers, displayed a more positive going wave at the disambiguating number marked auxiliary for the object relative sentences than for the subject relative sentences）。正向脑电波的出现证明了在潜歧句的解读中出现了自我修正，当潜歧句是主语从句结构时，这种修正是自然发生的（This positivity is taken to reflect processes of revision that become necessary at the disambiguating element if the initial structure considered is a subject relative clause）。

当蕴含丰富句法信息的格标记在关系代词中出现时，不管是高跨度还是低跨度被试均在宾语从句结构的潜歧句解码出现了正向脑电波，这说明两组被试都能够充分利用格信息对前期的句法歧义模式进行即时修正（When case marking was available in the clause initial at the relative pronoun, both high and low span readers showed a positivity at the disambiguating element for the object relative sentences, suggesting the immediate use of case marking information for revision）。

ERP 数据还表明，歧义域过长是造成高跨度被试和短跨度被试在解歧中出现显著不同的根本所在（possible processing differences in ambiguity resolution between high and low span readers may only appear when the ambiguous regions are long）。

奥斯特豪特等（Osterhout and Hocolmb，1993）在对潜在歧义的花园幽径句研究时采用了 ERP 技术，并在头皮处设置 13 个电极（13 scalp electrodes）进行脑电信号的收集。实验发现，不符合“首选”句子结构的词诱发了持续正成分（Words that were inconsistent with the “preferred” sentence structure elicited a positive-going wave），形成 P600 效应。这说明 ERP 波形对花园幽径句的句法违例非常敏感（sensitive to the syntactic anomaly），在消歧材料出现后的顿悟中形成较高的反应波形。而且证明了在某种程度上（in some circumstances），语言理解中的剖析策略是存在固定模型的（the parsing strategies employed during sentence comprehension are constant across modalities）。为了说明各种句子类型产生的脑电情况与花园幽径模式脑电波形的不同，他们进行了对照分析：

例 4－1 The broker hoped to sell the stock.（Osterhout and Hocolmb，1993）

例 4－2 The broker persuaded to sell the stock.（Osterhout and Hocolmb，1993）

例 4－3 #The broker hoped to sell the stock was sent to jail.（Osterhout and Hocolmb，1993）

例 4－4 The broker persuaded to sell the stock was sent to jail.（Osterhout and Hocolmb，1993）

上面例 4－1 对应下图（1）；例 4－2 对应下图（2）；例 4－3 对应下图（3）；例 4－4 对应下图（4）；

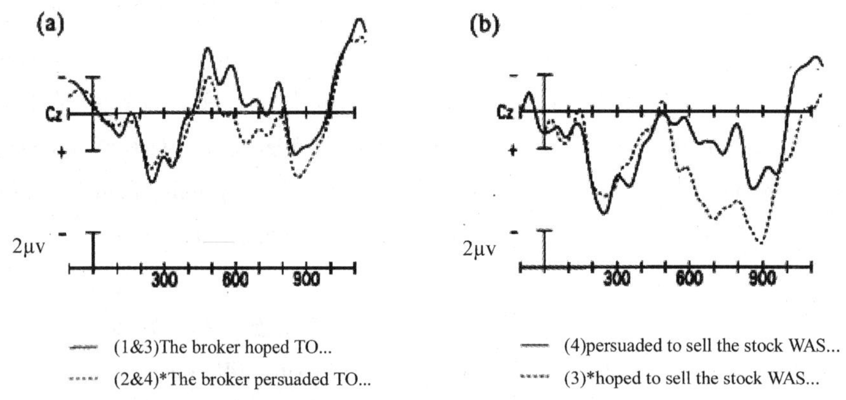

图 4－23　花园幽径句与普通句 ERP 波形对照（Osterhout and Hocolmb，1993）

如图 4－23 所示，在后续解歧词出现前，两种结构（hoped to & persuated to）产生了不同的波形（左侧图形），这是由于认知系统词汇期待造成的，即 hope 和 persuade 两词的使用频率不同引起的。我们以英语国家语料库 BNC 为随机语料（50 个 hoped① 和 persuaded②）进行统计调查，可以看出这两个词的频率倾向性。

① http：//bnc. bl. uk/saraWeb. php？ qy = hoped&mysubmit = Go.

② http：//bnc. bl. uk/saraWeb. php？ qy = persuaded&mysubmit = Go.

表 4-6　　词汇 hoped 在 BNC 中主被动随机频率卡方检验

hoped	观察频数 O	预期频数 E	偏差 D	$(O-E)^2$	$(O-E)^2/E$
主动态	31	25	6	36	1.44
被动态	19	25	6	36	1.44
总计	50	50			2.88

由表 4-6 所示，自由度为 1，显著水平为 .10 的情况下，拒绝零假设需要的临界值是 2.71，卡方值为 2.88。这说明我们不能拒绝零假设，也就是说词汇 hoped 在主动态和被动态使用上具有倾向性，认知缺省模式是主动态的使用，即：

$X^2_{(1)} = 2.88$, $p < .10$

这个结果说明，对这个主动态原型模式的后期违背将产生认知过载和行进错位的花园幽径模式。图 4-23 右侧的虚线部分就明显地出现了不同于对照组的大幅度波动。与此相对的控制组卡方检验，如表 4-7 所示。

表 4-7　　词汇 persuaded 在 BNC 中主被动随机频率卡方检验

persuaded	观察频数 O	预期频数 E	偏差 D	$(O-E)^2$	$(O-E)^2/E$
主动态	24	25	1	1	0.04
被动态	26	25	1	1	0.04
总计	50	50			0.08

表 4-7 中卡方值为 0.08，远远小于拒绝零假设所需的临界值 2.71，表示我们需要接受两者没有显著差异的假设，即 persuaded 主动态和被动态使用上没有倾向性，即：

$X^2_{(1)} = 0.08$, $p > .10$

这个结果说明，persuaded 具有通达性歧义的特点，不管是主动态还是被动态的更迭都不会在认知中产生超过花园幽径模式波幅的变化。图 4-23右侧的实线部分与花园幽径模式形成了鲜明对照。

卡恩等（Kaan and Swaab，2003）认为语言处理的核心功能就是如何对错误进行检测并通过回溯性再分析以及对错误模式的纠正以完成语言加工任务（recover from erroneous analysis through revision of ambiguous sentences and repair of ungrammatical sentences）。在 ERP 波形处理中，句法违例与否（with and without grammatical violations）、结构歧义与复杂程度（complex ambiguous sentence structures and simpler unambiguous sentence structures）都成为研究的变量。歧义结构分两类：符合优选结构的模式（the structures agreed with the preferred analysis）和不符合优选结构但正确的模式（a nonpreferred but syntactically correct analysis）（即花园幽径模式）。

实验中，符合句法但不符合优选结构的花园幽径回溯模式（revision）所形成的 ERP 波形与完全不符合句法的修复模式（repair）所诱发的 ERP 波形具有显著性差异，但是回溯模式和修复模式都在头皮后部极点出现了表明句法处理遇到了困难的正成分 P600（a positivity with a posterior distribution across the scalp（posterior P600）is an index of syntactic processing difficulty）。前额部分出现的正成分 P600 则与消歧功能和/或复杂程度的增加有关联［a frontally distributed positivity（frontal P600）is related to ambiguity resolution and/or to an increase in discourse level complexity］。为了进一步说明，卡恩等把 5 种句子结构的 ERP 波形进行了详细对比：

例 4－5 The man in the restaurant doesn't like the hamburgers that are on his plate.（Kaan and Swaab，2003）

例 4－6 #The man in the restaurant doesn't like the hamburger that are on his plate.（Kaan and Swaab，2003）

例 4－7 I cut the cake beside the pizzas that were brought by Jill.（Kaan and Swaab，2003）

例 4－8 #I cut the cakes beside the pizza that were brought by Jill.（Kaan and Swaab，2003）

例 4－9 #I cut the cake beside the pizza that were brought by Jill.（Kaan and Swaab，2003）

上面例 4－5 形成的是（1NP& grammatical），例 4－6 形成的是（1NP & ungrammatical），例 4－7 形成的是（2NP & preferred & grammatical），例 4－8 形成的是（2NP & nonpreferred & grammatical），例 4－9 形成的是

(2NP & ungrammatical)。

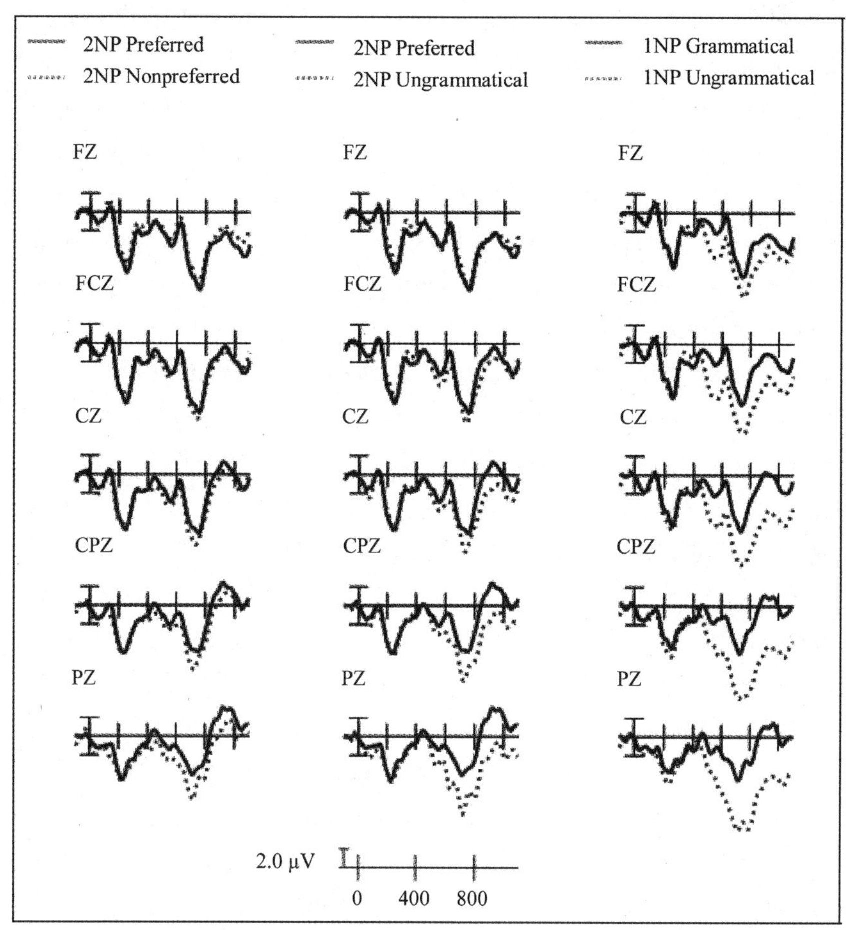

图 4－24　多种句子结构的 ERP 波形对照（Kaan and Swaab, 2003）

回溯模型和修复模型的不同可以通过图 4－24 左侧和中间部分进行解释。左侧部分对比的是符合优选结构的模式（2NP & preferred & grammatical）和花园幽径模式（2NP & nonpreferred & grammatical)。它们都是符合语法的，前者以缺省结构为终极结构，而后者涉及由优选结构到次选结构的回溯。中间部分对比的是优选结构（2NP & preferred & grammatical）和不符合语法的修复模式（2NP & ungrammatical)。

左中侧对比图中，相对于实线优选模型来看，虚线部分的回溯模型和修复模型在 100—200 毫秒都出现了前额负成分（a negativity at frontal sites）和脑后正成分（a positivity at posterior sites）。在 200—300 毫秒三模型没有脑电差异。回溯模型和修复模型在 300—400 毫秒再次出现了前负成分（an anterior negativity），在 500 毫秒出现了正成分的偏转（a positive deflection）。回溯模型在头皮后部电极位置 700—900 毫秒的时间窗口中，正成分出现了最大波幅（the positivity was maximal for posterior electrode sites in the 700 - 900-msec time window）。修复模型则在 700—1100 毫秒的时间间隔正成分出现了最大值（largest for the Ungrammatical condition in the 700 - 1100-msec intervals）。

实验表明，相对于优选模型来说，回溯模型和修复模型都诱发了 P600，修复模型的幅度和时间长度都是最大的（a P600 that was larger and lasted longer for the Ungrammatical condition）。句法违例的修复模型出现后分布 P600（a posteriorly distributed P600）是预料中的，但符合语法的折返性回溯模型也出现了句法违例一样的后分布 P600 却是预料之外的事情。

右中侧对比图中，可以看到不符合语法的两个修复模型中（2NP&1NP），只有一个名词短语结构的修复模型的正成分的幅度要比两个名词短语结构的要大得多。这几种结构的脑电地形图可以更清楚地解释它们之间的不同。

如图 4 - 25 所示，在 2NP 条件下的脑电地形图与 1NP 条件下的不同，正成分在右半球最大（the positivity was largest in the right hemisphere）；前额效应的规模和分布对变量变化不敏感（the size and distribution of the frontal effect was not different among the conditions），也就是说对优选与否、歧义与否和符合语法与否不敏感。2NP 花园幽径回溯模型与所有修复模型的脑波形变化最大（the effect of revision in the Two NP Nonpreferred condition, and the effect of Ungrammaticality in both One and Two NP conditions were largest）。

实验结论证明了花园幽径模式具有回溯折返的特性。解码初期不产生特异变化，但在解歧点出现后，会产生与不符合语法的修复模式基本一致的波形，说明认知出现了过载现象，信息由前期的伪对称出现了断层，并期待重新对称。随着行进错位的消失，花园幽径模式回归到语法，非优选模式取代了优选模式，成功实现解码。而修复模式由于不符合语法，在经历了最大的正成分波幅后最终被判定为非法。Kaan and Swaab 以脑电形式

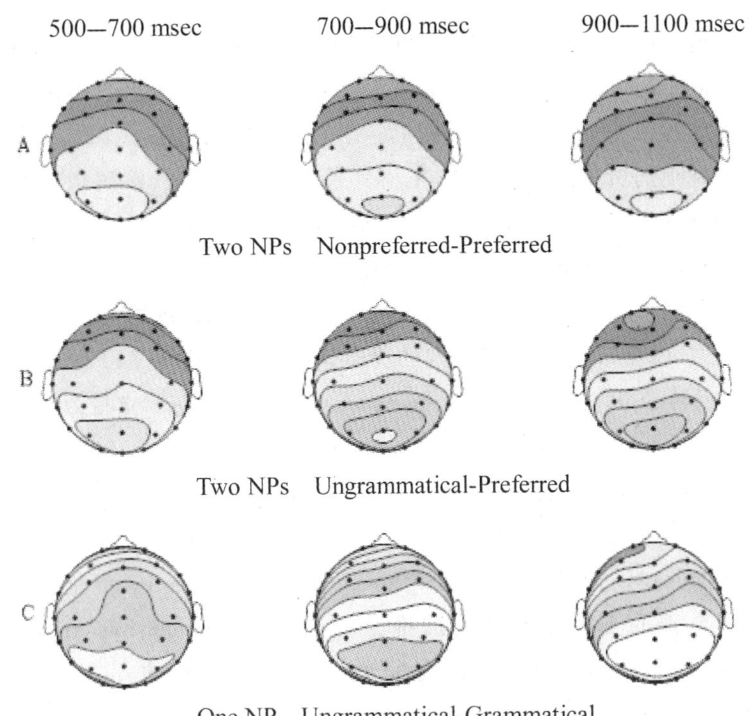

图 4－25　多种句子结构的脑电地形图（Kaan and Swaab，2003）

验证了花园幽径模式的存在，并区分了这种特殊现象与普通句、非法句之间在脑认知解码中的不同。

霍普夫等（Hopf et al. , 2003）认为花园幽径效应解码就是从错误模式中折返并选定正确模式的过程。其中，最关键的部分在于认知系统是同时启动所有的备选结构（compute all alternative syntactic structures in parallel），还是仅仅启动一个最优结构（compute only a single preferred analysis），尚难以定论。通过 ERP 技术，霍普夫等将实验锁定在虽有歧义但回溯后终能成功解码（a temporary and ultimately curable ungrammaticality）的花园幽径句与真正不合语法的错误句（truly ungrammatical sentences），它们之间形成的是源自两类不同剖析构架的预期，产生的是永久性差异（whereas remain so permanently a difference which gives rise to different predictions in the two classes of parsing architectures）。

花园幽径模式的消歧结构通常是非优选结构，如果提供的信息不足以让系统采纳次选备用结构，那么解析器便会出现信息断层（the parser will stumble because no information about possible alternatives is available），直到在有效信息的帮扶下回到正常解码轨道。花园幽径效应出现时，解析器不得不重新对刚剖析过的句子成分（至少是一部分）进行解码以实现正确理解（after being garden-pathed the parser must reparse at least parts of the sentence to derive the appropriate reading）。

实验证明，从属关系从句（a reduced relative clause）类别的花园幽径句与主从词（a main clause）类别的普通句相比都诱发了 P600。非优选结构的与格分配（unpreferred dative assignment）引发的花园幽径效应与优选结构相比在右中央后头皮（right central-posterior scalp）的 300—900 毫秒额外产生了类似 N400 的负成分（N400-like negativity）。这些都证明了花园幽径模式的存在（reflect the presencc of a garden-path），也证明了可能存在解析器的线性构架（a serial architecture of the parser）。但是，这只是一个大体合理的支持串行结构的推论（generally a plausible argument in support of a serial parser），而没有完全否定并行结构的存在（it is not sufficient to rule out parallel architectures）。

如图 4 -26 所示，在 300—900 毫秒间，非优选结构在句法歧义解码中给花园幽径效应带来了类似 N400 的负成分（the disfavored resolution of certain syntactic ambiguities can give rise to GP-effects that lead to a negative, N400-like component of the ERP）。这种短期阶段性的 ERP 在 900 毫秒左右随着最后动词的消失其负成分也抵消了（The short phasic ERP response around 900 ms represents the offset potential to the disappearance of the final verb）。

综合以上两图可以看出，以符合语法的句子（2a & 2b）为基准，不符合语法的句子（3a & 3b）出现了负偏移。除了能产生“句法正成分偏移”（SPS）或 P600 成分外（in addition to so-called ‘Syntactic Positive Shifts’ or P600 components），各种类型的形态句法违例还能常态性诱发“左前负成分”（LAN）（various types of morpho-syntactic illformedness give rise to so-called ‘Left Anterior Negativities’ frequently）。左前负成分常诱发于主谓数违例、时态违例（violations of subject-verb number and tense morphology），代词与名词格一致违例（violation of pronoun-noun case agreement），不规则分词的认为规则化违例（regularization errors of irregular participles）以及复数违

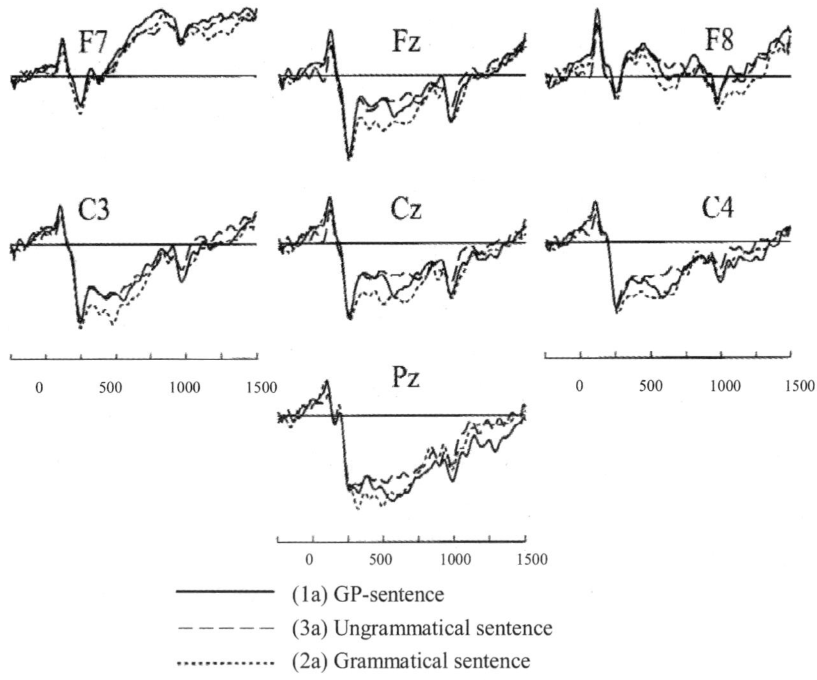

图 4-26 花园幽径句、错误句与正常句的 ERP 波形对照（Hopf et al.，2003）

例。在中央点（Cz）处，通达性歧义句波形（实线）与符合语法的普通句图形（点线）在 300—900 毫秒处近乎重合，没有出现花园幽径句解读的类似 N400 的负成分出现。这说明通达性歧义句与花园幽径句在脑电反应方面是具有显著性差异的，充分证明了在语言研究方面两者认知解码模式的不同。通过对完全错误句和花园幽径句加工进行的对比发现，解歧点出现后 300—500ms，两种句子 ERP 波形非常类似，都出现了具有相同潜伏期的负漂移（negative shifts of similar onset latency）。这表明错误句和花园幽径句在前期加工中启动的是相同解码模式（The absence of a difference in the early time window indicates that temporary and permanent ungrammaticalities trigger the same kind of parsing responses）。但是随着时间推移，在 500—700ms 处，花园幽径模型出现在右中央顶点（right central parietal sites）的负波变化消失了，而完全错误句负成分波形没有消失，保持原样输出。这说明在 ERP 实时监测方面，错误模式和花园幽径模式是两种完全不同的模式，后者经

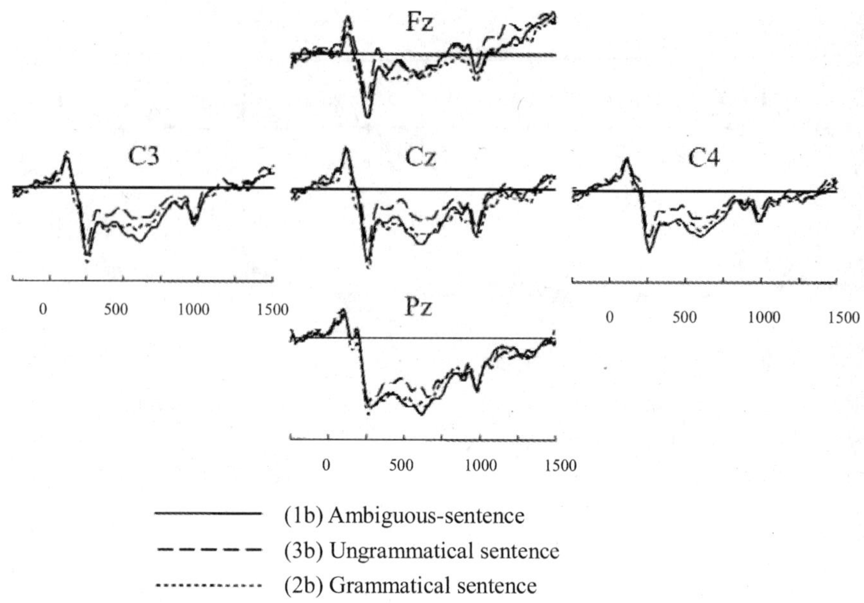

图 4－27　通达性歧义句、错误句与正常句的 ERP 波形对照（Hopf et al.，2003）

回溯可实现信息对称，释放认知负载。

本章小结

随着医学科学的发展，大脑功能逐渐机显化，花园幽径现象分析也进入了可定性和定量循环论证的阶段，这种句法学和心理学多维交叉的研究方式促进了花园幽径现象研究的发展。

在语言理解研究的神经语言学方法中，眼动、功能性磁共振成像（fMRI），正电子辐射补偿摄影（PET），脑电图（EEG），脑磁图（MEG），扩散光学成像（DOI），事件相关电位（ERP）都留下了语言研究者涉猎的痕迹。尤其是眼动、功能性磁共振成像和事件相关电位的研究技术已经比较成熟。

眼动是心理活动的外在体现。眼动时间和眼动位置的变化值波动可用来推测大脑的认知变化，具体技术包括观察法、后像法、机械记录法、光学记录法、影像记录法、红外技术等。眼动方式包括注视、扫视和追随运动，每秒输出约 50 组数据。对这些数据进行推算并绘制眼动图谱可进行实时有效的分析。高时间分辨率是眼动仪得以推广的原因，而且这项技术成本较低，在花园幽径句的讨论中得到成熟使用。

功能性磁共振成像是借助神经元活动血液动力变化来进行研究的，具有高空间分辨率，尤其适合进行关键区域的定位研究。神经活化区域的脑血流微变会引发局部血液浓度微变以及脑血容积的微变，这种变化是渐进的而不是实时的，所以在时间分辨率上不如眼动和相关事件电位。越来越多的研究者倾向将高时间分辨率的眼动和相关事件电位与高空间分辨率的功能性磁共振成像结合使用，提高了研究的精确性。

事件相关电位（ERP）是花园幽径模式研究不可或缺的手段。研究证明，通常情况下句法违例的花园幽径句诱发 P600，即在违例词出现后大约 600 毫秒头皮表层的电流可获得正向最高峰值。语义违例的花园幽径句诱发 N400，即在违例词出现后大约 400 毫秒头皮表层的电流可获得负向最高峰值。双违例的花园幽径句同时诱发 P600 和 N400，两者具有叠加效应。双违例 N400 波幅小于单违例 N400 波幅，但双违例 P600 波幅大于单违例 P600 波幅，这表示后期语义加工受到先期句法加工的影响，句法为语义提供了有效信息降低了解码困惑商，体现在波形上为显著放缓的峰值。而句法加工时不受语义影响，即语义不提供有效信息，所以解码时双违例困惑商得到交互叠加，在双违例波形上表现为陡升的峰值。这种变化叠加曲线在通达性歧义中并没有出现，这说明花园幽径模式与通达性歧义本质上是具有区别性特征的两种现象。

神经语言学方法对花园幽径研究最大的贡献在于借助精密医学仪器证明了“行进式错位回溯可引发大脑显著性认知变化”的观点，而且这种变化能够通过头皮表层的电压微变得到监测，其波形与通达性歧义具有区别性差异。由此，理论语言学中持有“花园幽径现象”等同于“歧义现象”的观点此处得到较有利的驳斥。

计算语言学首先要解决的是语言本身问题而不是程序设计问题，对大脑进行的语言模糊识别和逻辑判断是实现语言解码“信、达、雅”的关键（周海中，2011）。[①] 随着神经语言学的进一步发展，可供计算语言借鉴的研究方法和手段不断增多，必然带来计算语言学发展的新高峰。

---

① 参见《机器翻译五十年》，http：//baike. baidu. com/view/758741. htm。

第五章　花园幽径模式信息解码的计算语言学理据

自动分析是计算语言学研究中较为复杂的语言处理方法，可根据事先存入的特定语言信息进行句法和语义判定，并输出分析结果。语言的语法形式化研究较语义的形式化研究简单，很多具有相同语法形式的结构在语义中无法得到有效阐释。花园幽径模式的句法和语义分析往往成为考量解析器效率高低的一个手段。本章借用计算语言学领域广泛使用的斯坦福解析器来剖析英汉语花园幽径句，并以困惑商指数变化来分析花园幽径句的句法结构和语义特征。

第一节　斯坦福解析器的应用

斯坦福解析器（Stanford Parser）是斯坦福大学开发的语法解析工具（解析器早期版本的代码由 Dan Klein 编写，后来由 Christopher Manning 发展而来）。该解析器能为分词后单元进行词性标注并剖析句子结构，还可对剖析成分间的依存语法关系进行深层次分析。这种基于概率的解析源于手动剖析的语言知识和材料，采用大概率事件对新结构进行推知。基于 Java 实现的概率解析器包括高度优化的概率上下文无关文法和词汇化的依存解析器，以及词汇化的概率上下文无关文法解析器。解析器适用于包括英语和汉语在内的多种语言。虽然在处理统计低概率事件时会产生部分错误，但总体运行良好。斯坦福解析器的公开使用和网络免费运行成为自然语言处理领域的幸事。由于斯坦福解析器是基于概率的统计分析，那么符合大概率事件的认知模式往往是优选结构，在解码时可以获得较快的剖析。如果低概率事件替代高概率事件成为解析的正确模式时，便会引发花园幽径现象。在机器剖析中，由于速度太快无法查阅运行的过程，但如果我们能把基于概率的机器剖析和基于规则的脑分析结合起来，找到机器剖析的错误根源并验证花园幽径模式回溯的存在，那么，就可以更加直观地从计算语言学角度观察花园幽径效应。

花园幽径句加工和普通句加工是有显著性差异的。希科克（Hickok，1993）使用了全视觉在线词汇启动技术（an all-visual，on-line，lexical priming technique）进行了对比分析。为了更好地分析 Hickok 的观点，我们先把他列举的花园幽径句和普通句以及我们提出的控制句进行剖析[①]，每个句子包括句法结构和依存关系比较，具体如下[②]：

例 5－1 #The psychologist told the wife that the man bumped that her car was stolen.（Hickok，1993）

The/DT	psychologist/NN	told/VBD	the/DT	wife/NN
that/IN	the/DT	man/NN	bumped/VBD	that/IN
her/PRP$	car/NN	was/VBD	stolen/VBN	./.

```
(ROOT
(S
    (NP (DT The) (NN psychologist))
    (VP (VBD told)
      (NP (DT the) (NN wife))
      (SBAR (IN that)
        (S
          (NP (DT the) (NN man))③
          (VP (VBD bumped)
          (SBAR (IN that)
            (S
              (NP (PRP$ her) (NN car))
              (VP (VBD was)
                (VP (VBN stolen))))))))))
```

① 剖析结果中所涉及的代码请参照附录。

② 在线剖析：http：//nlp. stanford. edu：8080/parser/index. jsp.

③ 为比较方便，我们把 Hickok 例句和控制句的不同部分用方框标出。

(. .)))
det (psychologist - 2, The - 1)[①]
nsubj (told - 3, psychologist - 2)
root (ROOT - 0, told - 3)
det (wife - 5, the - 4)
dobj (told - 3, wife - 5)
complm (bumped - 9, that - 6)
det (man - 8, the - 7)
nsubj (bumped - 9, man - 8)
ccomp (told - 3, bumped - 9)
complm (stolen - 14, that - 10)
poss (car - 12, her - 11)
nsubjpass (stolen - 14, car - 12)
auxpass (stolen - 14, was - 13)
ccomp (bumped - 9, stolen - 14)

例 5 - 2The psychologist told the wife that the man believed that her car was stolen.

The/DT	psychologist/NN	told/VBD	the/DT	wife/NN
that/IN	the/DT	man/NN	believed/VBD	that/IN
her/PRP$	car/NN	was/VBD	stolen/VBN	./.

(ROOT
(S
(NP (DT The) (NN psychologist))
(VP (VBD told)
(NP (DT the) (NN wife))
(SBAR (IN that)
(S

① 在 Stanford Parser 依存关系的剖析中，虚根 ROOT 起始距离值为 0，其后单词距离值顺序递增，序号代表各个剖析词所在句中的位置。本句除标点外，共有 14 个词，每词序号与距虚根距离的值一一对应，例如，ROOT - 0，the - 1，psychologist - 2，told - 3…stolen - 14。

(NP (DT the) (NN man))

(VP (VBD believed)

(SBAR (IN that)

(S

(NP (PRP$ her) (NN car))

(VP (VBD was)

(VP (VBN stolen))))))))

(. .)))

det (psychologist -2, The -1)

nsubj (told -3, psychologist -2)

root (ROOT -0, told -3)

det (wife -5, the -4)

dobj (told -3, wife -5)

complm (believed -9, that -6)

det (man -8, the -7)

nsubj (believed -9, man -8)

ccomp (told -3, believed -9)

complm (stolen -14, that -10)

poss (car -12, her -11)

nsubjpass (stolen -14, car -12)

auxpass (stolen -14, was -13)

ccomp (believed -9, stolen -14)

从上面两个例句，我们能够看到词汇选择的不同并没有在解析器中得到反映，也就是说这两个句子虽然具有相同的机器剖析结果，但只应该有一个是符合句法和语义规则的。例 5－1 中的 bumped 和例 5－2 中的 believed 哪一个更符合认知规则，从机器剖析无法得到正确答案。这就需要我们从规则角度进行分析。

在例 5－1 中，that the man bumped 应该作为先行词 wife 的定语从句，而不应该作为 told 的宾语从句出现。正确的句法结构如下：[[[The] DET [psychologist] N] NP [[told] V [[[the] DET [wife] N] NP [[[that] PRO [[the] DET [man] N] NP [bumped] VP] S] NP] NP

[[[that] CON [[her car] NP [was stolen] VP] S] S] NP] VP] S。

相应的，例 5 - 1 所形成的依存关系也不应该是 ccomp（told - 3，bumped - 9）和 ccomp（bumped - 9，stolen - 14）。代码“ccomp：clausal complement”指的是从句性补语关系。动词的从句性补语成分是指从句中具有内在主谓关系，整个从句充当补语，如“He says that you like to swim”可表示为 ccomp（says，like），“I am certain that he did it”可表示为 ccomp（certain，did），“I admire the fact that you are honest”可表示为 ccomp（fact，honest）。在这里系统不应该采用这样的代码。也就是说，解析器将 bumped 分析成后续结构是由 that 引导的从句结构这一剖析结果是错误的，应该是把 bumped 后续结构理解成宾语提前的结构。Bumped 只能后续名词短语而不能后续从句。

如果我们单独把 the wife that the man bumped 进行剖析就可以得到正确的依存关系（如下），可是把这部分融合到主句中解析器就无法正确解读，验证了花园幽径模式会加剧解码困难这一论断。究其原因在于机器剖析的源语料是人工进行标注和修改的，解码者受到该效应影响。

det（wife - 2，the - 1）

root（ROOT - 0，wife - 2）

complm（bumped - 6，that - 3）

det（man - 5，the - 4）

nsubj（bumped - 6，man - 5）

dep（wife - 2，bumped - 6）

在控制句中 believed 后续从句的概率要大很多。我们以英语国家语料库 BNC 语料进行统计，分析 believed 无后续成分、后续从句和名词短语的频数与卡方检验。①

表 5 - 1　　**BNC 中 believed 后续状况随机抽样卡方检验**

分类	观察频数 O	预期频数 E	偏差 D	D^2	D^2/E
无后续成分	25	50/3	25 - 50/3	$(25-50/3)^2$	4.17
后续 NP	6	50/3	6 - 50/3	$(6-50/3)^2$	6.83

① 随机抽取的 50 个样例源自于 http：//bnc. bl. uk/saraWeb. php？ qy = believed.

续表

分类	观察频数 O	预期频数 E	偏差 D	D^2	D^2/E
后续 That	19	50/3	19 - 50/3	$(19-50/3)^2$	0.33
总计	50	50			11.33

表 5 - 1 所示，$X^2 = 11.33 > 5.99$（临界值）。这说明在自由度为 2，显著水平 .05 的状态下，*believed* 在无后续成分、后续从句和名词短语的分布上是不相等的，具有显著差异性。在对照句中由于只涉及后续从句和名词短语的情况，我们可以计算出这两种情况下 $X^2 = 6.76 > 3.84$（临界值），即自由度为 1，显著水平 .05 的状态下，*believed* 在后续从句和名词短语的分布上也是不相等的。

在控制句中，由于 believed 后续从句结构要比后续名词短语结构可能性大，所以解析器默认这种解码模式为缺省，不产生错误模式。这与 bumped 后续 that 形成的花园幽径效应的先期错误模式形成强烈对比。如果 bumped 后续不是 that 而是具有优选结构的名词短语，这种前期错误模式将得到消解。如下面样例就是消解错误后正确的剖析结果和依存语法分析结果。

例 5 - 3 The psychologist told the wife that the man [bumped] a tourist on the sidewalk. (Hickok, 1993)

The/DT	psychologist/NN	told/VBD	the/DT	wife/NN
that/IN	the/DT	man/NN	bumped/VBD	a/DT
tourist/NN	on/IN	the/DT	sidewalk/NN	./.

```
(ROOT
  (S
    (NP (DT The) (NN psychologist))
    (VP (VBD told)
      (NP (DT the) (NN wife))
      (SBAR (IN that)
        (S
          (NP (DT the) (NN man))
            [(VP (VBD bumped)]
```

(NP (DT a) (NN tourist))

(PP (IN on)

(NP (DT the) (NN sidewalk)))))))

(. .)))

det (psychologist -2, The -1)

nsubj (told -3, psychologist -2)

root (ROOT -0, told -3)

det (wife -5, the -4)

dobj (told -3, wife -5)

complm (bumped -9, that -6)

det (man -8, the -7)

nsubj (bumped -9, man -8)

ccomp (told -3, bumped -9)

det (tourist -11, a -10)

dobj (bumped -9, tourist -11)

prep (bumped -9, on -12)

det (sidewalk -14, the -13)

pobj (on -12, sidewalk -14)

通过三个例句的剖析可以看出词汇频率分布的变化对句法分析的优选结构有影响,句法结构的变化会引发依存关系变化。Hickok 认为尽管串行分析在潜歧句的分析中占有认知优先,但与并行相关的嵌套动词 bumped 成分仍然可以同时启动加工,这就与引领词 wife 形成了强烈的互动效应 [Despite the strong preference for the sentential - complement reading of the ambiguous region, a reactivation effect for the head of the relative clause (wife) was observed immediately following the presentation of the embedded verb (bumped), suggesting that the relative clause analysis is also computed]。当这种互动效应不断增强,有效信息不断输入到语言加工系统时,并行加工的两种模式随着花园幽径现象的出现而呈现排他性。串行加工过程的花园幽径模式使读者误入歧途直到解歧点激活后才意识到先期模式的错误 (Computation of the sentential - complement analysis was demonstrated by the fact that readers garden - path when that analysis turns out to be incorrect)。最

终，潜在歧义经历顿悟后得到消解，成功模式得到认知系统采纳。

通过斯坦福解析器的剖析分析可以较清晰地看出 Hickok 对待句法解码是采取并合态度的，即承认花园幽径效应的串行模式也不否定阶段性并行模式的存在，这与兼容模块说和互动说的共合模型具有相似性。

第二节　英语花园幽径模式的类型与消解

屈折语是具有屈折变化的语言，通常借助屈折词素、词形屈折以及变格等语法范畴变化来实现语法功能。屈折语词素有相互连接的趋向，词缀有时具有多义可能。同形异义现象在屈折语中较常见。屈折语多采用形合方式进行句子间成分的连接。英语是屈折语言，具有形合的语法特征。英语花园幽径句的形成主要源自句子结构的变化，所以，结构剖析的不同将导致意义的不同。句法剖析在英语花园幽径句研究中一直占据主导位置。

花园幽径模式是蕴含折返回溯的单车道通行，而通达性歧义则是不存在认知过载和行进错位的多车道通行。前者是非全局性的潜在歧义。从英语句法结构角度区分，可把诱发花园幽径效应的信息不对称类型做如下分类[①]：

一　结构信息不对称

结构信息不对称主要指同一句法结构在解码中具有多选性，各种选择蕴含的相关解码信息有多寡之分。高频优选结构困惑商指数较低，实现信息对称解码的可能性高于其他非优选结构。当困惑商指数较高的非优选结构颠覆了先前优选结构时，认知系统为实现信息对称解码必须补偿提供认知过载所需要的额外信息，这就加重了认知负担，并诱发花园幽径效应。

（一）名词短语补语与句子补语不对称

名词短语补语（Noun Phrase Complement）与句子补语（Sentential Complement）不对称是指及物动词后续成分既可以是名词短语也可以是句子，这样该动词的两个属性具有统计学意义上的不对称性差异。如果次选结构颠覆了优选结构，便会产生花园幽径效应。

例 5－4 #The teacher particularly urges the childen whistling tunes sing

① 此处的分类参考了 Gibson（1991）的体系，在此表示感谢。

regularly.

在表 2－1 的词倾向（NP-bias）和从句倾向（clausal-bias）动词频率统计表（Holmes et al.，1989）中，动词 urge 是名词倾向词，在霍尔摩斯等（Holmes et al.）的统计中后续名词与后续从句的比例是 92∶5。这说明该动词倾向于把 the child 视为 urge 的宾语而不是从句的主语，这种不对称导致了花园幽径效应的产生。

我们以 BNC 为语料库，随机统计 urge 后续名词和从句的概率，并计算各自非对称性信息困惑商。

表 5－2　　**动词 urge 后续名词和从句的非对称性信息困惑商**

分类	观察频数 O	预期频数 E	偏差 O－E	（O－E）/E	1－（O－E）/E
后续名词	41	25	+16	0.64	0.36
后续从句	9	25	－16	－0.64	1.64
总计	50	50			

从表 5－2 看出，我们的统计值与霍尔摩斯等的统计结果大体一致但略有出入，或许原因在于他们 1989 年采用的统计语料与规模为 1 亿词的 BNC 语料有偏差。尽管如此，我们都证明了动词 urge 具有较强的后续名词（我们把名词提前的被动结构也归结在此类）趋向，对这种优选结构的否定容易造成名词短语补语和句子补语的不对称并引发回溯。基于概率的斯坦福解析器也默认 urge 后续名词是优选结构，这导致剖析结果不合常规，如下：

```
* (ROOT①
  (S
    (NP (DT The) (NN teacher))
    (VP
      (ADVP (RB particularly))
      (VBZ urges)
      (NP
        (NP (DT the) (NN childen))
```

① 不合常规的剖析结果用“*”表示，下同。

```
(VP (VBG whistling)
  (S
    (NP (NNS tunes))
    (VP (VB sing)
      (ADVP (RB regularly))))))))))
```

上面剖析结构中，解析器把 the children 解码为动词 urge 的名词短语补语而不是句子补语，导致了解码失败。这说明由于频率非对称性导致的花园幽径效应对基于概率的解析器剖析结果有很大影响。基于规则的正常剖析结构如下：

```
(ROOT
  (S
    (NP (DT The) (NN teacher))
    (VP
      (ADVP (RB particularly))
      (VBZ urges)
      (SBAR
        (S
        (NP (DT the) (NN children))
            (NP (VBG whistling) (NNS tunes))
          (VP (VBP sing)
            (ADVP (RB regularly))))))))))
```

此类花园幽径句还有[①]：

例 5－5 #The author wrote the novel was likely to be a best-seller.

（二）介词短语附着成分的不对称

介词短语附着成分（Prepositional Phrase Attachment）的不对称是指附属成分（Adjunct）与论元成分（Argument）之间的不对称，即介词短语既具有附着于前面名词作为定语的可能，也有充当动词后续状语的可能。根据最小附着原则，附着于前面名词作为定语的结构要比充当动词后续状语的结构更复杂，占据更多的认知资源，所以，优选结构是介词短语为动词充当状语，而次选结构才是附着于名词做定语。请见下面两个结构：

① 本句源自 http：//en. wikipedia. org/wiki/Garden_ path_ sentence。

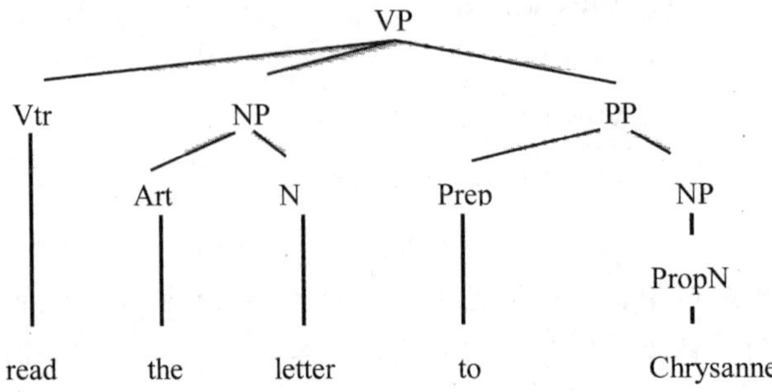

图 5－1　介词结构充当状语的 Vtr＋NP＋PP 结构展示

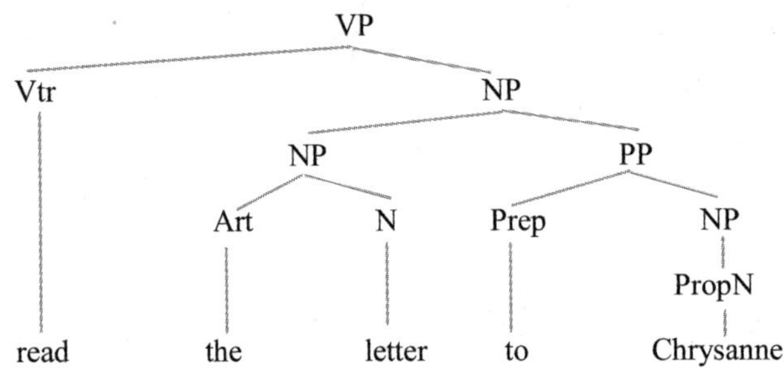

图 5－2　介词结构充当定语的 Vtr＋NP 结构展示

比较上面两图可以发现，第一个图要比第二图的节点少一级。前者需要四级剖析，即［［read］$V_{transitive}$［the letter］NP［to Chrysanne］PP］VP。而后者却需要五级剖析，即［［read］$V_{transitive}$［［the letter］NP［to Chrysanne］PP］NP］VP。所以从认知省力倾向出发的最小附着原则默认状语结构是优选，对它的颠覆将产生花园幽径效应。请见下例：

例 5－6 #The mother read the letter to Chrysanne for me.

```
*（ROOT
  （S
    （NP（DT The）（NN mother））
    （VP（VBD read）
      （NP（DT the）（NN letter））
      （PP（TO to）
        （NP（NNP Chrysanne）））
```

(PP (IN for)
(NP (PRP me))))))

如上所示，基于统计的解析器误把 to Chrysanne 作为与 for me 等同的剖析级别，形成的是 VP + NP + PP + PP 结构，这与基于规则的 VP + [NP PP] NP + PP 结构是不同的。这说明介词短语作为动词状语的可能要远远超出作为名词补语的可能。正确的结构剖析如下：

```
(ROOT
  (S
    (NP (DT The) (NN mother))
    (VP (VBD read)
      (NP
        (NP (DT the) (NN letter))
        (PP (TO to)
          (NP (NNP Chrysanne))))
      (PP (IN for)
        (NP (PRP me))))))
```

例 5 -7 # The cook placed the cake in the oven onto the table. (Gibson, 1991)

```
* (ROOT
  (S
    (NP (DT The) (NN cook))
    (VP (VBD placed)
      (NP (DT the) (NN cake))
      (PP (IN in)
        (NP (DT the) (NN oven)))
      (PP (IN onto)
        (NP (DT the) (NN table))))))
```

如上所示，剖析形成的结构中也出现了 VP + NP + PP + PP 错误结构，根据句法规则我们可以修改如上错误的剖析结构。

```
(ROOT
  (S
    (NP (DT The) (NN cook))
```

(VP (VBD placed)
(NP
(NP (DT the) (NN cake))
(PP (IN in)
(NP (DT the) (NN oven))))
(PP (IN onto)
(NP (DT the) (NN table))))))

上面两例中，介词词组 to Chrysanne 和 in the oven 既可以作为动词 read 和 placed 的论元，也可以作为名词 letter 和 cake 的附属成分。论元结构是优选而附属结构是次选。随着解歧成分 for me 和 onto the table 的出现，先前的次选结构颠覆了优选结构，认知回溯出现，花园幽径效应产生。基于统计的 Stanford Parser 在这两例花园幽径句剖析中都出现了错误，只有在基于规则的分析纠正后才能得到正确的剖析结构。这说明高概率对花园幽径模式解码产生的是负效应。

（三）双宾语与关系从句不对称

双宾语（Second Object Noun Phrase）与关系从句（Relative Clause）不对称是指在双宾语结构中，直接宾语在后续动词的情况下具有充当关系从句主语的可能。这样该成分是作为双宾语结构的直接宾语出现还是作为关系从句的主语出现便出现了选择的不对称性。在认知系统中倾向于最简结构，而双宾语要比从句结构简单，所以具有优选属性。这样，如果关系从句结构完成了对双宾语结构的颠覆将出现认知过载现象。

例 5 – 8 #The coach gave Pistorius the cat chased a rope.

* (ROOT
(S
(NP (DT The) (NN coach))
(VP (VBD gave)
(NP (NNS Pistorius))
(NP
(NP (DT the) (NN cat))
(SBAR
(S
(VP (VBD chased)

(NP (DT a) (NN rope))))))))

如上所示，Stanford Parser 形成的错误结构是［［The coach］NP［［gave］V［Pistorius］NP［the cat chased a rope］NP］VP］S，其中 the cat chased a rope 被默认为是从句形式。这种剖析是基于概率的伪模式。我们基于规则的正确分析如下：

```
(ROOT
  (S
    (NP (DT The) (NN coach))
    (VP (VBD gave)
      (NP (NNS Pistorius))
      (SBAR
          (S
          (NP (DT the) (NN cat))
              (VP (VBD chased)
      (NP (DT a) (NN rope))))))))
```

经过修正，直接宾语 a rope 取得了与间接宾语 Pistorius 等同的剖析位置，修饰间接宾语的从句也得到了正确剖析。

例 5－9 #The insurance company gave the innocent victims the car fell on 30 days' pay as compensation.

```
* (ROOT
  (S
    (NP (DT The) (NN insurance) (NN company))
    (VP (VBD gave)
      (NP (DT the) (JJ innocent) (NNS victims))
      (NP
        (NP (DT the) (NN car))
        (SBAR
          (S
            (VP (VBD fell)
              (PP (IN on)
                (NP
                  (NP (CD 30) (NNS days) (POS '))
```

```
            (NN pay)))
         (PP (IN as)
           (NP (NN compensation))))))))))
```

如上所示，Stanford Parser 形成的结构主要有两处错误：其一，the car fell on 形成的不是 NP 结构，而应该是修饰 the innocent victims 的 SBAR 结构，也就是说 the car 形成的不是双宾语结构而是对先行词进行补充说明的关系从句结构；其二，30 days' pay as compensation 的结构不是隶属于 the innocent victims 的补充结构，而是与其具有同级功能的直接宾语结构，形成的应该是 NP + gave + NP + 30 days' pay as compensation 的解码结构。基于规则的正确剖析如下：

```
(ROOT
  (S
    (NP (DT The) (NN insurance) (NN company))
    (VP (VBD gave)
      (NP
        (NP (DT the) (JJ innocent) (NNS victims))
            (SBAR
            (S
            (NP (DT the) (NN car))
            (VP (VBD fell)
              (PRT (RP on))
        (NP
        (NP
          (NP (CD 30) (NNS days) (POS '))
          (NN pay))
        (PP (IN as)
          (NP (NN compensation)))))))
```

例 5－10 #The groom bought the bride the wedding dress was designed for an icecream.

```
* (ROOT
  (S
    (NP (DT The) (NN groom))
```

```
(VP (VBD bought)
  (NP
    (NP (DT the) (NN bride))
    (SBAR
      (S
        (NP (DT the) (NN wedding) (NN dress))
        (VP (VBD was)
          (VP (VBN designed)
            (PP (IN for)
              (NP (DT an) (NN icecream))))))))))
```

如上所示，Stanford Parser 成功剖析了 the wedding dress was designed for 结构，并把它视为 bride 的定语从句。但是，在处理直接宾语时出现了错误，把 an icecream 剖析成了介词 for 的宾语。实际上，an icecream 做的是 bought 的直接宾语成分，在结构中与定语从句修饰的间接宾语并处同级。正确剖析结构如下：

```
(ROOT
  (S
    (NP (DT The) (NN groom))
    (VP (VBD bought)
      (NP
        (NP (DT the) (NN bride))
        (SBAR
          (S
          (NP (DT the) (NN wedding) (NN dress))
          (VP (VBD was)
            (VP (VBN designed)
              (PP (IN for)
    (NP (DT an) (NN icecream))))))))))
```

上面三例中，每句动词后的直接宾语成分（the second post-verbal noun phrase）都产生了花园幽径效应。作为次选结构的关系从句的主语模型（the subject of a relative clause）颠覆了作为优选结构的主动词论元结构（an argument of the matrix verb）的宾语模型。这种不对称导致的信息断层和行进错位加深了认知困惑。

（四）主导从句与附属关系从句不对称

主导从句（Matrix Clause）与附属关系从句（Reduced Relative Clause）不对称是指主动词及物被动态和不及物主动态属性分布不均衡导致的结构歧义。主动词（Matrix verb）具有及物和不及物两种属性，通常不及物主动态属性是优选结构。这样，在与前行名词构建的暂时结构中形成的是主谓结构。但是，随着解码推进，次选结构的主动词及物被动态属性被激活，优选结构被颠覆，折返性回溯产生。在英语中，过去式与过去分词的同形为这种结构歧义的存在提供了便利。请见两个例子：

例 5－11 # The boat floated down the river sank.（Milne，1982）

上例出现了花园幽径效应，其根本原因在于动词 floated 的属性变化，致使初期构建的主导从句结构被后期附属从句结构所颠覆。我们分别利用 BNC 随机抽样计算不对称困惑商。

表 5－3　**动词 floated 的主被动语态不对称值对比**

分类	观察频数 O	预期频数 E	偏差 O－E	（O－E）/E	1－（O－E）/E
主动语态	37	25	+12	0.48	0.52
被动语态	13	25	－12	－0.48	1.48
总计	50	50			

如表 5－3 所示，动词 floated[①] 的被动语态的频数是 13，不对称信息困惑商为 $V_{cq}=1.48>1.28$ 临界值。这说明被动语态作为次选结构的认知扭矩较大，颠覆优选结构后，获得的补偿性信息量也较多。这种低频数的解码模式对于基于概率的 Stanford Parser 来说，解读有困难。请见 Stanford Parser 对该句的错误剖析：

```
* (ROOT
  (S
    (NP (DT The) (NN boat))
    (VP (VBD floated)
      (PRT (RP down))
```

① 50 个随机抽样源自 http://bnc.bl.uk/saraWeb.php?qy=floated&mysubmit=Go。

```
        (SBAR
          (S
            (NP (DT the) (NN river))
            (VP (VBD sank)))))))
```

如上所示，解析器无法正确分析该句结构，the river sank 被误认为是从句结构，而且 floated down the river 作为附属关系从句的解码也无法在剖析中体现。正确结构中主动词应该是 sank，附属关系从句作为定语的是 floated down the river。动词 floated 应该认定为过去分词（VBN floated）而不应该是过去式（VBD floated）。成功的剖析如下：

```
(ROOT
  (S
    (NP
      (NP (DT The) (NN boat))
      (VP (VBN floated)
        (PP (IN down)
          (NP (DT the) (NN river)))))
    (VP (VBD sank))))
```

例 5－12 # The dog walked to the park chewed the bone.（Gibson，1991）

上例也是花园幽径句。动词 walked 的过去式和过去分词同形，其语态属性既可以是主动也可以是被动。我们先计算两个选项的非对称困惑商。

表 5－4　　**动词 walked 的主被动语态不对称值对比**

分类	观察频数 O	预期频数 E	偏差 O－E	（O－E）/E	1－（O－E）/E
主动语态	50	25	+25	1	0
被动语态	0	25	－25	－1	2
总计	50	50			

如表 5－4 所示，动词 walked[①] 的被动语态的频数是 0，不对称信息困惑商为 $V_{cq}=2>1.28$ 临界值。这说明被动语态结构从理论上说认知扭矩达到无法超越的最大值，从实践意义说，该句应该是 Gibson 自己创造的

① 50 个随机抽样源自于 http：//bnc. bl. uk/saraWeb. php? qy = walked&mysubmit = Go。

花园幽径句并且在语料库中出现的概率近乎可以忽略。这样极端的低概率在解码中引起的颠覆效应将是空前的，极端不对称解码所需要的信息补偿量也会让读者产生极强烈的认知困惑，并在解码成功后诱发令人震撼的顿悟感。这种句子对于基于概率语料库的 Stanford Parser 来说是不存在剖析正确的可能，只能依靠规则而不是统计实现解码。请见 Stanford Parser 对该句的错误剖析：

```
* (ROOT
  (SINV
    (S
      (NP (DT The) (NN dog))
      (VP (VBD walked)
        (PP (TO to)
          (NP (DT the) (NN park)))))
            (VP (VBD chewed))
            (NP (DT the) (NN bone))))
```

正如我们分析的那样，Stanford Parser 无法完成解码。系统把整个结构解读为 SINV 而不是 S，参照附录的解释，我们可以知道 SINV（Marcus et al.，1994）即"Declarative sentence with subject-aux inversion, top level labelling apart from S, usually for complete structure"，也就是具有主语翻转功能的完全陈述句结构（an inverted S structure），例如在"Marching past the reviewing stand were 500 musicians"句中的结构。Marcus et al 具体结构解释如下：

```
(SINV (VP-TPC-1   Marching
                  (PP-CLR   past
                            (NP   the   reviewing   stand)))
      (VP were
          (VP   *T*-1))
      (NP-SBJ 500 musicians))
```

图 5－3　术语 SINV 的结构样例（Marcus et al.，1994）

如上可知，我们需要的 The dog walked to the park chewed the bone 剖析结构并不是解析器剖析的 SINV 结构，也不存在主语翻转问题。该句从规则语法角度可以很容易判定是一个附属关系从句结构。把动词 walked

理解成过去分词（VBN walked）就能成功解码。正确剖析如下：

(ROOT
  (S
    (NP
      (NP (DT The) (NN dog))
      (VP (VBN walked)
        (PP (TO to)
          (NP (DT the) (NN park)))))
    (VP (VBD chewed)
      (NP (DT the) (NN bone)))))

从上面的分析可以看出，主导从句与附属关系从句的不对称源于动词过去分词和过去式的同形歧义，过去式形式可以附着于前行词作为全句的主动词（matrix verb）出现；过去分词形式也可以附着于前行词作为附属关系从句出现，并由此引发主动态和被动态的非对称性选择。通常情况下，作为主动词的过去式形式具有认知原型特点，次选结构取代优选结构将产生认知过载现象。类似的花园幽径句还有：

例 5－13 # The performer sent the flowers was pleased.（Rayner et al.，1983）

例 5－14 # The man lent the book never returned it.（Rayner et al.，1983）

例 5－15 # The woman brought the flowers smiled broadly.（Rayner et al.，1983）

（五）动词补语从句与关系从句不对称

动词补语从句（Verbal Complement Clause）与关系从句（Relative Clause）不对称是指从句在充当动词补语还是充当关系从句的分配中出现的不均衡现象。在解码中，补语成分（complementizer）有时既可以作为主动词（matrix verb）的论元（an argument），充当动词的补语；也可以作为修饰前行词的定语，作为关系从句。在关系从句结构中，主语关系从句要比宾语关系从句容易理解，所以宾语关系从句与动词补语从句的结构调整更容易诱发花园幽径效应。

例 5－16 The American government warned DPRK that the UN security council would impose the harshest possible sanctions for its third nuclear test.

上句中 that 引导从句充当的是动词 warned 的补语，结构单一，不出现结构歧义。

例 5－17 The American government warned DPRK that conducted its third nuclear test that the UN security council would impose the harshest possible sanctions.

上句中第一个 that 引导的从句充当的是主语关系从句（subject relative clause），修饰先行词 DPRK；第二个 that 引导的从句充当的是动词 warned 的补语。该句也不出现认知困惑。

例 5－18 #The American government warned DPRK that the UN security council would impose the harshest possible sanctions against that its third nuclear test was illegal.

上句中第一个 that 引导从句是宾语关系从句（object relative clause），认知系统存在该从句是动词补语从句还是宾语关系从句的困惑。由于作为动词补语的选项通常是优选结构，那么，后续的宾语关系从句对优选结构的颠覆便出现了花园幽径效应。类似的花园幽径句还有如下几个：

例 5－19 # John told the man that Mary kissed that Bill saw Phil.（Gibson，1991）

例 5－20 # The patient persuaded the doctor that he was having trouble with to leave.（Gibson，1991）

例 5－21 # Dan convinced the child that the dog bit that cats are good pets.（Gibson，1991）

（六）句子性补语与句子性主语不对称

句子性补语（Sentential Complement）与句子性主语（Sentential Subject）不对称是指从句具有充当动词补语和充当后续从句主语的两种可能，其中，充当动词补语的论元结构附着（argument attachment）有较强的倾向性。它们的分布失衡容易导致次选结构对优选结构的颠覆，从而诱发花园幽径效应。

例 5－22 #Detectives believe that the suspect smokes betrays his nervousness.

上句中 that the suspect smokes 既可以作为动词 believe 的句子性补语，也可以作为 betrays his nervousness 的句子性主语，两种结构具有信息的不对称性。其中，在解码初期［［Detectives］NP＋［［believe］V［that the suspect smokes] CP] VP] S 已经形成了具有完整解码结构的模式，这种闭合结构在 Stanford Parser 中可以得到正确阐释。但是，后续 betrays his nervousness 却需要系统提供一个主语完成解码，认知系统被迫将前面已经闭合的结构打开，将 that the suspect smokes 从先前的句子性补语调整为句子性主语，这种被迫拆解闭合结构的解码模式必然需要额外的认知努力，最终出现行进式错位的认知过载现象。句子性补语的闭合结构往往是大概率事件，这就意味着在解析器中容易误将该结构一揽子处理，而不会拆解形成句子性主语结构。请见 Stanford Parser 的错误剖析：

```
* (ROOT
   (SINV
     (S
       (NP (NNS Detectives))
       (VP (VBP believe)
         (SBAR (IN that)
           (S
             (NP (DT the) (NN suspect))
             (VP (VBZ smokes))))))
     (VP (VBZ betrays))
     (NP (PRP $ his) (NN nervousness))))
```

如上所示，Detectives believe that the suspect smokes 被解析成独立句子结构，整个句子被解读成 SINV，即具有主语翻转功能的完全陈述句结构。这种基于概率的解释是违背句法规则的。按照规则语法，正确的整句结构应该是 S，从句成分 that the suspect smokes 形成的应该是句子性主语成分。正确剖析如下：

```
(ROOT
  (S
    (NP (NNS Detectives))
    (VP (VBP believe)
      (SBAR (IN that)
          (S
            (NP (DT the) (NN suspect))
            (VP (VBZ smokes))
```

(VP (VBZ betrays)

(NP (PRP $ his) (NN nervousness))))))

从上面的分析可以看出，句子性补语生成的临时结构是［IP［NP detectives］［VP believe［CP［C0［C that［IP］］］］］］，而后生成的句子性主语结构是［IP［NP detectives］［VP believe［CP［C0［C e］［IP［CP that［IP］］］］］］］①。从先前优选结构向折返回溯后形成的次选结构的转换引发花园幽径效应。这类的效应句还有：

例 5 -23 # I believe that John smokes annoys Mary. (Gibson, 1991)

例 5 -24 # The populace knows that Dan is stupid is obvious. (Gibson, 1991)

例 5 -25 # The students thought that Rick ate a sandwich larger than his head was impressive. (Gibson, 1991)

(七) 补语结构附着远近不对称

补语结构附着远近是指线性解码时及早闭合的认知倾向 (Principle of Preference Closure) 产生直线附着结构，这是具有优选的缺省结构；但是，后续输入的成分颠覆了这种线性结构，后续节点需要跨越临近的成分成为超前部分的修饰成分；这种"舍近求远"的附着导致认知负载加大，次选结构取代优选结构并最终诱发花园幽径效应。

例 5 -26 #The vases on a table in front of the chairs that is covered with a spotless cloth hold natural wild roses.

* (ROOT

(S

(NP

(NP (DT The) (NNS vases))

(PP (IN on)

(NP

(NP (DT a) (NN table))

(PP (IN in)

(NP

(NP (NN front))

① 句法学中，IP (Inflection Phrase) 类似于传统语法的 S，CP (Complementizer Phrase) 是补语成分，有时简写为 C。

```
(PP (IN of)
  (NP
    (NP (DT the) (NNS chairs))
    (SBAR
      (WHNP (WDT that))
      (S
        (VP (VBZ is)
          (VP (VBN covered)
            (PP (IN with)
              (NP (DT a) (JJ spotless) (NN cloth)))))))))))))))
    (VP (VBP hold)
      (NP (JJ natural) (JJ wild) (NNS roses)))))
```

如上所示，Stanford Parser 在剖析中能够成功解读句子的主要结构，辨识主动词 hold 和宾语 natural wild roses。但是，在对补语成分 on a table in front of the chairs that is covered with a spotless cloth 的剖析中出现了错误。根据就近修饰的默认原则，解析器把 that 引导的定语从句缺省认为是对 chairs 的附着，导致 is 与 chairs 的句法违例。

该句解码出现了花园幽径现象。在 The vases on a table in front of the chairs 的解读中，认知是线性的，形成的结构是依此附着的，即［［The vases］NP［on［［a table］NP［in front of［the chairs］NP］PP］NP］PP］NP，后面的成分构成邻近修饰的特点。这部分翻译为“椅子前面桌子上的花瓶”。后续的 that is covered with a spotless cloth 加入，系统也惯性认为这部分形成的也是直线附着结构。但是，在 that 引导的定语从句中，由于 is 与先行词 chairs 的句法违例，认知系统被迫颠覆了直线附着结构模型，并将 that 引导的从句修饰点提前至上一个名词短语，即 a table。这样，就形成了跨越附着结构。这句话正确的翻译为“在椅子前面、洁布覆盖的桌子上，花瓶插着野玫瑰”。

Stanford Parser 剖析中，如果我们把 is 改成 are，剖析的错误就能得到解决，因为句法违例消失了，也就不存在跨越附着结构对直线附着结构的颠覆，自然也就不存在认知困惑，对主语修饰部分的剖析是流线型的。正确的剖析如下：

```
(ROOT
  (S
    (NP
      (NP (DT The) (NNS vases))
      (PP (IN on)
        (NP
          (NP (DT a) (NN table))
          (PP (IN in)
            (NP
              (NP (NN front))
              (PP (IN of)
                (NP
                  (NP (DT the) (NNS chairs))
                  (SBAR
                    (WHNP (WDT that))
                    (S
                      (VP (VBP are)
                        (VP (VBN covered)
                          (PP (IN with)
                              (NP (DT a) (JJ spotless) (NN
cloth))))))))))))))
    (VP (VBP hold)
        (NP (JJ natural) (JJ wild) (NNS roses)))))
```

对照两个剖析结果可以看出，结构完全一致。唯一不同的是第一个结构中 is 被标注为第三人称单数现在时（VBZ is），第二个结构中 are 被标注为非第三人称单数现在时（VBP are），后一个符合直线附着结构。基于概率的解析器在剖析低概率的跨越附着结构时表现出不合语法的低级错误。

类似的花园幽径句还有：

例 5－27 # I liked the woman with the dog by the apartment buildings that was barking all night long.（Gibson，1991）

例 5－28 # George drank the water which came from the jar by the napkins on the table that are white with red stripes.（Gibson，1991）

例 5－29 # The tree by the house on the lake built from brick is one hundred years old this year.（Gibson，1991）

例 5－30 # The apple near the cup on the table removed from the dishwasher had a bite taken out of it.（Gibson，1991）

（八）离合结构分布不对称

离合结构分布不对称是指两个相邻成分既可以组成具有单一语义范畴的复合词，也可以拆分成各自独立拥有语义范畴的句法单元，它们由合到离可形成迥异的句法结构，其中低频次选结构颠覆高频优选结构诱发折返回溯的认知过载现象。

1.［DET＋NP］NP 离合结构

［DET＋NP］NP 离合结构中，如果 det 同时具有可拆分的 pronoun 属性，就可构成分布不平衡。

例 5－31 #Without her consent may be invalid in certain contexts.

表 5－5　**单词 her 限定词与代词选择的非对称性信息困惑商计算**

分类	观察频数 O	预期频数 E	偏差 O－E	（O－E）/E	1－（O－E）/E
限定词	32	25	+7	0.28	0.82
代词	18	25	－7	－0.28	1.28
总计	50	50			

如表 5－5 所示，单词 her 限定词与代词的两个属性频数具有较大差异，代词选择的非对称信息困惑商 $V_{cq}=1.28$，即正好在临界值上。这说明当我们在 BNC 中以“without her”为检索项查询时，得到的单词 her 限定词选择与代词选择结果具有显著性差异。限定词选项是优选结构，代词选项是次选结构。解码时，认知系统默认［［without］P［her consent］NP］PP 为缺省。后续成分 may be invalid in certain contexts 的出现要求认知系统重新对已经形成的 PP 结构打破重组，情态动词 may 是解歧点，意味着认知系统必须给它匹配一个主语，信息断层出现。系统折返回溯并重组 PP 结构。将 her 为代词的次选结构纳入解码模式，逆向选择非对称平衡时的“劣币”，形成［［Without her］PP［［consent］NP［may be invalid in certain contexts］VP］S］S 终极结构，达到瓦尔拉斯信息均衡并实现帕

累托最优状态。

我们的分析可以通过基于统计的解析器进行逆向验证，即检测一下斯坦福解析器是否默认［［without］P［her consent］NP］PP 的缺省性以及是否无法生成正确的剖析结构，具体如下：

```
* (ROOT
  (FRAG
    (S
      (PP (IN Without)
        (NP (PRP$ her) (NN consent)))
      (VP (MD may)
        (VP (VB be)
          (ADJP (JJ invalid)
            (PP (IN in)
              (NP (JJ certain) (NNS contexts))))))))))
```

如上可示，解析器把整个句子剖析为 FRAG（pieces of text），即不是完整结构而是句子组成的片断。换句话说，解析器无法将离合结构分离，这就导致这个剖析的失败。正确的剖析结构如下：

```
(ROOT
  (S
    (PP (IN Without)
      (NP (PRP her)))
    (NP (NN consent))
    (VP (MD may)
      (VP (VB be)
        (ADJP (JJ invalid)
          (PP (IN in)
        (NP (JJ certain) (NNS contexts))))))))
```

此类［DET + NP］NP 离合结构形成的花园幽径句还包括：

例 5 - 32 # Without her contributions would be inadequate.（Frazier, 1979）

例 5 - 33 # I convinced her children are noisy.（Gibson, 1991）

2. ［NP + NP］NP 离合结构

在［NP＋NP］NP 离合结构中，如果前 NP 可拆分给先前的结构，后 NP 也可在后续结构中充当成分，那么就会产生非对称现象。

例 5－34 #Since the President advised the executive committee agrees this course of action①.

表 5－6　**单词 executive 独立名词与复合名词的非对称性信息困惑商计算**

分类	观察频数 O	预期频数 E	偏差 O－E	（O－E）/E	1－（O－E）/E
复合名词	33	25	＋8	0.32	0.68
独立名词	17	25	－8	－0.32	1.32
总计	50	50			

如表 5－6 所示，executive 独立名词与复合名词选项中频数差距较大，独立名词选项非对称信息的困惑商 Vcq＝1.32＞1.28，这说明［the［［executive］NP［committee］NP］NP］NP 概率水平较高，具有解码的优先性，而［the executive］NP［committee］IP 结构是较边缘的次选结构。后者对前者的颠覆诱发花园幽径效应。我们的分析可以在基于概率的 Stanford Parser 剖析结果中进行求证。

```
*（ROOT
  （SBAR（IN Since）
    （S
      （NP（DT the）（NNP President））
      （VP（VBD advised）
        （SBAR
          （S
            （NP（DT the）（JJ executive）（NN committee））
            （VP（VBZ agrees）
```

① 该句中主动词 advise 具有及物和不及物两种属性。BNC 随机抽样中比例为 $V_i : V_t = 9 : 41$，$X^2 = 20.48$，在显著水平 .50，自由度为 1 的情况下临界值为 3.84，实际值大于临界值，即两者具有显著差异。本句中 advise 如果视为不及物动词，形成的就是后面即将讨论到的“及物与不及物动词不对称”效应，此时 executive 就是形容词。如果视为及物动词，形成的就是“离合结构分布不对称”效应，executive 是名词。此处讨论的是后一种情况。另外，advised 和 agrees 时态不一致，如果把 advise 视为不及物动词，通常需要从句也是过去时。所以，这里采用及物属性更恰当一些。

```
(NP
  (NP (DT this) (NN course))
  (PP (IN of)
    (NP (NN action))))))))))
```

上面剖析中，解析器形成（NP（DT the）（JJ executive）（NN committee））结构，无法正确拆分 executive committee，导致全句形成的是由介词（IN Since）引导的 SBAR 从句，这与语法规则严重不符。可见，概率解析器在［NP + NP］NP 离合结构剖析时效率低下。正确的剖析结果如下：

```
(ROOT
  (S
    (SBAR (IN Since)
      (S
        (NP (DT the) (NNP President))
        (VP (VBD advised)
          (NP (DT the) (NN executive)))))
    (NP (NN committee))
    (VP (VBZ agrees)
      (NP
        (NP (DT this) (NN course))
        (PP (IN of)
          (NP (NN action)))))))
```

此类的［NP + NP］NP 离合结构形成的花园幽径句还包括：

例 5 – 35 # Since developing the computer companies in the United States have grown enormously.（Gibson，1991）

例 5 – 36 # I told the department committees will be formed next month.（Gibson，1991）

例 5 – 37 # I persuaded the company secretaries are valuable.（Gibson，1991）

3. ［DET + ADJ + NP］NP 离合结构

［DET + ADJ + NP］NP 离合结构是指该结构还可以离合成［DET + ADJ］NP + NP 结构，如果［DET + ADJ］NP 形成的是表示一类属性的集合名词，并且拆分后 NP + NP 两结构相对独立且可以分别匹配充当成分，

那么这种离合结构导致的句法结构调整也会诱发折返性回溯产生。

例 5－38 #The new record the song.①

表 5－7　单词 new 限定词、集体名词与专有名词非对称性信息困惑商计算

分类	观察频数 O	预期频数 E	偏差 O－E	（O－E）/E	1－（O－E）/E
限定词	40	50/3	+23.3	1.40	－0.40
集体名词	0	50/3	－16.7	－1	2
专有名词	10	50/3	－6.7	－0.40	1.40
总计	50	50			

如表 5－7 所示，在 BNC 中“the new”作为检索项时主要得到三个属性，其中作为表示集合名词的观察频数为零，这说明这种搭配概率相当低以至于在有限次数的检索中无法查证。所以，一旦这种极端低频 $V_{cq}=2$ 的选项颠覆其他选项成为终极结构时，带来的认知困惑相当客观。这种结构在 Stanford Parser 中也没有剖析正确的可能。

```
* (ROOT
  (NP
    (NP (DT The) (JJ new) (NN record))
    (NP (DT the) (NN song))))
```

如上所示，解析器把整个句子默认为是两个并列的 NP，即无法正确拆分离合结构。为进一步解释，我们构建了上下文无关文法 CFG（context-free grammar），采用自底向上（bottom-up）剖析方法，具体如下：

$G=\{V_n, V_t, S, P\}$

$V_n=\{S, NP, VP, DET, ADJ, V, N\}$

$V_t=\{the, new, record, song\}$

S＝S

P：

S	→	NP VP	(a)
NP	→	DET ADJ	(b)
NP	→	DET N	(c)

① 该句 record 也符合“名词与动词不对称”效应。

NP	→	DET ADJ N	(d)
VP	→	V NP	(e)
DET	→	{the}	(f)
ADJ	→	{new}	(g)
N	→	{record, song}	(h)
V	→	{record}	(i)

1. The new record the song
2. DET new record the song (f)
3. DET ADJ record the song (g)
4. DET ADJ N the song (h)
5. NP the song (d)
6. NP DET song (f)
7. NP DET N (h)
8. NP NP (c)

BACKTRACKING

9. DET ADJ record the song (g)
10. NP record the song (b)
11. NP V the song (i)
12. NP V DET song (f)
13. NP V DET N (h)
14. NP V NP (c)
15. NP VP (e)
16. S (a)

由上面的 CFG 文法可知正确的认知顺序为：1 –2（f）–3（g）–4（h）–5（d）–6（f）–7（h）–8（c）–8（c）– backtracking –9（g）–10（b）–11（i）–12（f）–13（h）–14（c）–15（e）–16（a）。在规则 3（g）–9（g）中，涉及 the new record 离合结构的拆分。在［DET ADJ N the song］结构中，如果按照优选频数，则改写成［NP the song］，最终形成错误的 NP + NP。如果用次优结构［NP record the song］取代优选结构，则实现瓦尔拉斯均衡的帕累托最优状态，实现解码。

整个回溯和最终将离合结构成功拆分的过程可以用一个扩充转移网络和与之匹配的算法表进行展示，具体如下：

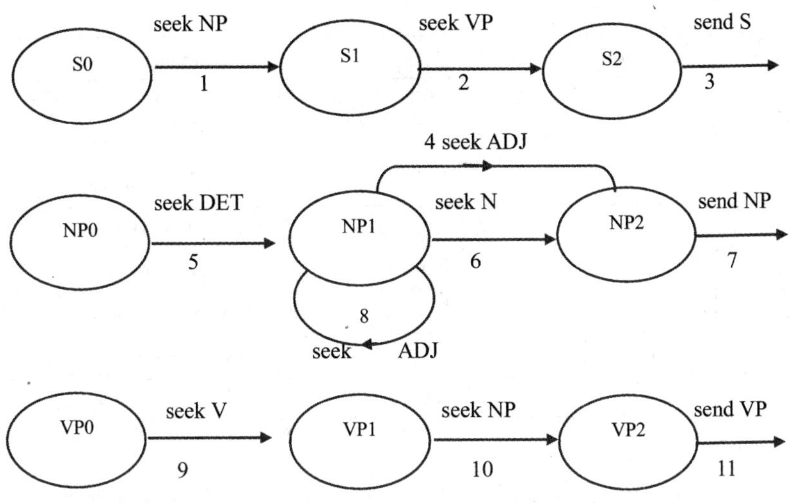

图 5－4　离合结构［DET＋ADJ＋NP］NP 的扩充转移网络

表 5－8　**离合结构［the new record］＋ the song 的解码算法表**

<table>
<tr><th>Number</th><th>Complexity</th><th>Arc</th><th colspan="2">Programming</th></tr>
<tr><td>1</td><td>I</td><td>A－1</td><td colspan="2">PUSH NP <The new record></td></tr>
<tr><td>2</td><td colspan="2" rowspan="4">II</td><td>A－5</td><td>SETR Det <The></td></tr>
<tr><td>3</td><td>A－8</td><td>SETR Adj <new></td></tr>
<tr><td>4</td><td>A－6</td><td>SETR N <record></td></tr>
<tr><td>5</td><td>A－7</td><td>POP NP</td></tr>
<tr><td>6</td><td rowspan="2">I</td><td>A－1</td><td colspan="2">SETR NP <The new record></td></tr>
<tr><td>7</td><td>A－2</td><td colspan="2">PUSH VP <???></td></tr>
<tr><td colspan="5">Backtracking</td></tr>
<tr><td>8</td><td>I</td><td>A－1</td><td colspan="2">PUSH NP <The new></td></tr>
<tr><td>9</td><td colspan="2" rowspan="3">II</td><td>A－5</td><td>SETR Det <the></td></tr>
<tr><td>10</td><td>A－4</td><td>SETR Adj <new></td></tr>
<tr><td>11</td><td>A－7</td><td>POP NP</td></tr>
<tr><td>12</td><td rowspan="2">I</td><td>A－1</td><td colspan="2">SETR NP <The new></td></tr>
<tr><td>13</td><td>A－2</td><td colspan="2">PUSH VP <record the song></td></tr>
<tr><td>14</td><td colspan="2" rowspan="2">II</td><td>A－9</td><td>SETR V <record></td></tr>
<tr><td>15</td><td>A－10</td><td>PUSH NP <the song></td></tr>
</table>

续表

Number	Complexity	Arc	Programming
16	III	A－5	SETR Det < the >
17		A－6	SETR N < song >
18		A－7	POP NP
19	II	A－10	SETR NP < the song >
20		A－11	POP VP
21	I	A－2	SETR VP < record the song >
22		A－3	SETR < The new record the song >
SUCCESS			

表5－8中Number表示算法步骤，Complexity表示对应于扩充转移网络的解码深度，Arc表示转移网络中的弧，Programming表示语法。由表可看出，离合结构的拆分过程涉及折返回溯的重新匹配和认定，耗费了较多的系统资源，因此，在成功实现解码时会有顿悟的“啊哈”体验。

此类花园幽径句还有：

例5－39 # Having seen the Martian people in the town panicked.（Gibson，1991）

二　词汇信息不对称

词汇信息不对称是指语言使用的不平衡导致了词汇频率差异，高频词认知时是自动化或半自动化的潜意识加工，而低频词却是受控的有意识加工且激活需要更多的额外信息。这种词汇频率的不对称带来词汇蕴含信息的不对称。相同词的不同义项使用与此类似。高频义项比低频义项具有优选性。困惑商指数高的低频词或低频义项颠覆困惑商低的高频词或高频义项，将诱发行进式错位的花园幽径效应。

（一）前名词修饰成分与关系从句不对称

前名词修饰成分（Prenominal Modifier）与关系从句（Relative Clause）不对称是指复合名词的后半部分在充当前行部分修饰成分和充当后续关系从句主语的双重功能中产生的不均衡现象。处于句子前部的复合名词成分是可拆分的，当后续的第一个动词与其后半部分结合形成关系从句时，先期构建的名词复合结构被打破，复合名词后半部分与后续动词一起形成附着于复合名词前半部分的附属结构，而解歧点则是充当主动词的第二动词。

例 5-40 #The opposition candidate supported voted for the economic policies.

上句中，The opposition candidate 是复合名词，具有可拆分性。当第一个动词 supported 出现时，认知系统默认形成的是［［The opposition candidate］NP［supported］VP］S 的暂时结构，复合名词后半部分的 candidate 作为前半部分 The opposition 的成分。具体如下：

```
(ROOT
  (S
    (NP (DT The) (NN opposition) (NN candidate))
  (VP (VBD supported))))
```

第二个动词 voted 出现时，认知系统要求匹配有灵名词为主语，遂产生回溯，将［The opposition candidate］NP 的复合名词结构进行切分，后半部分的 candidate 与动词 supported 构成宾语关系从句并附着于复合名词前半部分的 The opposition。这样，第二个动词 voted 所需要的主语由附属宾语关系从句修饰的 The opposition 充当。Candidate 作为前名词修饰成分与宾语关系从句主语成分的不对称分布导致了结构调整困惑。后者是低概率事件，所以很难在 Stanford Parser 中正确剖析，其错误结构如下：

```
* (ROOT
  (S
    (NP
      (NP (DT The) (NN opposition) (NN candidate))
      (VP (VBN supported)))
    (VP (VBD voted)
      (PP (IN for)
    (NP (DT the) (JJ economic) (NNS policies))))))
```

如上所示，解析器根据概率，无法拆分 The opposition candidate，形成的结构是［［The opposition candidate］NP［supported］VP］NP，这与根据规则语法形成的具有宾语从属关系从句的正确结构有很大出入。如果我们把省略的引导词 that 补全将得到正确结构，如下：

```
(ROOT
  (S
```

```
(NP
  (NP (DT The) (NN opposition))
  (SBAR (IN that)
    (S
      (NP (NN candidate))
      (VP (VBD supported)))))
(VP (VBD voted)
  (PP (IN for)
  (NP (DT the) (JJ economic) (NNS policies))))))
```

关系从句次选结构替代前名词修饰优选结构加剧了信息断层，并引发花园幽径效应。类似的花园幽径句还有：

例 5－41 # The cotton clothing is made of grows in Mississippi. (Marcus, 1980)

例 5－42 # The computer companies buy most is the MacIntosh. (Gibson, 1991)

（二）形容词成分与特性名词成分不对称

形容词成分（adjectival component）与特性名词成分（special nominal component）不对称是指涉及的主要词汇既可以作为修饰性形容词成分，也可以作为特性名词成分。通常是由于低概率模式替代常用模式导致的认知困惑。请见下例：

例 5－43 #We couldn't expect the young dog the footsteps of the criminal.

Tagging

We/PRP could/VBD n't/RB expect/VB the/DT young/JJ dog/NN the/DT footsteps/NNS of/IN the/DT criminal/NN ./.

```
* (ROOT
  (S
    (NP (PRP We))
    (VP (VBD could) (RB n't)
      (VP (VB expect)
        (S
          (NP (DT the) (JJ young) (NN dog))
```

```
        (NP
          (NP (DT the) (NNS footsteps))
          (PP (IN of)
            (NP (DT the) (NN criminal)))))))
    (. .)))
nsubj (could -2, We -1)
root (ROOT -0, could -2)
neg (could -2, n't -3)
dep (could -2, expect -4)
det (dog -7, the -5)
amod (dog -7, young -6)
nsubj (footsteps -9, dog -7)
det (footsteps -9, the -8)
xcomp (expect -4, footsteps -9)
prep (footsteps -9, of -10)
det (criminal -12, the -11)
pobj (of -10, criminal -12)
```

从上面 Stanford Parser 的错误剖析可以看出，the young dog 被解释为（NP（DT the)（JJ young)（NN dog)），也就是说形容词 young 这里是修饰名词 dog 的，而实际上 the young 形成的是表示一类具有某种特征或特性的人，通常表示复数意义，代表“年轻人”。我们在英语国家语料库 BNC 输入 the young①，随机抽样检测它代表复数名词的不对称信息困惑商。

表 5 -9　　**结构“the young”的非对称性信息困惑商计算**

分类	观察频数 O	预期频数 E	偏差 O - E	（O - E）/E	1 - （O - E）/E
后续名词	44	25	+19	0.76	0.24
独立名词	6	25	-19	-0.76	1.76
总计	50	50			

如表 5 -9 所示，当结构 the young 不再后续成分而作为独立特性名词出现

① 50 个抽样源自 http：//bnc. bl. uk/saraWeb. php? qy = the + young&mysubmit = Go。

时，非对称信息困惑商 $V_{cq}=1.76>1.28$，所以，这种低概率解码模式颠覆了常规模式时，便会诱发强烈的花园幽径效应。基于概率的斯坦福解析器在解读此类结构时表现出了较低的解码效率。这类花园幽径句还有①：

例 5－44 #The old man the boat.

（三）名词与动词不对称

名词与动词不对称是指词汇具有名词和动词两个义项，当它们使用频率出现显著的不对称时，自足信息丰富的高频义项首先被认知系统默认为优选结构。特定情况下，具有较高信息困惑商的低频义项取代优选结构成为正确解码模式，便会产生行进错位的认知过载现象。

例 5－45 #Until American arrest the Colombian drug dealers control the region.

在上例中，arrest 既可以是及物动词，也可以是名词，形成的结构相对应也有两种，具体如下：

结构一：Until American arrest

Until/IN　　American/JJ　　arrest/NN

```
(ROOT
  (PP (IN Until)
    (NP (JJ American) (NN arrest))))
```

结构二：Until American arrest the Colombian drug dealers

Until/IN　　American/NNP　　arrest/VB　　the/DT　　Colombian/JJ　　drug/NN　　dealers/NNS

```
(ROOT
  (S
    (SBAR (IN Until)
      (S
        (NP (NNP American))
        (VP (VB arrest)
          (NP (DT the) (JJ Colombian) (NN drug) (NNS dealers)))))
```

如上所示，在结构一中 arrest 作为名词出现，但在结构二中则作为及

① 该句源自 http://en.wikipedia.org/wiki/Garden_path_sentence。

物动词出现。两个结构的非对称性信息困惑商如表 5 – 10 所示[①]：

表 5 – 10　　单词 arrest 名动选择的非对称性信息困惑商计算

分类	观察频数 O	预期频数 E	偏差 O – E	(O – E) /E	1 – (O – E) /E
arrest 动词	49	25	+24	0.96	0.04
arrest 名词	1	25	–24	–0.96	1.96
总计	50	50			

在表 5 – 10 中，结构“arrest”中 arrest 作为动词出现的情况要远远超出作为名词出现的情况，后者不对称信息困惑商 $V_{cq} = 1.96 > 1.28$。也就是说，当 arrest 后续名词结构时，被试认为它应该是名词义项的可能性微乎其微，但随着解歧点 control 的出现，给整个认知系统带来了无法跨越的信息断层，遂折返回溯重新进行匹配。最不可能的选项跃升为最可能的选择。采纳这种边缘解码模式需要对其进行大量认知信息补偿性注入。

这个过程有些类似信息熵的情况。有序系统信息熵低；混乱系统信息熵高。信息熵衡量的是系统有序化程度。越不可能发生的事情蕴含的信息熵值就越大，不确定性也越大。如果发生了就需要对这些不确定性进行高强度解释。

弗雷泽等（Frazier and Rayner，1987）也讨论了这类花园幽径句。我们可以计算他们所举两个例子的不对称困惑商。

例 5 – 46 # The warehouse fires numerous employees each year.（Frazier and Rayner，1987）

表 5 – 11　　单词 fire 名动选择的非对称性信息困惑商计算

义项	观察频数 O	预期频数 E	偏差 O – E	(O – E) /E	1 – (O – E) /E
火	45	50/3	45 – 16.67	1.69	–0.69
点火	3	50/3	3 – 16.67	–0.82	1.82
解雇	2	50/3	2 – 16.67	–0.88	1.88
总计	50	50			

---

① 50 个随机抽样源自于 http：//bnc. bl. uk/saraWeb. php？qy = arrest + the&mysubmit = Go.

如表 5 - 11 所示，三个义项中，名词义项所需要的困惑商为负，即 $V_{cq} = -0.69 < 1.28$，表示该义项的使用频率相当高，其所形成的结构是优选结构，在解码时系统会自动选择该义项为缺省结构。动词的两个义项观察频数都较低，困惑商都大于临界值，其中义项“解雇” $V_{cq} = 1.88 > 1.28$，存在产生花园幽径效应的可能。

例 5 - 47 # The county buses most of the grade school children to another county.（Frazier and Rayner，1987）

表 5 - 12　**单词 bus 名动选择的非对称性信息困惑商计算**

分类	观察频数 O	预期频数 E	偏差 O - E	（O - E）/E	1 - （O - E）/E
名词	50	25	+25	1	0
动词	0	25	-25	-1	2
总计	50	50			

如表 5 - 12 所示，我们在 BNC 中无法找到单词 bus 的动词义项，这说明该词或者是弗雷泽等（Frazier and Rayner，1987）为解释花园幽径效应自己创造的用法，或者是该义项使用频率极端低，导致语料库中无法在有限次数的提交中检索到。其结果是动词义项 $V_{cq} = 2 > 1.28$，极可能诱发花园幽径效应。

在英语维基百科中也分析了名动词义项变化导致的认知过载现象。具体 V_{cq} 计算如下：

例 5 - 48 # The complex houses married and single soldiers and their families.①

表 5 - 13　**单词 house 名动选择的非对称性信息困惑商计算**

分类	观察频数 O	预期频数 E	偏差 O - E	（O - E）/E	1 - （O - E）/E
名词	48	25	+23	0.92	0.08
动词	2	25	-23	-0.92	1.92
总计	50	50			

如表 5 - 13 所示，在 BNC 的 50 个随机抽样中，单词 house 在名动选

① 源自 http：//en.wikipedia.org/wiki/Garden_ path_ sentence。

择中优选结构是名词选项，其动词选项是低概率事件，$V_{cq} = 1.92 > 1.28$，存在产生花园幽径效应的可能。类似的花园幽径句还包括以下几个：

例 5－49 # The building blocks the sun faded are red.（Milne，1982）

例 5－50 # The building blocks the sun shining on the house faded are red.（Milne，1982）

例 5－51 # The editor authors the newspaper hired liked laughed.（Bever，1970）

例 5－52 # The bird flies bite most is a duck.（Gibson，1991）

例 5－53 # The cotton felt is made of is inexpensive.（Gibson，1991）

（四）助词与主动词不对称

助词（Auxiliary）与主动词（Main Verb）不对称是指词汇有时具有同形异义歧义，既可以充当助词也可以充当主动词，它们频率分布不均衡也容易导致困惑。

例 5－54 Have the lawyers given their evidence to the jury?

该句是比较典型的助词 have 提前的问句，理解起来没有难度。

```
(ROOT
  (SQ (VBP Have)
    (NP (DT the) (NNS lawyers))
    (VP (VBN given)
      (NP (PRP$ their) (NN evidence))
      (PP (TO to)
        (NP (DT the) (NN jury))))
    (. ?)))
```

但是，如果将这个助词变成主动词，将产生折返性回溯的认知过载现象，并诱发较强的信息断层感。

例 5－55 #Have the lawyers given their evidence by the jury.

表 5－14　**单词 have 助词与主动词选择的非对称性信息困惑商计算**

分类	观察频数 O	预期频数 E	偏差 O－E	（O－E）/E	1－（O－E）/E
句首助词	37	25	+12	0.48	0.52
句首主动词	13	25	－12	－0.48	1.48
总计	50	50			

如表 5 - 14 所示，单词 have 句首充当主动词的使用频率在 BNC 抽样中较低，$V_{cq} = 1.48 > 1.28$，存在花园幽径效应可能。本句中，have 作为实意动词出现，意即“让、使”，全句翻译为“让陪审团给律师们证据”，the lawyers 这里是受事，the jury 是施事。在概率解析器中，低频用法很难得到正确解读。请见 Stanford Parser 的错误剖析：

```
* (ROOT
  (SQ (VBP Have)
    (NP (DT the) (NNS lawyers))
    (VP (VBN given)
      (NP (PRP$ their) (NN evidence))
      (PP (IN by)
        (NP (DT the) (NN jury))))
  (. .)))
```

比较两个剖析结果，我们不难发现两个句子都被认定为（SQ（VBP Have），而且，解歧点介词 by 的出现并没有在剖析结果中得到体现，导致这两个句子出现了完全一致的雷同结构。这暴露了基于统计的剖析器的弱项，即只认定 have 在句首时通常是高频助词这一特点。此类花园幽径句还包括下面几个，请结合对照句进行理解：

例 5 - 56 # Have the boys removed from the room.（Gibson, 1991）

例 5 - 57 # Have the soldiers given their medals by their sweethearts.（Marcus, 1980）

例 5 - 58 Have the boys removed the equipment from the room?（Gibson, 1991）

例 5 - 59 Have the soldiers given their medals to their sweethearts?（Marcus, 1980）

（五）及物动词与非及物动词的不对称

及物动词与非及物动词的不对称是指词汇具有及物和不及物两种属性，在后续名词的情况下，认知系统通常默认及物动词属性是高概率的缺省结构，这样，次选的非及物属性一旦颠覆及物属性成为终极选择，那么，就会诱发花园幽径效应。

例 5 - 60 #While the tourists ate the fish swam.

表 5 - 15　**单词 ate 后续名词时及物与非及物属性非对称性信息困惑商计算**

分类	观察频数 O	预期频数 E	偏差 O - E	(O - E) /E	1 - (O - E) /E
及物属性	50	25	+25	1	0
非及物属性	0	25	-25	-1	2
总计	50	50			

如表 5 - 15 所示，单词 ate 后续名词时在 BNC 中非及物属性频数为零，非对称信息的困惑商 Vcq = 2 > 1.28，这说明 V + NP 结构中及物动词的概率水平近乎是 100%，极可能诱发花园幽径效应。我们的分析可以在基于概率的 Stanford Parser 剖析结果中进行求证。

```
* (ROOT
   (SBAR (IN While)
     (S
       (NP (DT the) (NNS tourists))
       (VP (VBD ate)
         (NP (DT the) (NN fish) (NN swam))))))
```

如上所示，解析器根据概率，默认 the fish 是 ate 的宾语，但是后续的 swam 无法处理，便将 the fish swam 视为一个 NP，还是充当 ate 的宾语，整个结构形成的是标记为 SBAR (Clause introduced by subordinating conjunction or 0, top level labelling apart from S, usually for complete structure) 从句结构而不是独立的 S 结构。这种基于概率的分析结果是错误的。正确剖析如下：

```
(ROOT
  (S
    (SBAR (IN While)
      (S
        (NP (DT the) (NNS tourists))
        (VP (VBD ate))))
    (NP (DT the) (NN fish))
    (VP (VBP swam))))
```

从剖析结构分析可以看出，在动词后名词短语 (the post verbal noun phrase) 的分配选择上，它们既可以充当前行从句的宾语，也可以充当后续主句的主语。如果是前者，从句动词的及物属性得到应用，后者则是非及物属性得到凸显。有后续名词存在的情况下，及物属性是优选结构，其与名词匹配后实现暂时的瓦尔拉斯均衡。新动词的出现打破原有信息平衡，认知系统被迫启动回溯机制，利用次选非极致的备选结构取代已经证明是错误的优选结构，“劣币驱逐良币”的逆向选择产生了花园幽径效应。

此类花园幽径句还有：

例 5－61 # Since she jogs a mile seems light work.（Frazier and Rayner，1982）

例 5－62 # Since Jane married John dated others.（Gibson，1991）

（六）补语词 that 与限定词 that 在前动词中的不对称

补语词 that 与限定词 that 在前动词中（Pre-Verbal Positions）的不对称是指单词 that 具有引导主语从句和充当限定词的双重功能，它们使用频率的不均衡导致认知困惑。

例 5－63 #That Indian gang-rape suspect committed suicide in jail surprised the press.

表 5－16　**单词 that 代词连词与限定词选择的非对称性信息困惑商计算**

分类	观察频数 O	预期频数 E	偏差 O－E	（O－E）/E	1－（O－E）/E
代词	40	50/3	40－16.7＝23.3	1.40	－0.40
连词	2	50/3	2－16.7＝－14.7	－0.88	1.88
限定词	8	50/3	8－16.7＝－8.7	－0.52	1.52
总计	50	50			

单词 that 具有三个属性：代词、连词和限定词，如下面三个例子：

例 5－64 That’s not true.

例 5－65 That spring is coming is true.

例 5－66 That boy cried.

上面例子中 that 分别充当 pronoun，conjunction，determiner。

如表 5－16 所示，当 that 在前动词的位置中①，作为连词引导主语从

① 在 BNC 中我们采用“. That”方式检索，http：//bnc.bl.uk/saraWeb.php？qy＝.That&mysubmit＝Go。

句的概率是很低的，限定词次之，代词频数最高。如果在相同的 that 前置结构中，最优缺省结构是代词属性，但它后续一般是主动词而不会是名词，而在本例讨论中由于句首单词 that 后面并不是紧跟动词，代词属性成立的条件不具备，所以本例中只存在限定词和连词的选择不平衡问题。我们先计算这两个选择的小样本卡方值来检验它们是否具有显著性差异。

表 5－17　**单词 that 连词与限定词选择的卡方检验值**

分类	观察频数 O	预期频数 E	偏差 D	D^2	D^2/E
连词	2	5	－3	9	1.8
限定词	8	5	＋3	9	1.8
总计	10	10			3.6

表 5－17 中 $X^2_{(1)}=3.6>$ 临界值 2.71，即 $p<.10$。这说明在自由度为 1，显著水平 .10 情况下，连词与限定词的选择是有显著性差异的。既然存在优选结构和次选结构的差异，那么就存在次选结构颠覆优选结构的可能，也就存在诱发折返性回溯的花园幽径效应可能。据此我们可以进一步计算非对称信息困惑商。

表 5－18　**单词 that 连词与限定词选择的非对称性信息困惑商计算**

分类	观察频数 O	预期频数 E	偏差 O－E	（O－E）/E	1－（O－E）/E
连词	2	5	－3	－0.6	1.6
限定词	8	5	＋3	＋0.6	0.4
总计	10	10			

如表 5－18 所示，单词 that 句首充当连词的使用频率在 BNC 抽样中较低，Vcq＝1.6＞1.28，存在花园幽径效应可能。

从理论上分析，［［That Indian gang-rape suspect］NP［committed suicide in jail］VP］S 首先形成了一个完整的闭合系统，单词 that 被系统认定是修饰 suspect 的限定词。后续成分 surprised the press 的输入，特别是解歧点 surprised 的出现让认知系统出现了强烈的信息断层感，原来暂时形成的瓦尔拉斯均衡被破坏，认知过载现象出现，折返性回溯产生。认知系统对非对称性信息进行补偿弥合，并重新解码直至达到帕累托最优状态。

类似的花园幽径句还有：

例 5－67 #That terrorist shot dead the tourism minister in western Mexico disturbed the social peace.

例 5－68 # That coffee tastes terrible surprised John. (Gibson, 1991)

例 5－69 # That gold is expensive is obvious. (Gibson, 1991)

例 5－70 # That furniture from IKEA will last a long time is likely. (Gibson, 1991)

例 5－71 # That deer ate everything in my garden surprised me. (Milne, 1982)

例 5－72 # That silly old-fashioned jokes are told too often is well-known. (Fodor and Frazier, 1980)

例 5－73 # That badly-written poorly-acted movies still cost \$6.00 to see annoys me. (Fodor and Frazier, 1980)

例 5－74 # That tall people make better basketball players is clear. (Fodor and Frazier, 1980)

三　附属信息不对称

附属信息不对称主要包括信息搭配不对称和修辞信息不对称，这些附属信息是对结构信息不对称和词汇信息不对称的补充。

（一）信息搭配不对称

例 5－75 #The government plans to raise taxes were defeated.①

表 5－19　　**单词 plan 名动选择的非对称性信息困惑商计算**

分类	观察频数 O	预期频数 E	偏差 O－E	(O－E) /E	1－ (O－E) /E
名词	43	25	+18	0.72	0.28
动词	7	25	－18	－0.72	1.72
总计	50	50			

如表 5－19 所示，在 BNC 随机抽样中，单词 plan 的动词义项 V_{cq} =

① 源自 http://en.wikipedia.org/wiki/Garden_ path_ sentence。

1.72 >1.28，这表明动词在没有 to 后续的情况下，倾向于缺省认为名词义项为优选结构，动词义项的选择是次选结构。

但是，如果我们把后续的 to 构成的搭配结构作为检索项，情况发生了变化，我们会获得与前面不同的结构倾向。

表 5 - 20 **结构 plan to 名动选择的非对称性信息困惑商计算**

分类	观察频数 O	预期频数 E	偏差 O - E	(O - E) /E	1 - (O - E) /E
补语	27	25	+2	0.08	0.98
不定式	23	25	-2	-0.08	1.08
总计	50	50			

如表 5 - 20 所示，单词 plan 动词义项出现的不定式结构 V_{eq} =1.08 < 1.28，这说明结构 plan to 所形成的不定式信息搭配模式与补语信息搭配模式没有显著性差异。

以上分析说明，信息搭配改变了词汇本身的频率分布，给句子解码带来了一定的困难。

如果从词汇频率分布和补语结构来解读该句，那么 The government plans 就成为首选，后续的 to raise taxes 将作为补语出现，整个句子没有花园幽径效应产生。

如果从不定式固定搭配 plan to (do sth) 来解读的话，[[The government] NP [[plans] V [to raise taxes] CP] VP] S 形成闭合结构，后续的 were defeated 迫使闭合结构打开重新组配，这便导致回溯的产生，形成行进式错位的认知过载现象。

该句分析可以看出，花园幽径句不是自足的，受到外在搭配信息的干扰和影响。信息搭配不平衡将导致解码结构的不平衡。

(二) 修辞信息不对称

在英语维基百科中，有一例修辞信息不对称导致的花园幽径效应。

例 5 - 76 #Time flies like an arrow; fruit flies like a banana. ①

该句中涉及单词 fly 的名动义项，我们先计算这词的 V_{eq} 值。

---

① 源自 http://en.wikipedia.org/wiki/Garden_ path_ sentence。

表 5－21　　单词 fly 名动选择的非对称性信息困惑商计算

分类	观察频数 O	预期频数 E	偏差 O－E	（O－E）/E	1－（O－E）/E
名词	28	25	+3	0.12	0.88
动词	22	25	－3	－0.12	1.12
总计	50	50			

如表 5－21 所示，BNC 语料库中单词 fly 名动选择的比例是均衡的，在统计学上是没有显著性差异的，频数较小的动词义项 $V_{cq}=1.12<1.28$，这说明不具备诱发花园幽径效应的条件。该句理论上来说产生的应该是通达性歧义，即不管哪种选择都是可以实现正确解码的“多车道通行”模式。但是，该句的确产生了折返回溯的信息断层情况，也导致认知过载现象的发生。其根本原因不在词汇频率的显著性差异方面，而在于设计者制造了一个认知陷阱，先把解码者对单词的解释固定在动词义项上，然后借助修辞的对偶功能，将名词义项巧妙地融合在后续结构中，其间再穿插使用单词 like 的介词和动词义项歧义，产生了极其强烈的花园幽径效应。

四　多元交叉信息不对称

前面讨论的非对称信息困惑商的计算都是单一情况下的 V_{cq} 值的计算，即 n＝1 的情况。在语言的实际使用中还存在多元的交叉信息的不对称。这时，整个句子的 V_{cq} 值就等于各种情况下 V_{cq} 均值。

例 5－77 #The old make the young man the boat.

上例中，涉及多个成分的信息不对称：the old make 离合结构不对称、make 名动词不对称、the young man 离合结构不对称以及 man 名动词不对称。我们利用 BNC 随机抽样分别计算各自不对称结构的 V_{cq} 值。

表 5－22　　the old make 离合结构的非对称性信息困惑商计算

分类	观察频数 O	预期频数 E	偏差 O－E	（O－E）/E	1－（O－E）/E
限定词	48	25	+23	0.92	0.08
集合名词	2	25	－23	－0.92	1.92
总计	50	50			

如表 5－22 所示，BNC 语料库中 the old make 离合结构中 old 的选项

是有显著差异的，集合名词属性 $V_{cq}=1.92>1.28$，这表明［the old］NP + make 结构要比［the old make］NP 结构概率低，如果在符合规则的情况下颠覆高概率结构将诱发花园幽径效应。

表 5－23 **make 名动词的非对称性信息困惑商计算**

分类	观察频数 O	预期频数 E	偏差 O－E	（O－E）/E	1－（O－E）/E
make 动词	50	25	+25	1	0
make 名词	0	25	－25	－1	2
总计	50	50			

如表 5－23 所示，make 名动词选项是有显著性差异的，作为“品牌”名词属性的 make 在 1 亿词量语料库中的 50 个随机检索中频数为 0，$V_{cq}=2>1.28$，这表明 make 动词属性具有选择的绝对优势，具有强缺省性。

表 5－24 **the young man 离合结构的非对称性信息困惑商计算**

分类	观察频数 O	预期频数 E	偏差 O－E	（O－E）/E	1－（O－E）/E
限定词	44	25	+19	0.76	0.24
集合名词	6	25	－19	－0.76	1.76
总计	50	50			

如表 5－24 所示，the young man 离合结构中，作为集合名词的［the young］NP + man 拆分结构是低频选项，其 $V_{cq}=1.76>1.28$。这表明［the young man］NP 非拆分结构具有优选性，对它的颠覆将产生信息断层的行进式错位。

表 5－25 **man 名动词的非对称性信息困惑商计算**

分类	观察频数 O	预期频数 E	偏差 O－E	（O－E）/E	1－（O－E）/E
man 名词	50	25	+25	1	0
man 动词	0	25	－25	－1	2
总计	50	50			

如表 5－25 所示，man 名动词选项中次选结构的动词属性 $V_{cq}=2>$

1.28，在符合规则的情况下，具有诱发强烈花园幽径效应的可能。

请看该句解码所需的 CFG 语法：

G = {Vn，Vt，S，P}

Vn = {S，NP，VP，Det，Adj，V，N}

Vt = {the，old，make，young，man，boat}

S = S

P：

S →NP VP (a)

NP →Det Adj (b)

NP →Det N (c)

NP →Det Adj N (d)

VP →V NP NP (e)

VP →V NP VP (f)

VP →V NP (g)

Det →{the} (h)

Adj →{old，young} (i)

N →{make，man，boat} (j)

V →{make，man} (k)

根据上面的语法，我们可以借助 NS 流程图解读该句，具体算法如下：

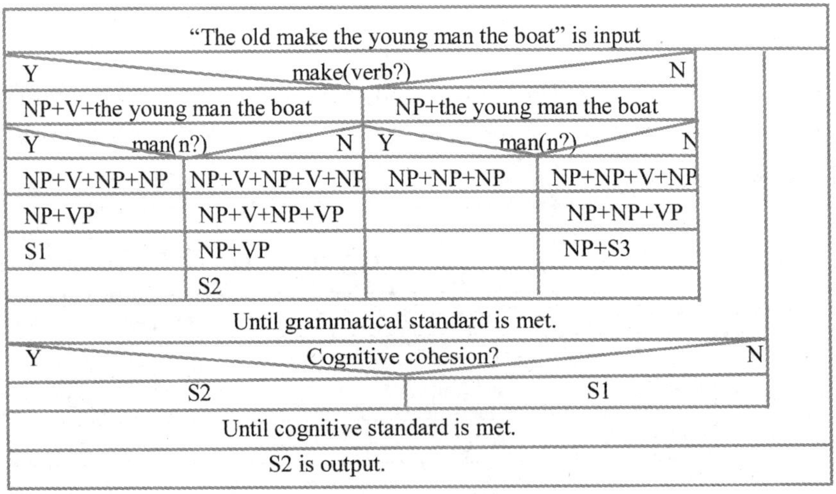

"The old make the young man the boat" is input

Y make(verb?) N

NP+V+the young man the boat | NP+the young man the boat

Y man(n?) N | Y man(n?) N

NP+V+NP+NP | NP+V+NP+V+NP | NP+NP+NP | NP+NP+V+NP

NP+VP | NP+V+NP+VP | | NP+NP+VP

S1 | NP+VP | | NP+S3

| S2 | |

Until grammatical standard is met.

Y Cognitive cohesion? N

S2 | S1

Until cognitive standard is met.

S2 is output.

图 5－5 多元不对称信息交叉解码算法流程

从图 5 -5 的算法流程可以看出，该句解码共出现了两次根本性选择，第一次出现在第二行的 make，第二次出现在第四行的 man。两个离合结构隐藏在算法第三行［NP V］/［NP］结构和第五行［NP NP］/［V NP］结构当中，形成了［NP + VP］S1，［NP + VP］S2，NP + NP + NP，NP + S3 四种不同的解码。我们可以计算它们的 V_{cq}均值。

［NP + VP］S1 结构中，make 为动词，the old 为拆分结构，man 为名词，the young 为非拆分结构，$\bar{V}_{cq}$ =（0 + 1. 92 + 0 + 0. 24）/4 = 0. 54。

［NP + VP］S2 结构中，make 为动词，the old 为拆分结构，man 为动词，the young 为拆分结构，$\bar{V}_{cq}$ =（0 + 1. 92 + 2 + 1. 76）/4 = 1. 42。

NP + NP + NP 结构中，make 为名词，the old 为非拆分结构，man 为名词，the young 为非拆分结构，$\bar{V}_{cq}$ =（2 + 0. 08 + 0 + 0. 24）/4 = 0. 58。

NP + S3 结构中，make 为名词，the old 为非拆分结构，man 为动词，the young 为拆分结构，$\bar{V}_{cq}$ =（2 + 0. 08 + 2 + 1. 76）/4 = 1. 46。

如上所示，man 为动词和 the young 为拆分结构的两个选项（NP + S3 结构和［NP + VP］S2 结构）困惑商最高，这说明 man 如果作为动词出现需要认知系统弥补超过常量的信息才能达到瓦尔拉斯均衡。NP + S3 结构不符合语法规则剔除，剩下均值为 1. 42 的［NP + VP］S2 结构。

在剩余的 man 为名词和 the young 为非拆分结构的两个选项中（NP + NP + NP 结构和［NP + VP］S1 结构），困惑商较为接近，这说明这两个选项具有较高的使用概率，所以，需要的不对称信息困惑商就偏小。NP + NP + NP 结构所形成的语言片段虽然在应用中有传递信息的可能，但该结构不符合语法规则，剔除。这样，剩下均值为 0. 54 的［NP + VP］S1 结构。

比较［NP + VP］S2 结构和［NP + VP］S1 结构可以看出，S1 结构解码是非自足的，通常需要附带附属信息才成立，这就降低了它的认知困惑程度。例如，只有附带表演和神话的语境信息“老人们让那个年轻人当作船”的翻译才能成立。

S2 结构 1. 42 的 V_{cq}均值远高于 S1 结构 0. 54 的 V_{cq}均值，这说明如果 S2 结构选项作为终极结构出现，认知系统需要大量的信息弥补断层产生的认知过载现象，就会诱发花园幽径效应。该句中文翻译为“老人们让年轻人划船”。

第三节　汉语花园幽径模式的类型与消解

与主要依靠词形变化为主构建语法的屈折语不同，孤立语一般不通过词形变化来表达语法，它主要凭借独立的虚词和固定的词序，一般缺乏格变化。汉语是孤立语，主要通过意合而不是形合阐释语法功能。汉语花园幽径句的解码也不同于主要依靠结构剖析进行的英语花园幽径句分析。两种语言的花园幽径现象同中有异："同"体现在解码中都出现了信息断层，折返回溯的行进式错位导致认知过载现象；"异"在于英语借助词形进行结构剖析是成功解码的关键，充分反映了屈折语形合的特点，而汉语具有相同结构的句子却需要靠意合才能得到成功解读，凸显了孤立语缺少词形变化的特点。所以，汉语花园幽径句解码是语义为主，辅以结构。请见汉语花园幽径模式的分类①。

一　"Vt + 的是……"施事受事不对称

这个结构的动词部分往往是及物的，而后面的名词则需是可作施事的有灵生物。这样形成的结构就容易诱发花园幽径效应。

例 5 - 78 #逮捕的是警察，审判的是法官，服刑的是罪犯。

在这个句子的解码中，蕴含着语义上的认知折返。通常警察是行使逮捕权的施事者，法官是行使审判权的施事者，只有在低概率的情况下才会出现警察丧失逮捕权而成为被逮捕的对象，法官丧失审判权而成为被审判的对象。依靠语序来表达语法功能的汉语常常把及物动词后面的名词默认为是宾语受事，这就导致前两句解码中，解码者本能认为"逮捕""审判"后面的搭配是受事而不是施事。解歧点是第三个分句的出现。

"服刑的是罪犯"与前两个从句具有相同结构（动词为非及物），但是，罪犯不具有"警察""法官"的权利，他只能充当"服刑"的施事。所以，第三个分句颠覆了前两个分句的认知模式，并导致解码者在顿悟后折返性回溯将前两个从句动词后面的宾语受事全部转变成施事，

---

① 主要采用了冯志伟（1995）《论歧义结构的潜在性》中的框架模式，在此表示感谢。

花园幽径效应出现。请看我们随机统计后计算该句的非对称信息困惑商。①

表 5 - 26　　　“逮捕”多重属性的非对称性信息困惑商计算

分类	观察频数 O	预期频数 E	偏差 O - E	(O - E) /E	1 - (O - E) /E
及物 + 受事	44	17.33	+26.67	1.54	-0.54
及物 + 施事	0	17.33	-17.33	-1	2
被（遭、受）	22	17.33	+4.67	0.27	0.73
名词	18	17.33	+0.67	0.04	0.96
不及物	14	17.33	-3.33	-0.19	1.19
将（把）	6	17.33	-11.33	-0.65	1.65
总计	104	104			

“逮捕”在“及物 + 施事”结构中非对称信息的困惑商 $V_{cq} = 2$，是几个属性中困惑商最大的，具有诱发花园幽径效应可能。

表 5 - 27　　　“审判”多重属性的非对称性信息困惑商计算

分类	观察频数 O	预期频数 E	偏差 O - E	(O - E) /E	1 - (O - E) /E
及物 + 受事	11	33.33	-22.33	-0.67	1.67
及物 + 施事	0	33.33	-33.33	-1.00	2.00
被（遭、受）	2	33.33	-31.33	-0.94	1.94
名词	146	33.33	112.67	3.38	-2.38
不及物	39	33.33	5.67	0.17	0.83
将（把）	2	33.33	-31.33	-0.94	1.94
总计	200	200			

如表 5 - 27 所示，“审判”在“及物 + 施事”结构中非对称信息的困惑商 $V_{cq} = 2$，也是几个属性中困惑商最大的，具有诱发花园幽径效应可能。

① 中文语料库采用国家语委 2000 万词语料库，http://www.cncorpus.org/ccindex.aspx，表示感谢。

根据非对称性信息困惑商公式，我们可以得到两语义违例从句的补偿均值为2。如果我们按照认知优选结构选择受事宾语，尽管句法结构一致，但产生不同的效果。

例5-79 逮捕的是逃犯，审判的是暴徒，服刑的是罪犯。

如上所示，“逃犯”“暴徒”都只能在从句中充当受事，所以该句没有花园幽径效应产生。非对称性信息补偿均值 $V_{cq}=(-0.54+1.67)/2=0.57<2$，这说明该句信息不对称的可能性远远小于上句，出现花园幽径效应的可能性也比上句小得多。

类似的花园幽径句和对照句还有：

例5-80 反对的是少数人，赞成的是多数人，很多人认真调查了就该获得表扬，而少数人乱下结论就该受到批评。

例5-81 #反对的是少数人，赞成的是多数人，根据“少数服从多数”的原则这个决议得到批准。

例5-82 来看的是女儿，来送的是女婿，她做手术爸爸也该来看看。

例5-83 #来看的是女儿，来送的是女婿，他们也是刚听说爸爸住院就从外地赶来的。

二　“N1+N2”离合结构不对称

“N1+N2”离合结构不对称是指该结构具有组合倾向性，既可以分成独立概念单元也可以整合成统一的概念。这种离合结构的切分需要根据前行动词对后续名词的搭配，以及后续成分对名词的需要来决定是否切分。

例5-84 #董事长出差上海公司的会计托他给复旦读书的儿子捎台电脑。[①]

表5-28　“出差”动词属性非对称性信息困惑商计算

分类	观察频数O	预期频数E	偏差O-E	(O-E)/E	1-(O-E)/E
后续地名	14	26	-12	-0.46	1.46
不及物	38	26	+12	0.46	0.54
总计	52	52			

① 中文语料库采用国家语委2000万词语料库，http://www.cncorpus.org/ccindex.aspx，表示感谢。

如表 5－28 所示，“出差”动词属性中，不及物动词具有优选性，而后续方位名词的结构则为次选结构，后者非对称信息的困惑商 $V_{cq}=1.46>1.28$。如果次选结构颠覆优选结构成为终极结构，便会诱发花园幽径效应。该句解码中，解歧点“复旦”出现前，解码者会形成优选的 [[董事长] NP [出差] VP] IP＋[[[上海] NP [公司] NP] NP [的] DE [会计] N] NP 结构，其中 [[上海] NP [公司] NP] NP 形成的是一个整合的概念。随着“复旦”出现，认知困惑渐现：位于上海的公司会计不太可能让出差到外地的人帮他捎带东西，唯一的解释就是董事长是到上海出差这才有捎带东西到上海的可能。也就说，原来形成的优选结构不得不调整为次选结构，即 [[董事长] NP [[出差] V [上海] PP] VP] IP＋[[公司] NP [的] DE [会计] NP] NP，其中“上海公司”被拆分成两部分，“上海”作为“出差”的方位，“公司”作为“会计”的限定词。上句中，动词“出差”如果后续的不是方位名词，则不会出现行进式错位。请见下例：

例 5－85 董事长出差基金公司的会计托他给复旦读书的儿子捎台电脑。

这个例子中，“出差”的不及物属性非对称信息的困惑商 $Vcq=0.54<1.28$，不存在诱发花园幽径效应的可能。

类似的花园幽径句和对照句还有：

例 5－86 #新任主席正筹备委员会组建需要一个过程。

例 5－87 只有广泛听取意见后进行筹备委员会组建才能真正体现民意。

例 5－88 #司令部迷惑间谍卫星拍到的都是武器模型。

例 5－89 司令部为表象所迷惑间谍卫星拍到的都是武器模型。

例 5－90#塞浦路斯政府建议征收 58 亿欧元存款税是众矢之的。

“N1＋N2”离合结构不对称还可以扩展为“ADJ＋N1＋N2”离合结构，即在第一个名词前面添加形容词。这种结构可以理解为 [(ADJ＋N1)＋N2] 和 [ADJ＋(N1＋N2)] 两种结构。例如，“疯狂的房地产泡沫”在 2013 年被国内外媒体普遍关注，3 月 17 日在搜索引擎 Google 的检索量高达 1160000 条。形容词“疯狂的”修饰“房地产泡沫”是优选结构而“[疯狂的房地产] NP＋[泡沫] NP”是次选结构，如果后者颠覆前者就会产生行进式错位的认知过载现象。

例 5－91 #中国政府严厉调控疯狂的房地产泡沫越来越大随时有破灭危险。

例 5－92 中国政府严厉调控下的疯狂的房地产泡沫越来越大随时有破灭危险。

三　“V＋N1＋的＋N2”述宾与定中结构不对称

“V＋N1＋的＋N2”述宾与定中结构不对称是指该结构具有［V＋［N1＋的＋N2］NP］VP 和［［V＋N1］VP＋的＋N2］NP 两个选择。［V＋［N1＋的＋N2］NP］VP 形成的是述宾结构，其中［N1＋的＋N2］NP 为宾语结构。［［V＋N1］VP＋的＋N2］NP 形成的是定中结构，［V＋N1］VP 为定语结构。例如“追赶猎人的狗”既可以是［［追赶］V＋［［猎人］N 的［狗］N］NP］VP 述宾结构，也可以是［［［［追赶］V［猎人］N］VP 的］CP＋［狗］N］NP 定中结构。两个结构的树形图如下（见图 5－6）：

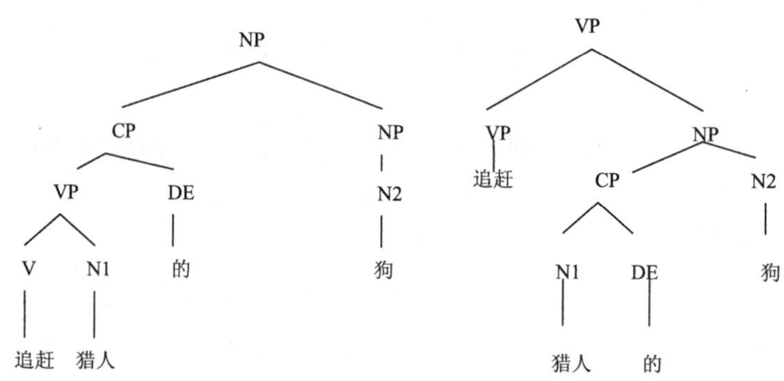

图 5－6　“V＋N1＋的＋N2”定中与述宾结构树形图

如图 5－6 所示，两个结构产生了结构歧义。但是，这种述宾与定中结构不对称的产生需要符合四个条件：（1）N1 在语义上可以作 VP 的受事；（2）N2 在语义上可以作 VP 的受事；（3）N1 为 VP 的受事时，N2 又可作为 VP 的施事；（4）N1 在语义上是 N2 的领属者，N2 在语义上是 N1 的被领属者，只有同时满足①②③④四个条件，结构不对称才会产生。（冯志伟，1995）

我们进入《有声媒体语言文本语料库检索系统》（http：//ling. cuc. edu. cn/RawPub/），查看动词“追赶”的搭配频率。

表 5 - 29　　**“追赶 + N1 + 的 + N2”困惑商计算**

分类	观察频数 O	预期频数 E	偏差 O - E	（O - E）/E	1 - （O - E）/E
名词	9	15	- 6	- 0. 4	1. 4
述宾结构	26	15	+ 11	0. 73	0. 27
定中结构	0	15	- 15	- 1	2
不及物动词	25	15	+ 10	0. 67	0. 33
总计	60	60			

如表 5 - 29 所示，“追赶 + N1 + 的 + N2”述宾结构困惑商最低，是系统剖析的高频结构，而定中结构困惑商最高，是低频结构。高困惑商结构颠覆低困惑商结构便产生花园幽径效应。

在 Stanford Parser 中，我们把“追赶猎人的狗”结构输入进行剖析。根据解析器基于概率的大规模检索依据，能够顺利得到剖析的结构就是在使用中居于优选的结构，而无法得到剖析的结构，则是次选结构。具体剖析如下：

```
(ROOT
  (IP
    (VP (VV 追赶)
      (NP
        (DNP
          (NP (NN 猎人))
          (DEG 的))
          (NP (NN 狗)))))))
```

由上可知，剖析系统默认“追赶猎人的狗”在没有其他成分的情况下，述宾结构是日常使用中的高频结构。那么，结构在后续成分加入的情况下又会怎样？请见下例：

例 5 - 93 追赶猎人的狗逃到山里去了。

```
* (ROOT
  (IP
```

```
(NP
  (CP
    (IP
      (VP (VV 追赶)
        (NP (NN 猎人))))
    (DEC 的))
  (NP (NN 狗) (NN 逃到)))
(VP
  (ADVP (AD 山里))
  (VP (VV 去) (AS 了)))))
```

上面的分析中，系统误把主动词“逃到”剖析为名词，这就导致了整个结构分析的错误。不过，系统在前部的补语分析中却正确完成了［［追赶猎人的］CP+［狗］NP］NP的剖析，形成的是定中结构。我们只要把动词“逃到”的附属名词位置调整到主动词位置，该句就能够成功解码。在对分结构“追赶猎人的狗”的剖析中，该句不产生花园幽径句。该句的正确剖析如下：

```
(ROOT
  (IP
    (NP
      (CP
        (IP
          (VP (VV 追赶)
            (NP (NN 猎人))))
        (DEC 的))
      (NP (NN 狗))
  (VP
      (VP (VV 逃到)
        (NP (NN 山里)))
      (VP (VV 去) (AS 了)))))
```

从上面分析可以看出，系统默认“追赶猎人的狗”在整个句子中是定中结构而不是述宾结构。如果这种优选定中结构被次选述宾结构颠覆将给解析器带来解码困难，请见下面的花园幽径句：

例 5 - 94#追赶猎人的狗是不可能的。

```
＊（ROOT
  （IP
    （NP
      （CP
        （IP
          （VP（VV 追赶）
            （NP（NN 猎人））））
        （DEC 的））
      （NP（NN 狗）））
    （VP（VC 是）
      （NP
        （CP
          （IP
            （VP
              （ADVP（AD 不））
              （VP（VV 可能））））
（DEC 的））））））
```

该句形成的是［［［追赶猎人的］CP［狗］NP］NP +［是不可能的］VP］IP 结构，其中［追赶猎人的］CP 结构充当定语，修饰中心词［狗］NP，形成的是定中结构。这种结构和“追赶猎人的狗逃到山里去了”形成的定中结构一致。也就是说解析器认为在这两句话中“追赶猎人的狗”都是定中结构，具有相同的语义关系。这种剖析与基于汉语规则的认知是不相符合的。在“追赶猎人的狗逃到山里去了”中，“追赶猎人的狗”应该是定中结构；但在“追赶猎人的狗是不可能的”中，应该是述宾结构。系统在剖析“追赶猎人的狗是不可能的”时产生了认知困惑，诱发了花园幽径效应。正确的述宾结构剖析如下：

```
（ROOT
  （IP
    （IP
      （VP（VV 追赶）
      （NP
```

```
        (DNP
          (NP (NN 猎人))
          (DEG 的))
        (NP (NN 狗))))))
    (VP (VC 是)
      (NP
        (CP
          (IP
            (VP
              (ADVP (AD 不))
              (VP (VV 可能))))
      (DEC 的))))))
```

前面两例分析了在“追赶猎人的狗”相同结构中后续成分变化导致的语义变化。如果我们在这个结构前面添加成分也会诱发花园幽径效应。请见下例：

例 5－95 #怪物追赶猎人的狗都不敢靠前。

```
* (ROOT
  (IP
    (NP
      (CP
        (IP
          (VP
            (ADVP (AD 怪物))
            (VP (VV 追赶)
              (NP (NN 猎人)))))
        (DEC 的))
      (NP (NN 狗)))
    (VP
      (ADVP (AD 都))
      (ADVP (AD 不))
      (VP (VV 敢)
        (LCP
```

```
          (IP
            (VP (VV 靠)))
          (LC 前))))))
```

上面结构中，剖析系统误把［［［怪物追赶猎人］IP 的］CP +［狗］NP］NP 作为定中结构，其中［怪物追赶猎人］IP 是从句充当定语。这种剖析违背了汉语的基本语法，歪曲了汉语的语义，形成了错误的分析模式。这句话在系统解码中也诱发了折返性回溯。正确的剖析中，该句应该分为两部分，“怪物追赶”作为原因状语从句，“猎人的狗都不敢靠前”作为结果出现。具体剖析如下：

```
(ROOT
   (IP
     (IP
       (NP (NN 怪物))
       (VP (VV 追赶)))
     (IP
       (NP
         (DNP
           (NP (NN 猎人))
           (DEG 的))
         (NP (NN 狗)))
       (VP
         (ADVP (AD 都))
         (ADVP (AD 不))
         (VP (VV 敢)
           (LCP
             (IP
               (VP (VV 靠)))
             (LC 前)))))))
```

作为汉语的母语者，对机器剖析产生的花园幽径效应感触并不是很明显，但如果我们把对照句和花园幽径句叠加在一起，这种认知过载现象便会得到凸显，折返性错位的回溯感也会加强。请见下例：

例 5－96#狩猎途中，追赶猎人的狗逃到山里去了；追赶猎人的狗是不可能的；怪物追赶猎人的狗都不敢靠前，跑就跑了，没什么遗憾的。

类似的花园幽径句和对照句如下：

例 5 －97 反驳对手的观点就是树立我们的观点。

例 5 －98#反驳对手的观点认为抓住他们的弱点至关重要。

四　"VP＋ADJ＋的＋N""的"字结构不对称

"VP＋ADJ＋的＋N"结构不对称是指该结构既可以形成［［［VP＋ADJ］VP＋的］CP＋N］NP 定中结构，其中［［VP＋ADJ］VP＋的］CP 构建的是补语，修饰中心语 N，最后总体形成重心在后的名词短语结构；此外，还可以形成［VP＋［［ADJ＋的］CP＋N］NP］VP 述宾结构，［ADJ＋的］CP 形成补语结构修饰名词 N，结构［［ADJ＋的］CP＋N］NP 成为动词 VP 的宾语。这种结构的不对称为花园幽径句的出现提供了条件。

"VP ＋ ADJ ＋的 ＋ N"需要同时满足三个条件才能成为不对称结构：（1）ADJ 在语义上可以作为 VP 的宾语；（2）N 在语义上可以作为 VP 的宾语；（3）ADJ 在语义上可以修饰 N。（冯志伟，1995）

例如，在"惩治腐败的官员"结构中形成的不对称结构有两个，分别是［［惩治］V＋［腐败的官员］NP］VP 述宾结构和［［［惩治腐败］VP 的］CP＋［官员］NP］NP 定中结构。具体树形图如图 5 －7 所示：

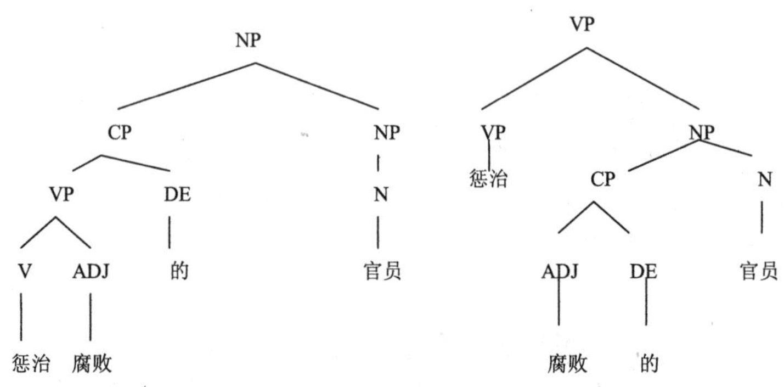

图 5 －7　"VP＋ADJ＋的＋N"述宾与定中结构树形图

如图 5 －7 所示，"VP＋ADJ＋的＋N"树形图与前面讨论的"V＋N1

+的+N2”树形图非常相似，唯一不同的是“N1”和“ADJ”的不同。也就是说，汉语中的词汇多元化，ADJ 充当了宾语和限定词的作用[①]，这与 N1 的功能相似，导致出现了相似的树形图。

表 5 - 30　　**“惩治 + ADJ + 的 + N”困惑商计算**

分类	观察频数 O	预期频数 E	偏差 O - E	(O - E) /E	1 - (O - E) /E
名词	22	15	7	0.47	0.53
述宾结构	25	15	10	0.4	0.6
定中结构	7	15	-8	-0.53	1.53
不及物动词	6	15	-9	-0.6	1.6
总计	60	60			

如表 5 - 30 所示[②]，不及物动词困惑商较高，其次是定中结构，名词困惑商最低，述宾结构次之。由于在“惩治腐败的官员”结构中只有定中和述宾结构的可能，所以剔除不符合题意的两个属性。述宾结构与定中结构的频数比为 25∶7，卡方检验两者的卡方值为 $X^2_{(1)} = 10.125$，$p < .05$，两者具有显著性差异，也就是说“惩治腐败的官员”述宾结构较定中结构具有绝对优选性。

(ROOT
　(IP
　　(VP (VV 惩治)
　　　(NP
　　　　(CP
　　　　　(IP
　　　　　　(VP (VA 腐败)))
　　　　　(DEC 的))
　　　(NP (NN 官员))))))

如上，系统根据概率默认述宾结构是优选，即首先采纳的是 [VP +

---

① 如果把此处的 ADJ 看成是与 N 兼类，也可以得到相同的解释。我们这里暂不讨论兼类问题。在解析器剖析“腐败”时默认是 NN 结构，即兼类，我们这里认定其为 ADJ。

② 该表统计数据来源于《有声媒体语言文本语料库检索系统》(http://ling.cuc.edu.cn/RawPub/)，表示感谢。

[[ADJ + 的] CP + N] NP] VP 结构。符合这种用法的句子不出现花园幽径效应。如下例：

例 5 – 99 纪委表示惩治腐败的官员。

```
(ROOT
  (IP
    (NP (NN 纪委))
    (VP (VV 表示)
      (IP
        (VP (VV 惩治)
          (NP
            (CP
            (IP
              (VP (VA 腐败)))
            (DEC 的))
            (NP (NN 官员))))))))
```

如果采用次选的定中结构，则存在认知过载的信息断层情况。

例 5 – 100 #纪委表示惩治腐败的官员，惩治腐败的官员已经开始工作了。

```
* (ROOT
  (IP
    (NP (NN 纪委))
    (VP (VV 表示)
      (IP
        (VP
          (VP (VV 惩治)
            (NP
              (CP
              IP
               (VP (VA 腐败)))
                 (DEC 的))
             (NP (NN 官员))))
          (PU,)
```

```
(VP (VV 惩治)
  (NP
    (CP
    IP
     (VP (VA 腐败)))
       (DEC 的))
   (NP (NN 官员)))
 (IP
   (VP
     (ADVP (AD 已经))
     (VP (VV 开始)
       (VP (VV 工作) (AS 了)))))))))
```

上面的花园幽径句中，后半部分结构形成的是［［惩治］VP+［腐败的官员］NP+［已经开始工作了］IP］VP 错误结构，无法构建正确的定中结构。如果折返性回溯进行重新剖析将产生行进式错位的断层感。正确的结构如下：

```
(ROOT
   (IP
     (NP (NN 纪委))
     (VP (VV 表示)
       (IP
         (VP
           (VP (VV 惩治)
             (NP
                (CP
                IP
                 (VP (VA 腐败)))
                   (DEC 的))
               (NP (NN 官员))))
       (PU,)
   (IP
     (NP
```

```
        (CP
          (IP
            (VP (VV 惩治)
                    (VP (VA 腐败)))
          (DEC 的))
        (NP (NN 官员)))
      (VP
        (ADVP (AD 已经))
        (VP (VV 开始)
          (VP (VV 工作) (AS 了))))))
```

上面正确的剖析中，[[[惩治腐败的] CP + [官员] NP] NP + [已经开始工作了] VP] IP 是一个从句结构，其中 [[惩治腐败的] CP + [官员] NP] NP 是定中结构，[惩治腐败的] CP 结构是补语，成功剖析。

类似的花园幽径句还有：

例 5 - 101#本届政府要遏制投机的房产投资，遏制投机的房产投资增长率是百分之五点一。

五　"N1 + 的 + N2 + 和 + N3"限定结构不对称

"N1 + 的 + N2 + 和 + N3"限定结构不对称是指该结构可以形成两种复合名词结构，即 [[N1 + 的 + N2] NP + 和 + [N3] NP] NP 结构以及 [[N1] NP + 的 + [N2 + 和 + N3] NP] NP 结构。在 [[N1 + 的 + N2] NP + 和 + [N3] NP] NP 结构中，N1 管辖领域较窄，限定修饰的是 N2，[[N1 + 的] CP + N2] NP 结构中 [N1 + 的] CP 充当 N2 补语，形成的规律是"先限定再复合"。在 [[N1] NP + 的 + [N2 + 和 + N3] NP] NP 结构中，N1 管辖领域较宽，限定修饰的是 [N2 + 和 + N3] NP 复合名词结构，形成的规律是"先复合再限定"。

"N1 + 的 + N2 + 和 + N3"限定结构不对称需要同时满足两个条件：(1) N1 在语义上可以限定 N2，(2) N1 在语义上可以限定 N3。(冯志伟，1995)

在 Stanford Parser 中，系统默认"N1 + 的 + N2 + 和 + N3"结构是"先复合再限定"的 [[N1] NP + 的 + [N2 + 和 + N3] NP] NP 结构，

类似“老虎的鼻子和眼睛”，其剖析结构如下：

(ROOT
  (NP
    (DNP
      (NP (NN 老虎))
      (DEG 的))
    (NP (NN 鼻子)
      (CC 和)
      (NN 眼睛))))

限定成分“老虎的”是对后两个名词复合后的整体限定。在“瘟猪的死因和源头”结构中，剖析系统默认形成的也是和“老虎的鼻子和眼睛”一致的结构，即“瘟猪的”修饰后面一体的复合成分，这是优选结构。

(ROOT
  (NP
    (DNP
      (NP (NN 瘟猪))
      (DEG 的))
    (NP (NN 死因)
      (CC 和)
    (NN 源头))))

例 5-102 媒体曝光了瘟猪的死因和源头。

(ROOT
  (IP
    (NP (NN 媒体))
    (VP (VV 曝光了)
      (NP
        (DNP
          (NP (NN 瘟猪))
          (DEG 的))
        (NP (NN 死因)

(CC 和)
(NN 源头))))))

如上剖析，[瘟猪的死因和源头] NP 充当句子的宾语，[死因和源头] NP 先形成的是复合名词，后由 [瘟猪的] DNP 作为限定成分，也就是“先复合再限定”结构。如果这种优选结构被次选的“先限定再复合”结构颠覆将产生花园幽径现象。请见下例:

例 5 - 103 #媒体曝光了瘟猪的死因和源头，瘟猪的死因和源头监管薄弱现象引发人们关注。

```
* (ROOT
  (IP
    (IP
      (NP (NN 媒体))
      (VP (VV 曝光了)
        (NP
          (DNP
            (NP (NN 瘟猪))
            (DEG 的))
          (NP (NN 死因)
            (CC 和)
            (NN 源头)))))
    (PU,)
    (IP
      (NP
        (CP
          (IP
            (NP
              (DNP
                (NP (NN 瘟猪))
                (DEG 的))
              (NP (NN 死因)
                (CC 和)
```

```
            (NN 源头) (NN 监管)))
          (VP (VA 薄弱))))
        (NP (NN 现象)))
      (VP (VV 引发)
        (NP (NN 人们) (NN 关注))))
    (PU。)))
```

从上面的剖析可以看到，上半句是优选解码［瘟猪的［死因和源头］NP］NP结构是符合认知的正确剖析，“死因和源头”是宾语中心词。但是，下半句却沿用了上半句相同的解码模式，仍然把“瘟猪的死因和源头”视为［瘟猪的［死因和源头］NP］NP结构，这与基于规则的语法分析是相悖的。后半句［［［瘟猪的死因］NP+和+［源头监管薄弱现象］NP］NP+［引发人们关注］VP］IP结构中“死因和现象”才是从句主语中心词，才是人们关注的内容。后半句由优选的“死因和源头”宾语中心词模式向“死因和现象”主语中心词模式的转变诱发了花园幽径效应。正确剖析如下：

```
(ROOT
  (IP
    (IP
      (NP (NN 媒体))
      (VP (VV 曝光了)
        (NP
          (DNP
            (NP (NN 瘟猪))
            (DEG 的))
          (NP (NN 死因)
            (CC 和)
            (NN 源头)))))
    (PU,)
  (IP
    (NP
      (NP
          (DNP
```

(NP (NN 瘟猪))
(DEG 的))
(NP (NN 死因)))
(CC 和)
(NP (NN 源头) (NN 监管)))
(IP
(VP (VA 薄弱))))
(NP (NN 现象)))
(VP (VV 引发)
(IP
(NP (NN 人们))
(VP (VV 关注))))

由上分析可知，“N1 + 的 + N2 + 和 + N3”限定结构不对称引发的次选［［N1 + 的 + N2］NP + 和 +［N3］NP］NP 结构对优选［［N1］NP + 的 +［N2 + 和 + N3］NP］NP 结构的颠覆产生了回溯的花园幽径认知过载现象。

六　“N1 + 和 + N2 + 的 + N3”“和”字结构不对称

“N1 + 和 + N2 + 的 + N3”“和”字结构不对称是指该结构可以理解为［［N1 和 N2］的 N3］NP 结构，也可以理解为［N1 + 和 +［N2 + 的 + N3］NP］结构。两种结构的使用频率不对称将产生解码信息势能的不对等。优选结构具有缺省性，解码不需要太多的补偿性信息。如果次选结构颠覆优选结构成为终极结构，那么则需要系统提供足够多的补偿信息，由此产生认知过载和回溯的花园幽径现象。

“N1 + 和 + N2 + 的 + N3”“和”字结构不对称的实现需要同时满足两个条件：(1) N1 在语义上可以限定 N3；(2) N2 在语义上可以限定 N3。(冯志伟，1995)

例 5 - 104 顾客投诉最多的是电子故障和油压不足的问题。

该句形成的有两种结构，即［［电子故障和油压不足］NP + 的 +［问题］］NP 结构以及［［电子故障］NP + 和 +［油压不足的问题］NP］NP 结构。在第一种结构中“和”字结构两侧的名词短语具有并列的语义属性，而在第二种结构中这种语义属性的并列性则逊色于第一个结构。这种情况类似“桌子和椅子的腿”。［［桌子和椅子］NP + 的 + ［腿］NP］NP 结构中，“和”字两侧的“桌子”和“椅子”语义属性的接近程度要远远高于在［［桌子］NP + 和 + ［椅子的腿］NP］NP 结构中“桌子”和“椅子的腿”的语义属性接近程度。语义属性最接近的结构是常态缺省结构。

例 5 – 105 #顾客投诉最多的是电子故障和油压不足的问题一样，该故障困扰着汽车公司。

上句中，“一样”出现前，“顾客投诉最多的是电子故障和油压不足的问题”形成的是歧义结构，其中“和”字充当的是介词，而且语义属性最接近的［［N1 和 N2］的 N3］NP 结构为优选结构。在解歧点“一样”出现后，“和”字发生了变化，由连接两个成分的介词转变为连接两个句子的连词，这种变化导致原来的优选结构被迫解散，并由次选的［N1 + 和 + ［N2 + 的 + N3］NP］结构替代，花园幽径效应得到诱发。

七　“V + N1 + N2”双宾语和定中结构不对称

“V + N1 + N2”双宾语和定中结构不对称是指该结构既可以形成［V + ［［N1］NP + ［N2］NP］NP］VP 双宾语结构，也可以形成［V + ［［N1］CP + ［N2］NP］NP］VP 结构，即宾语是“定语—中心语”结构。转换生成语法的论元结构理论认为，双宾语结构存在三个论元角色。通常情况下，汉语双宾语结构需要有能够分派三个语义角色的动词，这类有双宾语可能的动词包括送、寄、赠、给、赏、教授、吩咐、称呼等。（张伯江，1999；李宇明，1996；延俊荣，2002；满在江，2003；林亚军，2008）但是在特殊情况下，动词也可以引领其他类别双宾语结构，如“张先生打碎了他四个杯子”（徐杰，1999），这种结构上的多种选择为诱发花园幽径效应提供了便利。

“V + N1 + N2”双宾语结构不对称的实现需要同时满足三个条件：（1）N1 在语义上可以作 V 的间接宾语；（2）N2 在语义上可以作 V 的直接宾语；（3）N1 在语义上可以限定 N2。（冯志伟，1995）

例 5 – 106 游客盗窃陌生人手机。

请见上例双宾语和定中结构的树形图：

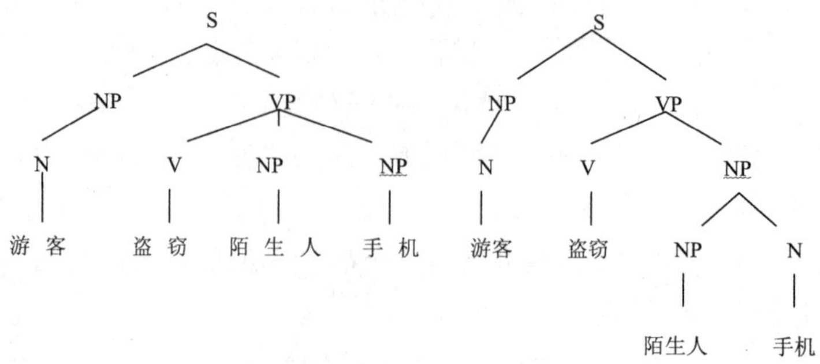

图 5-8　双宾语和定中结构的树形图

上句具有双宾语和定中结构通达性歧义。不论哪种结构都可以在认知中得到正确阐释。“盗窃”后的结构倾向在国家语委语料库中的概率如表 5-31 所示。

表 5-31　**“盗窃”后续直接宾语和间接宾语的困惑商计算**

分类	观察频数 O	预期频数 E	偏差 O-E	(O-E) /E	1- (O-E) /E
后续直宾	54	27	+27	1	0
后续间宾	0	27	-27	-1	2
总计	54	54			

如表 5-31 所示，“盗窃”后续间接宾语的不对称值 Vcq = 2 > 1.28。这说明“盗窃陌生人手机”的定中结构是优选结构，而双宾语结构是次选结构。如果次选结构颠覆了优选结构，则会出现认知困惑的花园幽径效应。

例 5-107#游客盗窃陌生人手机刚巧响了起来。

上例中，在“刚巧响了起来”出现前，认知系统默认前半部分是定中结构，即“陌生人”修饰“手机”，形成的是［［游客］NP +［［盗窃］V［陌生人手机］NP］VP］IP 结构。但是，随后出现的成分需要有主语的出现，于是原来已经闭合的结构被迫打开重新进行成分匹配，“陌生人”分配给“盗窃”作为动作对象，“手机”分配给“响”作为主语。于是，原来的定中结构被后来的双宾语结构所颠覆，行进式错位的信息断层出现。

这种特殊的双宾语现象在汉语使用中屡见不鲜，请见下面的例子：

例 5 – 108 张三吃了李四苹果。

例 5 – 109 王五偷了陈六钱包。

例 5 – 110 妈妈买了菜贩 1 斤菜。

例 5 – 111 妻子递给丈夫公文包。

例 5 – 112 锤子打了我脚指头。

不过诱发花园幽径效应需要具有引起顿悟的其他成分存在。上述的双宾语结构都只是普通句，母语者理解没有认知困难。如果这种双宾语结构被后续成分拆分，则容易产生认知过载现象。请见下面的花园幽径句：

例 5 – 113 #塞浦路斯民众认为政府抢劫储户存款没有保障。

“抢劫储户存款”在上句中既可以视为［VP + 定中结构］，也可以视为［VP + 双宾语结构］，定中结构是后续默认结构。“没有保障”的出现需要“存款”作为主语，于是“抢劫储户存款”被拆分为次选的双宾语结构①，后一个宾语充当了从句的主语。这种次选“劣币”对优选“良币”的驱逐，产生了花园幽径现象。

八　“数量结构 + NP1 + 的 + NP2 + VP”主语限定不对称

“数量结构 + NP1 + 的 + NP2 + VP”主语限定不对称是指［［数量结构 + NP1］NP + 的 + NP2］NP 结构和［数量结构 + ［NP1 + 的 + NP2］NP］NP 结构是可以同时存在的两个结构。其中，基于概率的统计默认［［数量结构 + NP1］NP + 的 + NP2］NP 结构是优选结构，即符合尽早闭合原则。次选结构是［数量结构 + ［NP1 + 的 + NP2］NP］NP 结构。次选结构困惑商指数较高。

“数量结构 + NP1 + 的 + NP2 + VP”主语限定不对称实现需要同时满足两个条件：(1) 数量结构中的量词可以限定 NP1；(2) 数量结构中的量词可以限定 NP2。(冯志伟，1995)

例如，在“两个警察局的警察”结构中，既可以是［两个［警察局的警察］NP］NP 结构，也可以是［［两个警察局］NP 的警察］NP 结构。我们进入语料库查询在“警察局”前续定语的概率。

---

① 如果认为“抢劫”是 Vi，定中结构虽没有拆分但形成的也是花园幽径句。我们这里认定“抢劫”是与前面讨论一致的 Vt 属性。

表 5 - 32　**"警察局" 前续成分困惑商计算**

分类	观察频数 O	预期频数 E	偏差 O - E	(O - E) /E	1 - (O - E) /E
前续定语	43	30	+13	0.43	0.57
无前续定语	17	30	-13	-0.43	1.43
总计	60	54			

如表 5 - 32 所示①，在有前续成分的情况下，高概率情况是该成分充当"警察局"的定语，即［［两个警察局］NP 的警察］NP 结构具有优选性。从语义上分析，量词"个"既可以修饰警察局也可以修饰警察。如果换成量词"名"，则只能修饰警察，而不能修饰警察局，就不会出现这种结构歧义。该优选结构的剖析结果如下:

```
(ROOT
  (NP
    (DNP
      (NP
        (QP (CD 两)
          (CLP (M 个)))
        (NP (NN 警察局)))
      (DEG 的))
(NP (NN 警察))))
```

例 5 - 114 两个警察局的警察抓住了逃犯，其他警察局的警察无功而返。

上例中，"两个警察局的警察"符合［［两个警察局］NP 的警察］NP 结构，不产生困惑，前半句形成的剖析结构如下:

```
(ROOT
  (IP
    (NP
      (DNP
```

① 统计数据来源于《有声媒体语言文本语料库检索系统》(http: //ling. cuc. edu. cn/RawPub/)，表示感谢。

```
        (NP
          (QP (CD 两)
            (CLP (M 个)))
          (NP (NN 警察局)))
        (DEG 的))
      (NP (NN 警察)))
    (VP (VV 抓住) (AS 了)
  (NP (NN 逃犯)))))
```

例 5－115#多个警察局参与了这次围捕，两个警察局的警察抓住了逃犯，这两个警察也付出了轻伤的代价。

上例中，在解歧点“这两个警察”出现前，认知没有困惑产生，对“两个警察局的警察”形成的是优选结构。但是，在“这两个警察”出现后，原来形成的闭合结构被迫重新进行整合，这样，次选［两个［警察局的警察］NP］NP 结构颠覆优选［［两个警察局］NP 的警察］NP 结构，诱发了花园幽径效应。该句中“两个警察局的警察”的剖析结构如下：

```
(ROOT
  (NP
    (DNP
      (NP
        (QP (CD 两)
          (CLP (M 个)))
        (CP
          (NP (NN 警察局)))
          (DEC 的))
          (NP (NN 警察))))))
```

九　“VP＋数量结构＋NP”补语与定语结构不对称

“VP＋数量结构＋NP”补语与定语结构不对称是指该结构既可以是［［VP＋数量结构］CP＋NP］NP 补语结构，也可以是［VP＋［数量结构＋NP］NP］VP 定语结构。两个结构具有频率使用的差异。

“VP＋数量结构＋NP”补语与定语结构不对称的实现需要同时满足

以下几个条件：数量结构可以作 VP 的补语；数量结构可以作 NP 的定语（冯志伟，1995）；动词通常是延续性动词；VP + NP 结构是离合结构。例如，发工资——发了三天工资；讲课——讲了一天的课；开车——开了一小时的车。

由于该结构具有离合性，所以与离合属性最近的［VP + ［数量结构 + NP］NP］VP 结构是优选结构。请看语料库对“流了一天的泪”频率统计[①]：

表 5 – 33　　“流泪”离合结构困惑商计算

分类	观察频数 O	预期频数 E	偏差 O – E	（O – E）/E	1 – （O – E）/E
流了泪	3	447/2	– 220.5	– 0.99	1.99
流泪	444	447/2	220.5	0.99	0.01
总计	447	447			

如表 5 – 33 所示，离合结构困惑商值中，“流了泪”的困惑商 Vcq = 1.99 > 1.28，存在花园幽径效应可能。而“流泪”的困惑商非常小，说明阅读时我们更倾向于在动词“流”后面匹配“泪”，这种固定搭配是非受控的潜意识。拆分后，与这种结构相近的［VP + ［数量结构 + NP］NP］VP 定语结构也具有认知的流畅性。相反，如果在语言使用中用低概率的高困惑商［［VP + 数量结构］CP + NP］NP 补语结构替代定语结构，将诱发强烈的花园幽径效应。请见下例：

例 5 – 116#金刚山团聚时好多离散老人流了一天的泪，流了一天的泪干了再流，流了再干。

上例的前半句是优选结构的普通句，形成的是［［流了］VP + ［一天的泪］NP］VP 定语结构，没有困惑产生。但是，在后半句中，解歧点动词“干”的出现颠覆了原来的认知模式，［［流了一天的］CP + ［泪］NP］NP 补语结构取代了［［流了］VP + ［一天的泪］NP］VP 定语结构，行进式错位的花园幽径效应产生。

① 统计数据来源于《有声媒体语言文本语料库检索系统》（http：//ling. cuc. edu. cn/RawPub/），表示感谢。

本章小结

斯坦福解析器（Stanford Parser）是计算语言学领域不可多得的在线语法解析工具。其语料来源于手动剖析的自然语言材料，并采用高度优化的概率上下文无关文法。解析器适用于包括英语和汉语在内的多种语言。通常情况下，系统的剖析结构是高概率优选结构，而低概率次选结构由于其较低的使用频数一般不会在剖析系统中得到正确解析。这种特性适合对基于概率变化的花园幽径模式进行结构推知。同时，斯坦福解析器从语义上提供与剖析结构对等的依存语法模式，便于研究者进行句法结构的语义分析。本章正是基于斯坦福解析器的这些特征对低频次选结构颠覆高频优选结构的英汉花园幽径句进行了结构和语义讨论。

在英语花园幽径模式的类型与消解中，我们基于屈折语的屈折变化关注了四个主要类型的信息不对称现象：结构信息不对称、词汇信息不对称、附属信息不对称和多元交叉信息不对称。而在汉语花园幽径模式的类型与消解中，根据孤立语意合多于形合的特征进行了“的”字结构不对称、“和”字结构不对称、双宾语定中结构信息不对称等系列结构的分析。

综合来说，汉英语信息不对称现象能够通过困惑商 CQ 的值域变化或者 Stanford Parser 剖析结构得到较合理的阐释。其中，解码属性在英语国家语料库 BNC、国家语委语料库和中国传媒大学有声媒体语言文本语料库中可以得到一定数量的随机抽样，频数将作为观察频数计算的主要依据。次选结构困惑商值域变化在 1—2 之间波动，接近 1 说明该次选花园幽径模式与优选模式接近通达性歧义，出现行进式错位和信息断层的可能性较小。接近 2 说明低概率花园幽径模式与优选模式的差异性增大，出现认知回溯的可能性增加。

本章通过汉英花园幽径句的实例分析验证了困惑商 CQ 公式在量化方面的可行性，以及斯坦福解析器在花园幽径模式分析方面的辅助性，并最终得出结论：基于花园幽径模式困惑商研究的非对称性信息补偿假说既有理论性又有实证性。

结　语

目前国内外花园幽径模式研究正逐步从传统的理论研究走向可论证的认知脑实验研究。以屈折语英语的研究为主，包括孤立语汉语在内的其他语言为辅。其研究领域分类主要涉及启动机制研究、诱发条件研究和检测方法研究，句法、词汇、语义、语用、语境等方向均有文章发表。随着计算机技术的发展，计算语言学方法在语言研究中占据越来越重要的地位，它与其他学科“互为补充、共同作用”的局面已经形成。

多学科宽角度有利于理论分析和实证研究。理论语言学家试图通过建构抽象的语言理论体系来普适化阐释各种语言现象。计算语言学家侧重将计算机智能模拟引入语言范畴并实现自然语言的程序化解读。心理学家注重语言生成和产出时意义转化对人心理的短时与长久影响。神经学家关注语言形成的生物学基础，对脑活动区域进行有效定位和实时描述。本书尝试在花园幽径模式的困惑商研究中跨学科讨论非对称性信息补偿假说的理论性和实证性。

非对称性信息补偿假说具有猜测性和科学性。本书提出的假说综合了瓦尔拉斯均衡、帕累托最优状态、西蒙非极致原则、格雷欣劣币驱逐良币法则以及阿克洛夫不对称信息理论。花园幽径模式是信息处理中的理解休克和信息断层现象。其“先扬再抑后畅”模式形成的是“伪对称—非对称—重新对称”的信息环路。具有使人误入幽径、径绝路封、峰回路转、转至畅路、路通意达的特性。表面看后期模式是初期模式的自纠式延续，实际上后者是前者螺旋发展的产物，蕴含了“循旧—破旧—立新”的否定之否定的非对称性信息补偿过程。

在理论研究方面，我们提出了假说的五个基本要素：非对称性与信息断层是假说的根本；螺旋上升与补偿性信息回归是假说的结果；信息逆向选择与顿悟跨越是假说的特征；效应模型构建是假说的主体框架；困惑商

CQ（Confusion Quotient）是假说的灵魂。困惑商 CQ 专指信息解码时的认知困惑程度，并以此作为诱发花园幽径效应强烈与否的一个量化标准。由此构建的困惑商 CQ 的计算公式涉及观察频数 O、预期频数 E、属性单元数量 n、属性单元 i、困惑商值 V_{cq}。该公式成立的前提是优选频数和次选频数具有统计差异，不同花园幽径句的困惑商值可与临界值进行对照以此判定是否出现困惑效应以及可能出现效应的程度。公式表示为：某花园幽径句的整体困惑商值 V_{cq} 等于该句中多属性频数偏移标准频数的均值。

$$\frac{\sum_{i=1}^{n}\left(1-\frac{Oi-Ei}{Ei}\right)}{n}=\frac{1}{n}\sum_{i=1}^{n}\left(2-\frac{Oi}{Ei}\right)$$

经测算，显著水平为 .05、自由度为 1、属性 $n=1$ 时，次选属性非对称信息补偿临界值为 1.28，最大值为 2，最小值为 1。次选属性困惑商大于临界值 1.28，则可能诱发花园幽径效应，这种可能性随值域从 1 到 2 递增。

在实证研究方面，我们验证了困惑商公式在英、汉语花园幽径句解读中量化可行性。通过概率解析器 Stanford Parser 剖析和中外语料库的随机抽样分析可知，高困惑商的低频次选结构一旦颠覆低困惑商高频优选结构，则会产生强烈的信息断层感和行进错位感，这种认知“啊哈”体验随困惑商数值增大而增强。相反，如果低频次选结构困惑商不断向 1 靠拢，则表明该结构与高频优选结构频数概率差距缩小，出现通达性歧义的概率增大。困惑商公式的存在从另一个角度验证了传统歧义模式和花园幽径模式的不同。

花园幽径模式是不同于其他句子类型的复杂模式。从神经语言学和计算语言学在花园幽径模式、普通模式及其他歧义模式的对比研究可知，虽然语境、语用、语义等附属信息的加入可以减弱甚至消解潜在歧义，但花园幽径模式语言实时加工的理据证实了通常情况下句法优先的特性。句法加工和语义加工是分数不同脑区的认知活动，句法在语义前得到活化激活。语言加工具有阶段的序列性。

句式多样性有利于语言学习。神经语言学研究证明，简单句式和复杂句式解码过程中激活的头皮区域不同，参与语言加工的大脑神经单元也不同，被试语言能力的提升需要同时对这两个区域进行刺激。也就是说，被试既需要进行简单句的训练，也需要进行包括花园幽径句在内的复杂句训练。进行单一训练不能全面提升被试语言能力。这就要求母语或二语教育者注意课堂教学语言训练模式的多样化。

双语学习有利于大脑功能训练。从母语与二语在花园幽径模式解码时所诱发的脑电强弱情况来看，语言刺激区域具有显著差异性。母语加工呈现自动或半自动化，二语加工呈现受控性。对语言教学来说，这就要求二语教育者在课堂上提高二语使用频率，扩大外籍语言教师的授课比例，这种研究结果与“全语言环境对刺激语言发展具有重要作用”的观点一致。鼓励二语习得者“多听、多说、多看”，以刺激相关脑区活化。

综合以上分析可知，蕴含行进式错位和信息断层的花园幽径模式具有回溯特征，本质上不同于具有多项解码可能的通达性歧义模式。各花园幽径模式 CQ 可用于比较模式间的认知困惑程度，夯实了非对称性信息补偿假说的实证性。二语学习中引入复杂句分析不仅能提升语言分析能力，还能锻炼不同于母语刺激区域的大脑功能。

本书在理论和应用方面推进了花园幽径模式研究的进步，但也无法回避一些方法论和实践论的不足。花园幽径模式是基于线性模块理论的分析讨论，虽然可以解释多数解码中遇到的认知困惑问题，但仍然存在一些只有依靠并行互动理论才能解释的困惑现象，也就是说按照线性理论应该存在困惑的句式有时并没有诱发花园幽径效应，并行互动的解码模式在一定程度上消解了这种困惑。目前，互动理论如何有效运行尚没有达成共识，花园幽径模式应该是语言加工过程中存在的阶段性模块效应。困惑商 CQ 频数计算是基于规模语料库封闭域的随机抽样，语料库收词规模、词源类型、语体变化都会在 CQ 值中得到反映，这种取样语料库引起的 CQ 值域变化在小规模样本分析时是否会导致抽样结果出现偏移以及偏移程度是否在 CQ 计算中可控，文本未作深入探讨。在神经语言学研究中，本书讨论的实验数据和方法均受实验室条件限制未能进行实践验证，在一定程度上削弱了说服力。基于以上不足可知：互动并行模式下困惑消解、多语料库取样频数变化对困惑商 CQ 的影响，以及基于神经语言学的花园幽径模式实证分析将成为下一步研究的重点。

附录一 The Penn Treebank 词类标记集[①]

1. CC Coordinating conjunction 连词
2. CD Cardinal number 基数词
3. DT Determiner 限定词
4. EX Existential there 存在句
5. FW Foreign word 外来词
6. IN Preposition/subordinating conjunction 介词或从属连词
7. JJ Adjective 形容词
8. JJR Adjective, comparative 形容词比较级
9. JJS Adjective, superlative 形容词最高级
10. LS List item marker 列表标识
11. MD Modal 情态助动词
12. NN Noun, singular or mass 个体或集体并列名词
13. NNS Noun, plural 复数名词
14. NNP Proper noun, singular 单数专有名词
15. NNPS Proper noun, plural 复数专有名词
16. PDT Predeterminer 前位限定词
17. POS Possessive ending 所有格标记
18. PRP Personal pronoun 人称代词
19. PRP$ Possessive pronoun 所有格代词
20. RB Adverb 副词
21. RBR Adverb, comparative 副词比较级
22. RBS Adverb, superlative 副词最高级

① http://www.ldc.upenn.edu/acl/J/J93/J93-2004.pdf,

23. RP Particle 小品词
24. SYM Symbol (mathematical or scientific) 数学或科学符号
25. TO to 单词 to
26. UH Interjection 插入语
27. VB Verb, base form 动词基本形式
28. VBD Verb, past tense 动词过去式
29. VBG Verb, gerund/present participle 动词现在分词
30. VBN Verb, past participle 动词过去分词
31. VBP Verb, non - 3rd ps. sing. present 动词非三单现在时
32. VBZ Verb, 3rd ps. sing. Present 动词三单现在时
33. WDT wh-determiner wh 限定词
34. WP wh-pronoun wh 代词
35. WP$ Possessive wh-pronoun wh 所有格代词
36. WRB wh-adverb wh 副词
37. # Pound sign
38. $ Dollar sign
39. . Sentence-final punctuation
40. , Comma
41. : Colon, semi-colon
42. (Left bracket character
43.) Right bracket character
44. " Straight double quote
45. ‘ Left open single quote
46. “ Left open double quote
47. ’ Right close single quote
48. ” Right close double quote

(Marcus et al., 1993)

部分补充更新代码

Marcus et al., 1994, The Penn Treebank: Annotating Predicate Argument Structure [J]. from http://www.ldc.upenn.edu/Catalog/desc/addenda/LDC1999T42.

1. * "Understood" subject of infinitive or imperative
2. * EXP * expletive
3. * ICH * interpret constituent here
4. * PPA * permanent predictable ambiguity
5. * RNR * right node raising
6. 0 Zero variant of that in subordinate clauses
7. ADJP Adjective phrase
8. ADV clausal and NP adverbials
9. ADVP Adverb phrase
10. CLF true clefts
11. CLR closely related
12. DIR direction & trajectory
13. ETC the second conjunct after UCP
14. FRAG pieces of text
15. HLN headlines and datelines
16. IMP clauses with empty subjects
17. INTJ interjection
18. LGS logical subjects in passives
19. LOC location
20. LST list markers
21. MNR manner
22. NBAR phrasal nodes
23. NIL Marks position where preposition is interpreted in pied-piping contexts
24. NOM non NPs that function as NPs
25. NP Noun phrase
26. PP Prepositional phrase
27. PRD non VP predicates
28. PRP purpose and reason
29. S Simple declarative clause
30. SBAR Clause introduced by subordinating conjunction or 0, top

level labelling apart from S, usually for complete structure

31. SBARQ Direct question introduced by wh-word or wh-phrase, WH-questions, top level labelling apart from S, usually for complete structure

32. SBJ surface subject

33. SINV Declarative sentence with subject-aux inversion, top level labelling apart from S, usually for complete structure

34. SQ Subconstituent of SBARQ excluding wh-word or wh-phrase, auxiliary inverted structures, top level labelling apart from S, usually for complete structure

35. T Trace--marks position where moved wh-constituent is interpreted

36. TMP temporal phrases

37. TRC topicalized and fronted constituents

38. TTL titles

39. UCP unlike conjoined phrase

40. UNF unfinished constituents

41. VOC vocatives

42. VP Verb phrase

43. WHADVP wh-adverb phrase

44. WHNP wh-noun phrase

45. WHPP wh-prepositional phrase

46. X Constituent of unknown or uncertain category

附录二 Stanford Parser 的依存关系代码与解析[①]

Stanford Parser 依存关系均指统领成分（governor，regent or head）和依附成分（dependent）两者间关系。下面的代码按照字母顺序排列。定义采用 Penn Treebank 词类和短语标签。

关系代码：

abbrev-abbreviation modifier

acomp-adjectival complement

advcl-adverbial clause modifier

advmod-adverbial modifier

agent-agent

amod-adjectival modifier

appos-appositional modifier

arg-argument

attr-attributive

aux-auxiliary

auxpass-passive auxiliary

cc-coordination

ccomp-clausal complement with internal subject

comp-complement

complm-complementizer

conj-conjunct

---

① 英文部分源自 Marie-Catherine de Marneffe and Christopher D. Manning 2008 年编写的 *Stanford typed dependencies manual*，http：//nlp. stanford. edu/downloads/dependencies_ manual. pdf。中文翻译参考了 http：//dict. cnki. net/和 http：//translate. google. com. hk 的术语翻译。

cop-copula
csubj-clausal subject
csubjpass-passive clausal subject
dep-dependent
det-determiner
dobj-direct object
expl-expletive (expletive "there")
infmod-infinitival modifier
iobj-indirect object
mark-marker (word introducing an advcl)
mod-modifier
mwe-multi-word expression modifier
neg-negation modifier
nn-noun compound modifier
npadvmod-noun phrase adverbial modifier
nsubj-nominal subject
nsubjpass-passive nominal subject
num-numeric modifier
number-element of compound number
obj-object
parataxis-parataxis
partmod-participial modifier
pcomp-prepositional complement
pobj-object of preposition
poss-possession modifier
possessive- possessive modifier ('s)
preconj-preconjunct
predet-predeterminer
prep-prepositional modifier
prepc-prepositional clausal modifier
prt-phrasal verb particle
punct-punctuation

purpcl-purpose clause modifier

quantmod-quantifier modifier

rcmod-relative clause modifier

ref-referent

rel-relative (word introducing a rcmod)

root-root

subj-subject

tmod-temporal modifier

xcomp-clausal complement with external subject

xsubj-controlling subject

关系代码解析:

abbrev: abbreviation modifier 缩略语修饰关系。名词短语的缩略形式通过将名词添加圆括号的方式来表示,如"The Australian Broadcasting Corporation (ABC)"表示为 abbrev (Corporation, ABC)。

acomp: adjectival complement 动词的形容化补语关系。动词的形容化补语形式是指具有补语功能的形容性动词,如"She looks very beautiful"表示为 acomp (looks, beautiful)。

advcl: adverbial clause modifier 副词性从句修饰关系。动词短语或句子的副词性修饰成分是指用来修饰动词的附属成分,包括条件从句、时间从句等,如"The accident happened as the night was falling"可表示为 advcl (happened, falling),"If you know who did it, you should tell the teacher"可表示为 advcl (tell, know)。

advmod: adverbial modifier 副词性修饰关系。词的副词性修饰成分是指用来修饰单个词的副词或副词词组,如"Genetically modified food"可表示为 advmod (modified, genetically),"less often"可表示为 advmod (often, less)。

agent: 施事关系。动作的发出者,常出现在表被动的介词 by 的后面,如"The man has been killed by the police"可表示为 agent (killed, police),"Effects caused by the protein are important"可表示为 agent (caused, protein)。

amod: adjectival modifier 形容词性修饰关系。词的形容词性修饰成分是指用来修饰名词及短语的形容词，如“Sam eats red meat”可表示为 amod（meat，red）。

appos：appositional modifier 同位语修饰关系。具有相同指称的同位语成分，如“Sam，my brother”可表示为 appos（Sam，brother），“Bill (John's cousin)”可表示为 appos（Bill，cousin）。

attr：attributive 系动词补语关系。常出现在“to be”，“to seem”，“to appear”等句式中作为补语出现，如“What is that?”可表示为 attr（is，What）。

aux：auxiliary 助动关系。在句中起到助动词作用，如“Reagan has died”可表示为 aux（died，has），“He should leave”可表示为 aux（leave，should）。

auxpass：passive auxiliary 被动性助动关系。在句中包含了助动词的被动信息，如“Kennedy has been killed”可表示为 auxpass（killed，been）和 aux（killed，has），“Kennedy was/got killed”可表示为 auxpass（killed，was/got）。

cc：coordination 并列关系。具有并列功能，通常把连词前第一个成分作为统领成分，如“Bill is big and honest”可表示为 cc（big，and），“They either ski or snowboard”可表示为 cc（ski，or）。

ccomp：clausal complement 从句性补语关系。动词、形容词等的从句性补语成分是指从句中具有内在主谓关系，整个从句充当补语，通常被修饰的词是“fact”“report”等，如“He says that you like to swim”可表示为 ccomp（says，like），“I am certain that he did it”可表示为 ccomp（certain，did），“I admire the fact that you are honest”可表示为 ccomp（fact，honest）。

complm：complementizer 标句关系。在从句性补语关系（ccomp）中存在，通常包括从属连词“that”“whether”，如“He says that you like to swim”可表示为 complm（like，that）。

conj：conjunct 合取式关系。通过并列连词“and”，“or”等连接的关系，通常把连词前第一个成分作为统领成分，其他部分为附属，如“Bill is big and honest”可表示为 conj（big，honest），“They either ski or snowboard”可表示为 conj（ski，snowboard）。

cop：copula 系词关系。指系动词与表语成分之间的关系，通常把表语成分作为统领，如“Bill is big”可表示为 cop（big，is），“Bill is an honest man”可表示为 cop（man，is）。

csubj：clausal subject 从句性主语关系。主语由从句充当，当主句动词是实意动词时，实意动词为统领成分。当主句动词是系动词时，后面的表语成分作为统领，如“What she said makes sense”可表示为 csubj（makes，said），“What she said is not true”可表示为 csubj（true，said）。

csubjpass：passive clausal subject 从句式被动主语关系。从句在被动主句中充当主语，如“That she lied was suspected by everyone”可表示为 csubjpass（suspected，lied）。

dep：dependent 依附关系。当系统由于各种原因无法在两词间判定它们清晰的依存关系时采用的标注关系，如“Then，as if to show that he could...”可表示为 dep（show，if）。

det：determiner 限定词关系。通常出现在名词前，如“The man is here”可表示为 det（man，the），“Which book do you prefer?”可表示为 det（book，which）。

dobj：direct object 直接宾语关系，如“She gave me a raise”可表示为 dobj（gave，raise），“They win the lottery”可表示为 dobj（win，lottery）。

expl：expletive 存在补足关系。通常出现在表存在的“there be”句式中，动词作为统领成分，如“There is a ghost in the room”可表示为 expl（is，There）。

infmod：infinitival modifier 名词性不定式关系。用来修饰名词的不定式关系，如“Points to establish are...”可表示为 infmod（points，establish），“I don’t have anything to say”可表示为 infmod（anything，say）。

iobj：indirect object 间接宾语关系，如“She gave me a raise”可表示为 iobj（gave，me）。

mark：marker 标记关系。存在于副词性从句修饰关系（advcl）中，通常指“because”，“when”，“although”等具有引领功能的从属连词，但不包括“that”“whether”等，如“Forces engaged in fighting after insurgents attacked”可表示为 mark（attacked，after）。

mwe：multi-word expression 多词表达关系。多个词构成独立整体统一使用时出现的关系，包括 rather than，as well as，instead of，such as，because of，instead of，in addition to，all but，such as，because of，instead of, due to 等，如“I like dogs as well as cats” mwe（well, as）可表示为 mwe（well, as），“He cried because of you”可表示为 mwe（of, because）。

neg: negation modifier 否定性关系。否定词和被否定成分间的关系，如“Bill is not a scientist”可表示为 neg（scientist, not），“Bill doesn't drive”可表示为 neg（drive, n't）。

nn: noun compound modifier 复合名词关系。多名词组合后共同修饰某一名词时形成的关系，通常最右侧名词作为统领成分，如“Oil price futures”可表示为 nn（futures, oil），nn（futures, price）。

npadvmod: noun phrase adverbial modifier 名词词组作为副词修饰关系。当名词词组在句中具有副词功用时形成的关系，包括（i）测量类词组，用来表示形容词词组（ADJP）/副词词组（ADVP）/介词词组（PP）中中心词与测量词之间的关系（ii）当名词词组出现在动词词组中却又不充当宾语时，（iii）经济类建构词，通常出现在副词或类似介词的名词词组中，如“$5 a share”，“per sha re”；（iv）浮动性反身代词；（v）其他固有名词表达方式。如“The director is 65 years old”可表示为 npadvmod（old, years），“6 feet long”可表示为 npadvmod（long, feet），“Shares eased a fraction”可表示为 npadvmod（eased, fraction），“IBM earned $ 5 a share”可表示为 npadvmod（$, share），“The silence is itself significant”可表示为 npadvmod（significant, itself），“90% of Australians like him, the most of any country”可表示为 npadvmod（like, most）。

nsubj: nominal subject 名词主语关系。如“Clinton defeated Dole”可表示为 nsubj（defeated, Clinton），“The baby is cute”可表示为 nsubj（cute, baby）。

nsubjpass: passive nominal subject 被动性名词主语关系，如“Dole was defeated by Clinton”可表示为 nsubjpass（defeated, Dole）。

num: numeric modifier 数词关系。用来指数词与其修饰名词间所形成的关系。如“Sam eats 3 sheep”可表示为 num（sheep, 3）。

number: element of compound number 复合数词成分关系。在构成复合数词时形成的部分与整体的关系，如“I lost $ 3.2 billion”可表示为 number（$, billion）。

parataxis: parataxis 意合关系。源自希腊文中“place side by side”，意指两个成分关系非常亲密，一般同时出现，包括括号关系，句子成分与分号或冒号间形成的关系等，如“The guy, John said, left early in the morning”可表示为parataxis（left, said）。

partmod: participial modifier 分词关系。用来修饰名词或句子时所形成的分词关系，如“Truffles picked during the spring are tasty”可表示为partmod（truffles, picked），“Bill tried to shoot demonstrating his incompetence”可表示为partmod（shoot, demonstrating）。

pcomp: prepositional complement 介词补语关系。当介词的补语成分是从句或是介词词组（偶尔也会是副词词组）时形成的关系，如“We have no information on whether users are at risk”可表示为pcomp（on, are），“They heard about you missing classes”可表示为pcomp（about, missing）。

pobj: object of preposition 介词宾语成分，如“I sat on the chair”可表示为pobj（on, chair）。

poss: possession modifier 所有权关系，如“their offices”可表示为poss（offices, their），“Bill's clothes”可表示为poss（clothes, Bill）。

possessive: possessive modifier 所有格关系，如“Bill's clothes”可表示为possessive（Bill's）。

preconj: preconjunct 前合关系。通常出现在名词前，作为连词组合体的一个前奏成分出现，具有强调功能，包括“either”，“both”，“neither”等，如“Both the boys and the girls are here”可表示为preconj（boys, both）。

predet: predeterminer 前限定关系。在对限定词修饰时形成的关系，如“All the boys are here”可表示为predet（boys, all）。

prep: prepositional modifier 介词性修饰关系。动词、形容词或名词的介词性修饰关系是指它们与修饰它们的介词词组间形成的关系，如“I saw a cat in a hat”可表示为prep（cat, in），“I saw a cat with a telescope”可表示为prep（saw, with），“He is responsible for meals”可表示为prep（responsible, for）。

prepc: prepositional clausal modifier 介词从句性修饰关系。动词、形容词或名词的介词从句性修饰关系是指它们与修饰它们的介词从句间形成的关系，如“He purchased it without paying a premium”可表示为prepc without（purchased, paying）。

prt: phrasal verb particle 词组性动助词关系。动词词组中动词与它的附属成分间形成的关系，如“They shut down the station”可表示为 prt（shut，down）。

punct：punctuation 标点关系，如“Go home!”可表示为 punct（Go，!）。

purpcl：purpose clause modifier 目的性从句修饰关系。动词的目的性从句修饰关系是指动词与表示目的的带有“in order to”或“to”的词之间形成的关系，如“He talked to him in order to secure the account”可表示为 purpcl（talked，secure）。

quantmod：quantifier phrase modifier 量词组修饰关系。通常修饰数词时形成的关系，如“About 200 people came to the party”可表示为 quantmod（200，About）。

rcmod：relative clause modifier 相关从句修饰关系。名词的相关从句修饰关系是修饰性从句与被修饰的名词组之间的关系，“I saw the man you love”可表示为 rcmod（man，love），“I saw the book which you bought”可表示为 rcmod（book，bought）。

ref：referent 所指关系。指示词与被指词间形成的关系，如“I saw the book which you bought”可表示为 ref（book，which）。

rel：relative 相关性关系。关系从句中的相关性关系通常由 WH-phrase 引领，而且关系词不充当从句主语，如“I saw the man whose wife you love”可表示为 rel（love，wife）。

root：root 根源关系。指句子的主根关系，通常用“ROOT”来作统领成分。如“I love French fries.”可表示为 root（ROOT，love），“Bill is an honest man”可表示为 root（ROOT，man）。

tmod：temporal modifier 时间修饰关系，如“Last night，I swam in the pool”可表示为 tmod（swam，night）。

xcomp：open clausal complement 开放性从句补充关系。动词或者形容词的开放性从句补充关系是附属句自身没有主语但被外在主语所限制的一种关系，如“He says that you like to swim”可表示为 xcomp（like，swim），“I am ready to leave”可表示为 xcomp（ready，leave）。

xsubj：controlling subject 控制性主语关系。是指出现在开放性从句补充关系（xcomp）中统领成分与外在主语间的关系，如“Tom likes to eat fish”可表示为 xsubj（eat，Tom）。

附录三　阅读跨度测试法(RST: Reading Span Test)[①]

1. 先让被试阅读没有语义关联的几个句子，然后让他回忆出阅读过的每个句子中最后出现的词。例如："He threw the door open and ran down the stairs, and there was an open bottle of wine on the table." " Martin was struggling with the sails on the open deck, and the villagers are anxious that their local school is kept open." "The competition is open to all readers in the UK, and there is only one course of action open to the local authority." "The magazine's editor is open to criticism in allowing the article to be printed, and schoolgirls are being told that the door is open to them to pursue careers in science."

2. 第一组由两个句子组成，如果被试能够成功回答出两个句子中的尾词，他的阅读跨度（span）就是2。例如，上例中的正确答案是"table""open"。

3. 第二组由三个句子组成，如果被试能够成功回答出这三个句子中的尾词，他的阅读跨度（span）就是3。例如，上例中的正确答案是"table""open"" authority"。

4. 第三组由四个句子组成，如果被试能够成功回答出这四个句子中的尾词，他的阅读跨度（span）就是4。例如，上例中的正确答案是"table""open""authority""science"。

5. 以此类推，逐次累加到被试记忆的最大量，这个按顺序回忆正确的尾词数量将代表该被试的阅读跨度（Reading Span）。

---

① 请参考 Daneman and Carpenter，1980。

附录四　国际脑电 10—20 系统(International 10－20 EEG System)[①]

根据国际脑电图学会的建议，头皮 EEG 记录常规使用 10%—20% 系统确定电极的安放位置，简称国际 10—20 系统。

1. 前后矢状线：从鼻根至枕外粗隆取一连线，在此线上，由前至后标出 5 个点，依次命名为：额极中点（Fpz）、额中点（Fz）、中央点（Cz）、顶点（Pz）、枕点（Oz）。额极中点至鼻根的距离和枕点至枕外粗隆的距离各占此连线全长的 10%，其余各点均以此连线全长的 20% 相隔。这就是 10—20 系统名称的来源。

2. 横位：从左耳前点（耳屏前颧弓根凹陷处）通过中央点至右耳前点取一连线，在此连线的左右两侧对称标出 4 个点：左颞中（T3）、右颞中（T4）、左中央（C3）、右中央（C4）。T3、T4 点与耳前点的距离各占此线全长的 10%，其余各点（包括 Cz 点）均以此连线全长的 20% 相隔。

3. 侧位：从 Fpz 点向后通过 T3、T4 点至枕点分别取左右侧连线，在左右侧连线上由前至后对称地标出 8 个点：左额极（Fp1）、右额极（Fp2）、左前颞（F7）、右前颞（F8）、左后颞（T5）、右后颞（T6）、左枕（O1）、右枕（O2）各点。Fp1、Fp2 点至额极中点（Fpz）的距离与 O1、O2 点至 Oz 点的距离各占此连线全长的 10%，其余各点（包括 T3、T4）均以此连线全长的 20% 相隔。

4. 其余的 4 个点包括：左额（F3）、右额（F4）点分别位于 Fp1、Fp2 与 C3、C4 点的中间；左顶（P3）、右顶（P4）点分别位于 C3、C4 与 O1、O2 点的中间。

位于左侧的是奇数，右侧的是偶数。接近中线的数字较小，外测数字

---

① 请参考 H H. Jasper，1958。

较大。各电极点间隔是 10% 或 20% 。左右侧各取 8 个电极，加上前后位上的额中点（Fz）、中央中点（Cz）、顶中点（Pz）以及两个备选极共 21 个电极（不含 2 个耳电极）。此法的特点是电极排列与头颅大小及形状成比例，电极以标准位置适当的分布于头颅主要部位。形成“2 备 3 中 8 右 8 左”格局。

1. （备选极）额极中点（Fpz ）
2. （备选极）枕点（Oz）
3. 顶中点（Pz）
4. 额中点（Fz）
5. 中央中点（Cz）
6. 右顶（P4）
7. 右额（F4）
8. 右额极（Fp2 ）
9. 右后颞（T6）
10. 右颞中（T4）
11. 右前颞（F8）
12. 右枕（O2）
13. 右中央（C4）
14. 左顶（P3）
15. 左额（F3）
16. 左额极（Fp1 ）
17. 左后颞（T5）
18. 左颞中（T3）
19. 左前颞（F7）
20. 左枕（O1）
21. 左中央（C3）

附录五 中英文姓名对照表

A

Allen K 艾伦

Altmann G 奥尔特曼

Andreu L 安德鲁

Arai M 阿拉里

B

Baddeley A D 巴德利

Bader M 巴德

Bailey K G D 贝利

Ball T 鲍尔

Barss A 巴斯

Bever T G 贝弗

Blozis S A 布洛兹斯

Bock J K 博克

Boland J E 博兰

Bornkessel I 博恩克思尔

Bornkessel-Schlesewsky I 博恩克思尔 – 施莱苏斯基

Bos L S 博斯

Boston M F 博斯顿

Botvinick M 博特威尼克

Branigan H P 布兰尼根

Breen M 布林

Brennan J 布伦南

Bresnan J W 布鲁斯南

Brouwer H 布劳威尔

Brown C 布朗

Burgess C 伯吉斯

C

Cantor J 坎托

Caplan D 卡普兰

Carlson G 卡尔森

Carlson M 卡尔森

Carpenter P A 卡彭特

Carullo J J 卡鲁罗

Chang F R 钱格

Christensen K R 克里斯滕森

Christiansen M H 克里斯蒂安森

Christianson K 克里斯琴森

Clifton C 克利夫顿

Clifton Jr C 克利夫顿

Connine C 康尼恩

Crain S 克雷恩

Crocker M W 克罗克

Cupples L 卡皮尔斯

D

Daneman M 达内门

Darowski E S 达罗斯基

Daugherty K G 多尔蒂

Davis M H 戴维斯

Dean Fodor J 迪安·福多尔

DeDe G 戴德

Dennis Y 丹尼斯

Desmet T 德斯米特

Gibson E A F　吉布森
Gilliom L A　吉利奥姆
Gordon P C　戈登
Grain S　格兰
Griffith T　格里菲思
Grodner D　格罗德内尔
Groothusen J　格鲁苏珊
Grosz B J　格罗斯

H

Hagoort P　哈古尔特
Hale J T　黑尔
Halliwell J F　哈利韦尔
Hambrick D Z　汉布里克
Hare M　黑尔
Hartsuiker R J　哈特苏克尔
Hayes D P　海斯
Henderson J M　亨德森
Hendrick R　亨德里克
Herschensohn J　赫申松
Hickok G　希科克
Hillyard S A　希利亚德
Hinton G E　欣顿
Hitch G　希契
Hoeks J　霍克斯
Hoeksema J　霍克斯玛
Hoffinan J E　霍夫南
Holcomb P J　霍尔库姆
Hollbach S C　霍尔拜
Hollingworth A　霍林沃思
Holmes V M　霍尔摩斯
Hopf J M　霍普夫

Koelsch S　凯尔奇
Kondo H　康德
Kotz S A　科茨
Kurtzman H　库兹曼
Kutas M　库塔斯

L

Luke S G　卢克

M

MacDonald M C　麦克唐纳
Mak W M　马克
Mannes S　曼内斯
Marcinkiewicz M A　马尔钦凯维奇
Marcus M P　马库斯
Mazuka R　马佐卡
McClelland J　麦克莱兰
McClelland J L　麦克莱兰
McConnell K　麦康奈尔
McElree B　麦克尔里
Mclaughlin J　麦克劳克林
McLean J F　麦克莱恩
McRae K　麦克雷
Mecklinger A　梅克林格
Meltzer-Asscher A　梅尔策－阿斯切
Meng M　孟
Milne R W　米尔恩
Mitchell D C　米切尔
Miyake A　米亚科
Molfese D L　莫尔费斯
Molfese V J　莫尔费斯
Moon N　穆恩

Pritchett B L　普里切特

Pylkkänen L　派尔凯内

R

Race D S　雷斯

Rayner K　雷纳

Roehm D　勒默

Rumelhart D E　拉梅尔哈特

S

Salamoura A　萨勒穆拉

Sammler D　萨蒙拉

Sanders L D　桑德斯

Santorini B　桑托里尼

Sanz C　桑斯

Sanz-Torrent M　桑斯托伦特

Schlesewsky M　施莱修斯基

Schriefers H　施里弗斯

Sedivy J C　塞迪维

Seely R E　西利

Seidenberg M S　塞登伯格

Serratrice L　塞拉瑞斯

Severens E　塞弗恩斯

Simon H A　西蒙

Snedeker J　斯内德克

Snider N E　斯奈德

Souza A S　苏泽

Spivey M J　斯皮维

Spivey-Knowlton M　斯皮维 - 诺尔顿

Staub A　斯托布

Steedman M　斯蒂德曼

Steedman N　斯蒂德曼

Steinhauer K　斯坦豪尔

Stowe K　斯托

Stowe L A　斯托

Sturt P　斯特尔特

Susan M　苏珊

Swaab T Y　斯瓦柏

Swets B　斯威茨

T

Tanenhaus M　塔嫩豪斯

Tanenhaus M K　塔嫩豪斯

Tanner D　坦纳

Taraban R　塔拉班

Teubner-Rhodes S　托伊布纳－罗兹

Thompson C　汤普森

Thompson S A　汤普森

Thothathiri M　索萨瑞里

Tooley K M　图利

Traxler M J　特拉克斯勒

Trueswell J C　特鲁斯威尔

Tunstall S　滕斯托尔

V

van Gompel R P G　冯冈普尔

Von Cramon D Y　冯克拉蒙

Vonk W　冯科

Vos S H　沃斯

Vuong L C　武昂

W

Warren T　沃伦

Waters G S　沃特斯

Weber A 韦伯

Wells J B 韦尔斯

Williams J N 威廉斯

Williams R S 威廉斯

Y

Yurchenko A 尤尔琴科

Z

Zechner K 泽克内尔

Zervakis J 泽瓦克斯

附录六　样例

例 5 - 24　#The populace knows that Dan is stupid is obvious. (Gibson, 1991) ………………………………………… (186)

例 5 - 25　#The students thought that Rick ate a sandwich larger than his head was impressive. (Gibson, 1991) ………… (186)

例 5 - 26　#The vases on a table in front of the chairs that is covered with a spotless cloth hold natural wild roses. …… (186)

例 5 - 27　#I liked the woman with the dog by the apartment buildings that was barking all night long. (Gibson, 1991) ……………………………………………………………… (188)

例 5 - 28　#George drank the water which came from the jar by the napkins on the table that are white with red stripes. (Gibson, 1991) ………………………………………… (188)

例 5 - 29　#The tree by the house on the lake built from brick is one hundred years old this year. (Gibson, 1991) …… (189)

例 5 - 30　#The apple near the cup on the table removed from the dishwasher had a bite taken out of it. (Gibson, 1991) ……………………………………………………………… (189)

例 5 - 31　#Without her consent may be invalid in certain contexts. ……………………………………………………………… (189)

例 5 - 32　#Without her contributions would be inadequate. (Frazier, 1979) ………………………………………………… (190)

例 5 - 33　#I convinced her children are noisy. (Gibson, 1991) ……………………………………………………………… (190)

例 5 - 34　#Since the President advised the executive committee agrees this course of action. ……………………………… (191)

例 5 - 35　#Since developing the computer companies in the United States have grown enormously. (Gibson, 1991) ……… (192)

例 5 - 36　#I told the department committees will be formed next month. (Gibson, 1991) ………………………………… (192)

例 5 - 37　#I persuaded the company secretaries are valuable. (Gibson, 1991) ………………………………………… (192)

例 5 - 38　#The new record the song. ……………………………… (193)

参考文献*

[1] Allen K, Pereira F, Botvinick M, et al. Distinguishing grammatical constructions with fMRI pattern analysis [J]. Brain and Language, 2012.

[2] Altmann G, Steedman M. Interaction with context during human sentence processing [J]. Cognition, 1988, 30 (3): 191 – 238.

[3] Altmann G, Garnham A, Dennis Y. Avoiding the garden path: Eye movements in context [J]. Journal of Memory and Language, 1992, 31 (5): 685 – 712.

[4] Andreu L, Sanz-Torrent M, Olmos J G, et al. The formulation of argument structure in SLI: an eye-movement study [J]. Clinical linguistics & phonetics, 2013, 27 (2): 111 – 133.

[5] Arai M. What can Head-Final Languages Tell us about Syntactic Priming (and vice versa)? [J]. Language and Linguistics Compass, 2012, 6 (9): 545 – 559.

[6] Baddeley A D, Hitch G. Working memory [M]. Oxford, England: Oxford University Press. 1986.

[7] Bailey K G D, Ferreira F. Disfluencies affect the parsing of garden-path sentences [J]. Journal of Memory and Language, 2003, 49 (2): 183 – 200.

[8] Bever T G. The cognitive basis for linguistic structures [A]. In Hayes, J. R. (ed.), Cognition and the Development of Language. New York: John Wiley and Sons, 1970: 279 – 352.

[9] Bock J K. Syntactic persistence in language production [J]. Cognitive psychology, 1986, 18 (3): 355 – 387.

* 为便于检索，英文部分参照 GB/T 7714 格式编排。

[10] Boland J E, Tanenhaus M K, Garnsey S M, et al. Verb argument structure in parsing and interpretation: Evidence from wh-questions [J]. Journal of Memory and Language, 1995, 34 (6): 774 - 806.

[11] Boland J E. The relationship between syntactic and semantic processes in sentence comprehension [J]. Language and Cognitive Processes, 1997, 12 (4): 423 - 484.

[12] Bornkessel-Schlesewsky I, Schlesewsky M. An alternative perspective on "semantic P600" effects in language comprehension [J]. Brain Research Reviews, 2008, 59 (1): 55 - 73.

[13] Bos L S, Dragoy O, Stowe L A, et al. Time reference teased apart from tense: Thinking beyond the present [J]. Journal of Neurolinguistics, 2012.

[14] Boston M F, Hale J T. Garden-pathing in a statistical dependency parser [C] //Proceedings of the Midwest Computational Linguistics Conference (MCLC). 2007.

[15] Branigan H P, Pickering M J, McLean J F. Priming prepositional-phrase attachment during comprehension [J]. Journal of Experimental Psychology: Learning, Memory, and Cognition, 2005, 31 (3): 468.

[16] Breen M, Clifton Jr C. Stress Matters Revisited: A Boundary Change Experiment [J]. The Quarterly Journal of Experimental Psychology, 2013 (just-accepted): 1 - 30.

[17] Brennan J, Pylkkänen L. The time-course and spatial distribution of brain activity associated with sentence processing [J]. Neuroimage, 2012.

[18] Brouwer H, Fitz H, Hoeks J. Getting real about Semantic Illusions: Rethinking the functional role of the P600 in language comprehension [J]. Brain research, 2012.

[19] Burgess C, Hollbach S C. A computational model of syntactic ambiguity as a lexical process [R]. Rochester University NY Dept Of Computer Science, 1988: 263 - 296.

[20] Caplan D, Waters G S. Aphasic disorders of syntactic comprehension and working memory capacity [J]. Cognitive neuropsychology, 1995, 12 (6): 637 - 649.

[21] Caplan D, Waters G. Working memory and connectionist models of par-

sing: A reply to MacDonald and Christiansen (2002) [J]. Psychological Review, 2002, 109 (1): 66-74.

[22] Chang F R. Active memory processes in visual sentence comprehension: Clause effects and pronominal reference [J]. Memory & Cognition, 1980, 8 (1): 58-64.

[23] Christensen K R, Kizach J, Nyvad A M. The processing of syntactic islands-An fMRI study [J]. Journal of Neurolinguistics, 2012.

[24] Christianson K, Hollingworth A, Halliwell J F, et al. Thematic roles assigned along the garden path linger [J]. Cognitive psychology, 2001, 42 (4): 368-407.

[25] Christianson K. Sensitivity to syntactic changes in garden path sentences [J]. Journal of psycholinguistic research, 2008, 37 (6): 391-403.

[26] Christianson K, Luke S G, Ferreira F. Effects of plausibility on structural priming [J]. Journal of Experimental Psychology: Learning, Memory, and Cognition, 2010, 36 (2): 538.

[27] Christianson K, Luke S G. Context Strengthens Initial Misinterpretations of Text [J]. Scientific Studies of Reading, 2011, 15 (2): 136-166.

[28] Clifton C, Frazier L, Connine C. Lexical expectations in sentence comprehension [J]. Journal of Verbal Learning and Verbal Behavior, 1984, 23 (6): 696-708.

[29] Clifton Jr C, Staub A. Parallelism and competition in syntactic ambiguity resolution [J]. Language and Linguistics Compass, 2008, 2 (2): 234-250.

[30] Crain, S., & Steedman, M. On Not Being Led Up the Garden Path: the Use of Context by the Psychological Parser [A]. In D. Dowty, L. Karttunen and A. Zwicky (eds.), Natural Language Processing: Psychological, Computational and Theoretical Perspectives, Cambridge University Press, Cambridge, U. K. 1985.

[31] Daneman M, Carpenter P A. Individual differences in working memory and reading [J]. Journal of verbal learning and verbal behavior, 1980, 19 (4): 450-466.

[32] Dean Fodor J, Inoue A. Syntactic features in reanalysis: Positive and negative symptoms [J]. Journal of Psycholinguistic Research, 2000, 29

(1): 25 -36.

[33] DeDe G. Lexical and Prosodic Effects on Syntactic Ambiguity Resolution in Aphasia [J] . Journal of psycholinguistic research, 2012: 1 -22.

[34] Du J L, Yu P F, XU J, et al. Towards the processing breakdown of syntactic garden path phenomenon: A semantic perspective of natural language expert system [J] . Journal of Communication and Computer, 2008, 5 (11): 53 -61.

[35] DU Jia-li, Ping-fang Y. Machine Learning for Second Language Learning: Effects on Syntactic Processing in Garden-Path Sentences [C] //Computational Intelligence and Software Engineering (CiSE), 2010 International Conference on. IEEE, 2010a: 1 -5.

[36] DU Jia-Li, Ping-fang Y. Syntax-directed machine translation of natural language: Effect of garden path phenomenon on sentence structure [C] // Intelligent System Design and Engineering Application (ISDEA), 2010 International Conference on. IEEE, 2010b, 2: 535 -539.

[37] DU Jia-Li, Ping-fang Y. Towards an algorithm-based intelligent tutoring system: Computing methods in syntactic management of garden path phenomenon [C] //Intelligent Computing and Intelligent Systems (ICIS), 2010 IEEE International Conference on. IEEE, 2010c, 2: 521 -525.

[38] DU Jia-li, Ping-fang Y. Towards Natural Language Processing: A Well-Formed Substring Table Approach to Understanding Garden Path Sentence [C] //Database Technology and Applications (DBTA), 2010 2nd International Workshop on. IEEE, 2010d: 1 -5.

[39] Du J L, Yu P F. A computational linguistic approach to natural language processing with applications to garden path sentences analysis [J] . International Journal of Advanced Computer Science and Applications, 2012a, 03 (09): 61 -75 .

[40] Du J L, Yu P F. Predicting Garden Path Sentences Based on Natural Language Understanding System [J] . International Journal of Advanced Computer Science and Applications, 2012b, 03 (11): 1 -7.

[41] Eastwick E C, Phillips C. Variability in semantic cue effectiveness on syntactic ambiguity resolution: Inducing low-span performance in high-span

readers [J]. Architectures and Mechanisms for Language Processing IV. University of Edinburgh, Scotland, 1999.

[42] Engle R W, Cantor J, Carullo J J. Individual differences in working memory and comprehension: A test of four hypotheses [J]. Journal of Experimental Psychology: Learning, Memory, and Cognition, 1992, 18 (5): 972.

[43] Ericsson K A, Kintsch W. Long-term working memory [J]. Psychological review, 1995, 102 (2): 211 -245.

[44] Farmer T A, Christiansen M H, Kemtes K A. Sentence processing in context: The impact of experience on individual differences [C] //Proceedings of the Twenty-Seventh Annual Conference of the Cognitive Science Society. 2005: 642 -647.

[45] Farmer T A, Fine A B, Jaeger T F. Implicit context-specific learning leads to rapid shifts in syntactic expectations [C] //The 33rd annual meeting of the cognitive science society (cogsci11). Boston, MA. 2011.

[46] Federmeier K D, Kutas M. A rose by any other name: Long-term memory structure and sentence processing [J]. Journal of memory and Language, 1999, 41 (4): 469 -495.

[47] Ferreira F, Clifton C. The independence of syntactic processing [J]. Journal of Memory and Language, 1986, 25 (3): 348 -368.

[48] Ferreira F, Henderson J M. Use of verb information in syntactic parsing: Evidence from eye movements and word-by-word self-paced reading [J]. Journal of Experimental Psychology: Learning, Memory, and Cognition, 1990, 16 (4): 555.

[49] Ferreira F, Henderson J M. Recovery from misanalyses of garden-path sentences [J]. Journal of Memory and Language, 1991, 30 (6): 725 -745.

[50] Ferreira, F., and J. M. Henderson. Syntactic reanalysis, thematic processing, and sentence comprehension [A]. In J. D. Fodor and F. Ferreira (eds.), Reanalysis in sentence processing [C]. Dordrecht: Kluwer Academic Publishers, 1998: 73 -100.

[51] Ferreira F, Bailey K G D, Ferraro V. Good-enough representations in language comprehension [J]. Current Directions in Psychological Science,

2002, 11 (1): 11 - 15.

[52] Ferreira F. The misinterpretation of noncanonical sentences [J]. Cognitive Psychology, 2003, 47 (2): 164 - 203.

[53] Ferreira F, Patson N D. The 'good enough' approach to language comprehension [J]. Language and Linguistics Compass, 2007, 1 (1 - 2): 71 - 83.

[54] Fine A B, Jaeger T F. Language comprehension is sensitive to changes in the reliability of lexical cues [C] //The 33rd annual meeting of the cognitive science society (cogsci11). Boston, MA. 2011.

[55] Fine A B, Florian Jaeger T. Evidence for implicit learning in syntactic comprehension [J]. Cognitive science, 2013.

[56] Fitzroy A B, Sanders L D. Musical expertise modulates early processing of syntactic violations in language [J]. Frontiers in psychology, 2012, 3.

[57] Florian Jaeger T. Redundancy and reduction: Speakers manage syntactic information density [J]. Cognitive Psychology, 2010, 61 (1): 23 - 62.

[58] Fodor J A, Garrett M, Bever T G. Some syntactic determinants of sentential complexity, II: Verb structure [J]. Attention, Perception, & Psychophysics, 1968, 3 (6): 453 - 461.

[59] Fodor J D. Parsing strategies and constraints on transformations [J]. Linguistic Inquiry, 1978: 427 - 473.

[60] Fodor J D, Frazier L. Is the human sentence parsing mechanism in ATN? [J]. Cognition, 1980, 8: 417 - 459.

[61] Fodor, Jerry A. The modularity of mind [M]. MIT press, 1983.

[62] Ford M, Bresnan J W, and Kaplan R M. A competence-based theory of syntactic closure [A]. In J. W. Bresnan (ed.), The Mental Representation of Grammatical Relations. Cambridge, Massachusetts: MIT Press, 1982: 727 - 796.

[63] Frazier L, Fodor J D. The sausage machine: A new two-stage parsing model [J]. Cognition, 1978, 6 (4): 291 - 325.

[64] Frazier L. On comprehending sentences: Syntactic parsing strategies [D]. ETD Collection for University of Connecticut, 1979: AAI7914150.

[65] Frazier L, Rayner K. Making and correcting errors during sentence com-

prehension: Eye movements in the analysis of structurally ambiguous sentences [J]. Cognitive psychology, 1982, 14 (2): 178 – 210.

[66] Frazier L. Against lexical generation of syntax [C] //The first part of this paper was originally presented as comments on Mark Steedman's talk "Sentence Processing from the Lexicon" at the Max-Planck-Institute in Nijmegen, Netherlands, in Jul 1986. The MIT Press, 1989.

[67] Frazier L, Rayner K. Resolution of syntactic category ambiguities: Eye movements in parsing lexically ambiguous sentences [J]. Journal of memory and language, 1987, 26 (5): 505 – 526.

[68] Frazier L, Rayner K. Taking on semantic commitments: Processing multiple meanings vs. multiple senses [J]. Journal of Memory and Language, 1990, 29 (2): 181 – 200.

[69] Friederici A D, Steinhauer K, Mecklinger A, et al. Working memory constraints on syntactic ambiguity resolution as revealed by electrical brain responses [J]. Biological psychology, 1998, 47 (3): 193 – 221.

[70] Friederici A D, Opitz B, Von Cramon D Y. Segregating semantic and syntactic aspects of processing in the human brain: an fMRI investigation of different word types [J]. Cerebral Cortex, 2000, 10 (7): 698 – 705.

[71] Frisson S, Pickering M J. The processing of metonymy: Evidence from eye movements [J]. Journal of Experimental Psychology: Learning, Memory, and Cognition, 1999, 25 (6): 1366.

[72] Garnsey S M, Pearlmutter N J, Myers E, et al. The contributions of verb bias and plausibility to the comprehension of temporarily ambiguous sentences [J]. Journal of Memory and Language, 1997, 37 (1): 58 – 93.

[73] George M S, Mannes S, Hoffinan J E. Global semantic expectancy and language comprehension [J]. Journal of cognitive neuroscience, 1994, 6 (1): 70 – 83.

[74] Gibson E A F. A computational theory of human linguistic processing: Memory limitations and processing breakdown [D]. School of Computer Science, Carnegie Mellon University, 1991.

[75] Gibson E, Pearlmutter N J. Constraints on sentence comprehension [J]. Trends in cognitive sciences, 1998, 2 (7): 262 – 268.

[76] Gordon P C, Grosz B J, Gilliom L A. Pronouns, names, and the centering of attention in discourse [J]. Cognitive science, 1993, 17 (3): 311-347.

[77] Gordon P C, Hendrick R, Johnson M. Memory interference during language processing [J]. Journal of Experimental Psychology: Learning, Memory, and Cognition, 2001, 27 (6): 1411-1423.

[78] Gorrell P G. Studies of human syntactic processing: Ranked-parallel versus serial models [D]. Doctoral dissertation, University of Connecticut, Storrs, 1987.

[79] Grain S, Steedman N. On not being led up the garden path: The use of context by the psychological parser [A]. In D. Dowty, L. Kartunnen and H. Zwicky (eds.), Natural language parsing [C]. Cambridge: Cambridge University Press. 1985: 320-358.

[80] Grodner D, Gibson E, Tunstall S. Syntactic complexity in ambiguity resolution [J]. Journal of Memory and Language, 2002, 46 (2): 267-295.

[81] Hagoort P, Brown C, Groothusen J. The syntactic positive shift (SPS) as an ERP measure of syntactic processing [J]. Language and cognitive processes, 1993, 8 (4): 439-483.

[82] Hagoort P. Interplay between syntax and semantics during sentence comprehension: ERP effects of combining syntactic and semantic violations [J]. Journal of Cognitive Neuroscience, 2003, 15 (6): 883-899.

[83] Hare M, McRae K, Elman J L. Sense and structure: Meaning as a determinant of verb subcategorization preferences [J]. Journal of Memory and Language, 2003, 48 (2): 281-303.

[84] Hayes D P. Speaking and writing: Distinct patterns of word choice [J]. Journal of Memory and Language, 1988, 27 (5): 572-585.

[85] Hickok G. Parallel parsing: Evidence from reactivation in garden-path sentences [J]. Journal of Psycholinguistic Research, 1993, 22 (2): 239-250.

[86] Holmes V M, Forster K I. Perceptual complexity and underlying sentence structure [J]. Journal of Verbal Learning and Verbal Behavior, 1972, 11 (2): 148-156.

[87] Holmes V M, O'Regan J K. Eye fixation patterns during the reading of relative-clause sentences [J]. Journal of Verbal Learning and Verbal Be-

havior, 1981, 20 (4): 417 -430.

[88] Holmes V M. Parsing strategies and discourse context [J] . Journal of Psycholinguistic Research, 1984, 13 (3): 237 -257.

[89] Holmes V M, Kennedy A, Murray W S. Syntactic structure and the garden path [J] . The Quarterly Journal of Experimental Psychology, 1987, 39 (2): 277 -293.

[90] Holmes V M. Syntactic parsing: In search of the garden path [A] . In M. Coltheart (ed.) Attention and Performance XII: The Psychology of Reading, Hove: Erlbaum, 1987: 587 -599.

[91] Holmes V M, Stowe L, Cupples L. Lexical expectations in parsing complement-verb sentences [J] . Journal of Memory and Language, 1989, 28 (6): 668 -689.

[92] Hopf J M, Bader M, Meng M, et al. Is human sentence parsing serial or parallel? Evidence from event-related brain potentials [J] . Cognitive brain research, 2003, 15 (2): 165 -177.

[93] Hu J, Gao S, Ma W, et al. Dissociation of tone and vowel processing in Mandarin idioms [J] . Psychophysiology, 2012.

[94] Huang H W, Federmeier K D. Dispreferred adjective orders elicit brain responses associated with lexico-semantic rather than syntactic processing [J] . Brain Research, 2012: 1475, 62 -70.

[95] Husband E M, Kelly L A, Zhu D C. Using complement coercion to understand the neural basis of semantic composition: Evidence from an fMRI study [J] . Journal of Cognitive Neuroscience, 2011, 23 (11): 3254 -3266.

[96] Jasper H H. The ten twenty electrode system of the international federation [J] . Electroencephalography and clinical neurophysiology, 1958, 10: 371 -375.

[97] Jaeger T F, Snider N E. Alignment as a consequence of expectation adaptation: Syntactic priming is affected by the prime's prediction error given both prior and recent experience [J] . Cognition, 2013, 127 (1): 57 -83.

[98] Just M A, Carpenter P A. A capacity theory of comprehension: Individual differences in working memory [J]. Psychological review, 1992a, 99: 122 -149.

[99] Just M A, Carpenter P A. A capacity-based theory of comprehension:

New frontiers of evidence and arguments [J]. Psychological Review, 1992b, 103: 773-780.

[100] Just M A, Carpenter P A, Keller T A, et al. Brain activation modulated by sentence comprehension [J]. Science, 1996a, 274: 114-116.

[101] Just M A, Carpenter P A, Keller T A. The capacity theory of comprehension: new frontiers of evidence and arguments [J]. 1996b, 103: 773-780.

[102] Kaan E, Swaab T Y. Repair, revision, and complexity in syntactic analysis: An electrophysiological differentiation [J]. Journal of Cognitive Neuroscience, 2003, 15 (1): 98-110.

[103] Keller F, Zechner K. A connectionist model of lexical and contextual influences on ambiguity resolution in human sentence processing [A]. Proceedings of the 3rd Natural Language Processing Pacific-Rim Symposium, 1995: 592-597.

[104] Kemtes K A, Kemper S. Younger and older adults' on-line processing of syntactically ambiguous sentences [J]. Psychology and Aging, 1997, 12 (2): 362.

[105] Kielar A, Meltzer-Asscher A, Thompson C. Electrophysiological responses to argument structure violations in healthy adults and individuals with agrammatic aphasia [J]. Neuropsychologia, 2012, 50: 14, 3320-3337.

[106] King J, Just M A. Individual differences in syntactic processing: The role of working memory [J]. Journal of memory and language, 1991, 30 (5): 580-602.

[107] Kotz S A, Holcomb P J, Osterhout L. ERPs reveal comparable syntactic sentence processing in native and non-native readers of English [J]. Acta psychologica, 2008, 128 (3): 514-527.

[108] Kurtzman H. Studies in Syntactic Ambiguity Resolution [D], Ph. D. dissertation, MIT, Cambridge, MA, 1985.

[109] Kutas M, Hillyard S A. Event-related brain potentials to semantically inappropriate and surprisingly large words [J]. Biological Psychology, 1980, 11 (2): 99-116.

[110] Lin C J C, Bever T G. Garden path and the comprehension of head-fi-

nal relative clauses [J]. Processing and Producing Head-final Structures, 2011: 277 -297.

[111] MacDonald M C, Just M A, Carpenter P A. Working memory constraints on the processing of syntactic ambiguity [J]. Cognitive psychology, 1992, 24 (1): 56 -98.

[112] MacDonald M C, Pearlmutter N J, Seidenberg M S. The lexical nature of syntactic ambiguity resolution [J]. Psychological review, 1994a, 101 (4): 676 -703.

[113] MacDonald M C. Probabilistic constraints and syntactic ambiguity resolution [J]. Language and Cognitive Processes, 1994b, 9 (2): 157 -201.

[114] MacDonald M C, Christiansen M H. Reassessing working memory: comment on Just and Carpenter (1992) and Waters and Caplan (1996)[J]. Psychological Review, 2002, 109, 35 -54.

[115] Mak W M, Vonk W, Schriefers H. The influence of animacy on relative clause processing [J]. Journal of Memory and Language, 2002, 47 (1): 50 -68.

[116] Marcus M P, Marcinkiewicz M A, Santorini B. Building a large annotated corpus of English: The Penn Treebank [J]. Computational linguistics, 1993, 19 (2): 313 -330.

[117] Marcus M. A Theory of Syntactic Recognition for Natural Languages [M]. Cambridge, MA: MIT Press, 1980.

[118] Marcus M, Kim G, Marcinkiewicz M A, et al. The Penn Treebank: annotating predicate argument structure [C] //Proceedings of the workshop on Human Language Technology. Association for Computational Linguistics, 1994: 114 -119.

[119] McClelland J L, Rumelhart D E, Hinton G E. The appeal of parallel distributed processing [M]. MIT Press, 1986.

[120] McClelland J L, Intelligence A. The case for interactionism in language processing [A]. In M Coltheart (eds.), Attention and performance: the psychology of reading. Hills dale, NJ: Erlbaum, 1987, 12: 3 -36.

[121] McElree B, Griffith T. Syntactic and thematic processing in sentence comprehension: Evidence for a temporal dissociation [J]. Journal of Experi-

mental Psychology: Learning, Memory, and Cognition, 1995, 21 (1): 134 - 157.

[122] Milne R W. Predicting garden path sentences [J]. Cognitive Science, 1982, 6 (4): 349 - 373.

[123] Mitchell D C, Holmes V M. The role of specific information about the verb in parsing sentences with local structural ambiguity [J]. Journal of Memory and Language, 1985, 24 (5): 542 - 559.

[124] Miyake A, Carpenter P A, Just M A. A capacity approach to syntactic comprehension disorders: Making normal adults perform like aphasic patients [J]. Cognitive Neuropsychology, 1994, 11 (6): 671 - 717.

[125] Molfese D L, Molfese V J. Discrimination of language skills at five years of age using event-related potentials recorded at birth [J]. Developmental Neuropsychology, 1997, 13 (2): 135 - 156.

[126] Morgan-Short K, Steinhauer K, Sanz C, et al. Explicit and implicit second language training differentially affect the achievement of native-like brain activation patterns [J]. Journal of cognitive neuroscience, 2012, 24 (4): 933 - 947.

[127] Neville H, Nicol J L, Barss A, et al. Syntactically based sentence processing classes: Evidence from event-related brain potentials [J]. Journal of cognitive Neuroscience, 1991, 3 (2): 151 - 165.

[128] Ni W, Fodor J D, Crain S, et al. Anomaly detection: Eye movement patterns [J]. Journal of Psycholinguistic Research, 1998, 27 (5): 515 - 539.

[129] Nitschke S, Kidd E, Serratrice L. First language transfer and long-term structural priming in comprehension [J]. Language and Cognitive Processes, 2010, 25 (1): 94 - 114.

[130] Novick J M, Kim A, Trueswell J C. Studying the grammatical aspects of word recognition: Lexical priming, parsing, and syntactic ambiguity resolution [J]. Journal of psycholinguistic research, 2003, 32 (1): 57 - 75.

[131] Novick J M, Hussey E, Teubner-Rhodes S, et al. Clearing the garden-path: Improving sentence processing through cognitive control training [J]. Language and Cognitive Processes, 2013 (ahead-of-print): 1 - 44.

[132] Oberauer K, Souza A S, Druey M D, et al. Analogous mechanisms of

selection and updating in declarative and procedural working memory: Experiments and a computational model [J]. Cognitive psychology, 2013, 66 (2): 157-211.

[133] Osaka N, Osaka M, Kondo H, et al. The neural basis of executive function in working memory: an fMRI study based on individual differences [J]. Neuroimage, 2004, 21 (2): 623-631.

[134] Osterhout L, Holcomb P J. Event-related potentials and syntactic anomaly: Evidence of anomaly detection during the perception of continuous speech [J]. Language and Cognitive Processes, 1993, 8 (4): 413-437.

[135] Patson N D, Darowski E S, Moon N, et al. Lingering misinterpretations in garden-path sentences: Evidence from a paraphrasing task [J]. Journal of Experimental Psychology: Learning, Memory and Cognition, 2009a, 35 (1): 280-285.

[136] Patson N D, Ferreira F. Conceptual plural information is used to guide early parsing decisions: Evidence from garden-path sentences with reciprocal verbs [J]. Journal of memory and language, 2009b, 60 (4): 464-486.

[137] Patson N D, Warren T. Eye movements when reading implausible sentences: Investigating potential structural influences on semantic integration [J]. The Quarterly Journal of Experimental Psychology, 2010, 63 (8): 1516-1532.

[138] Pearlmutter N J, Daugherty K G, MacDonald M C, et al. Modeling the use of frequency and contextual biases in sentence processing [C]. In Proceedings of the 16th Annual Conference of the Cognitive Science Society, Urbana, 1994, 51: 699-704.

[139] Pearlmutter N J, MacDonald M C. Individual differences and probabilistic constraints in syntactic ambiguity resolution [J]. Journal of Memory and Language, 1995, 34 (4): 521-542.

[140] Peelle J E, Davis M H. Neural oscillations carry speech rhythm through to comprehension [J]. Frontiers in Psychology, 2012, 3.

[141] Phillips C. Some arguments and nonarguments for reductionist accounts of syntactic phenomena [J]. Language and Cognitive Processes 2013, 28: 156-187.

[142] Pritchett B L. Garden path phenomena and the grammatical basis of language processing [J] . Language, 1988: 539 – 576.

[143] Qiu Y, Zhou X. Processing temporal agreement in a tenseless language: An ERP study of Mandarin Chinese [J] . Brain research, 2012.

[144] Rayner K, Carlson M, Frazier L. The interaction of syntax and semantics during sentence processing: Eye movements in the analysis of semantically biased sentences [J] . Journal of verbal learning and verbal behavior, 1983, 22 (3): 358 – 374.

[145] Rayner K, Frazier L. Parsing temporarily ambiguous complements [J] . The Quarterly Journal of Experimental Psychology, 1987, 39 (4): 657 – 673.

[146] Roehm D, Schlesewsky M, Bornkessel I, et al. Fractionating language comprehension via frequency characteristics of the human EEG [J] . Neuroreport, 2004, 15 (3): 409 – 412.

[147] Salamoura A, Williams J N. Lexical activation of cross-language syntactic priming [J] . Bilingualism: Language and Cognition, 2006, 9 (03): 299 – 307.

[148] Sammler D, Koelsch S, Ball T, et al. Co-localizing linguistic and musical syntax with intracranial EEG [J] . NeuroImage, 2012, 64: 134 – 146.

[149] Seidenberg M S. The time course of phonological code activation in two writing systems [J] . Cognition, 1985, 19 (1): 1 – 30.

[150] Severens E, Jansma B M, Hartsuiker R J. Morphophonological influences on the comprehension of subject-verb agreement: An ERP study [J] . Brain research, 2008, 1228: 135 – 144.

[151] Simon H A. Rational choice and the structure of the environment [J] . Psychological Review, 1956, 63 (2): 129.

[152] Snedeker J, Thothathiri M. What lurks beneath: Syntactic priming during language comprehension in preschoolers (and adults) [J] . Language Acquisition and Language Disorders, 2008, 44: 137.

[153] Spivey, M. J. , and Tanenhaus, M. Referential context and syntactic ambiguity resolution [A] . In C. Clifton, L. Frazier and K. Rayner (eds.), Perspectives on Sentence Processing [C] . Hillsdale, NJ: Erlbaum, 1994.

[154] Spivey-Knowlton M, Sedivy J C. Resolving attachment ambiguities with multiple constraints [J]. Cognition, 1995, 55 (3): 227-267.

[155] Staub A, Rayner K, Pollatsek A, et al. The time course of plausibility effects on eye movements in reading: Evidence from noun-noun compounds [J]. Journal of Experimental Psychology: Learning, Memory and Cognition; Journal of Experimental Psychology: Learning, Memory and Cognition, 2007, 33 (6): 1162.

[156] Sturt P. Incorporating unconscious reanalysis into an incremental, monotonic parser [C] //Proceedings of the seventh conference on European chapter of the Association for Computational Linguistics. Morgan Kaufmann Publishers Inc., 1995: 291-296.

[157] Swets B, Desmet T, Hambrick D Z, et al. The role of working memory in syntactic ambiguity resolution: A psychometric approach [J]. Journal of Experimental Psychology: General, 2007, 136 (1): 64.

[158] Tanenhaus M, Stowe K, Carlson G. Lexical expectations and pragmatics in parsing filler-gap constructions [C] //Proceedings of the Seventh Annual Meeting of the Cognitive Science Association. 1985.

[159] Tanenhaus M K, Carlson G, Trueswell J C. The role of thematic structures in interpretation and parsing [J]. Language and Cognitive Processes, 1989, 4 (3-4): 211-234.

[160] Tanner D, Mclaughlin J, Herschensohn J, et al. Individual differences reveal stages of L2 grammatical acquisition: ERP evidence [J]. Bilingualism: Language and Cognition, 2013, 16 (02): 367-382.

[161] Taraban R, McClelland J. L1 Parsing and comprehension: A multiple-constraint view [A]. In: D A Balota, G B Floreset eds. Comprehension processes in reading [C]. Hillsdale, NJ: Lawrence Erlbaum Associates Inc. 1990, 597-632.

[162] Thompson S A, Mulac A. The discourse conditions for the use of the complementizer that in conversational English [J]. Journal of pragmatics, 1991, 15 (3): 237-251.

[163] Thothathiri M, Snedeker J. Give and take: Syntactic priming during spoken language comprehension [J]. Cognition, 2008, 108 (1): 51-68.

[164] Tooley K M, Traxler M J, Swaab T Y. Electrophysiological and behavioral evidence of syntactic priming in sentence comprehension [J]. Journal of Experimental Psychology: Learning, Memory and Cognition, 2009, 35 (1): 19.

[165] Traxler M J, Morris R K, Seely R E. Processing subject and object relative clauses: Evidence from eye movements [J]. Journal of Memory and Language, 2002, 47 (1): 69-90.

[166] Traxler M J, Williams R S, Blozis S A, et al. Working memory, animacy and verb class in the processing of relative clauses [J]. Journal of Memory and Language, 2005, 53 (2): 204-224.

[167] Traxler M J, Tooley K M. Lexical mediation and context effects in sentence processing [J]. Brain research, 2007, 1146: 59-74.

[168] Trueswell J C, Tanenhaus M K, Kello C. Verb-specific constraints in sentence processing: separating effects of lexical preference from garden-paths [J]. Journal of Experimental Psychology: Learning, Memory and Cognition, 1993, 19 (3): 528-553.

[169] Trueswell J C, Tanenhaus M K, Garnsey S M. Semantic influences on parsing: Use of thematic role information in syntactic ambiguity resolution [J]. Journal of Memory and Language, 1994, 33, 285-318.

[170] Trueswell J C. The role of lexical frequency in syntactic ambiguity resolution [J]. Journal of Memory and Language, 1996, 35 (4): 566-585.

[171] Trueswell J C, Tanenhaus M K, Garnsey S M. Semantic influences on parsing [J]. Psycholinguistics: Critical Concepts in Psychology, 2002, 3: 172.

[172] Van Gompel R P G, Pickering M J, Pearson J, et al. The activation of inappropriate analyses in garden-path sentences: Evidence from structural priming [J]. Journal of Memory and Language, 2006, 55 (3): 335-362.

[173] Vos S H, Friederici A D. Intersentential syntactic context effects on comprehension: The role of working memory [J]. Cognitive Brain Research, 2003, 16 (1): 111-122.

[174] Vuong, Loan Cam. The role of executive control in garden path reinterpretation [D]. PhD dissertation. RICE University, 2010.

[175] Wang S, Mo D, Xiang M, et al. The time course of semantic and syntactic processing in reading Chinese: Evidence from ERPs [J] . Language and Cognitive Processes, 2012, (01): 1 - 20.

[176] Warren T, McConnell K. Investigating effects of selectional restriction violations and plausibility violation severity on eye-movements in reading [J] . Psychonomic bulletin & review, 2007, 14 (4): 770 - 775.

[177] Waters G S, Caplan D. The capacity theory of sentence comprehension: Critique of Just and Carpenter (1992) [J] . Psychological Review, 1996, 103, 761 - 772.

[178] Waters G S, Caplan D. Working memory and on-line sentence comprehension in patients with Alzheimer's disease [J] . Journal of Psycholinguistic Research, 1997, 26 (4): 377 - 400.

[179] Waters G, Caplan D. Working Memory and Online Syntactic Processing in Alzheimer's Disease Studies With Auditory Moving Window Presentation [J] . The Journals of Gerontology Series B: Psychological Sciences and Social Sciences, 2002, 57 (4): 298 - 311.

[180] Weber A, Crocker M W, Knoeferle P. Conflicting Constraints in Resource-Adaptive Language Comprehension [J] . Resource-Adaptive Cognitive Processes, 2010: 119 - 141.

[181] Wells J B, Christiansen M H, Race D S, et al. Experience and sentence processing: Statistical learning and relative clause comprehension [J] . Cognitive psychology, 2009, 58 (2): 250 - 271.

[182] Yu P F, Du E J. Towards a Syntactic Structural Analysis and an Augmented Transition Explanation: A Comparative Study of the Globally Ambiguous Sentences and Garden Path Sentences [J] . Journal of Computers, 2012, 7 (1): 196 - 206.

[183] Yurchenko A, den Ouden D B, Hoeksema J, et al. Processing polarity: ERP evidence for differences between positive and negative polarity [J] . Neuropsychologia, 2012.

[184] Zervakis J, Mazuka R. Effect of Repeated Evaluation and Repeated Exposure on Acceptability Ratings of Sentences [J] . Journal of psycholinguistic research, 2012: 1 - 21.

[185] 曹贵康：《顿悟问题解决的原型事件激活研究》，博士学位论文，西南师范大学，2004 年。

[186] 常欣：《认知神经语言学视野下的句子理解》，科学出版社 2009 年版。

[187] 陈海叶：《汉语花园小径电子幽默：关联论的阐释》，《新乡师范高等专科学校学报》2005 年第 4 期，第 98—101 页。

[188] 陈满华：《花园幽径句的层级、产生机制和修辞效果》，《修辞学习》2009 年第 4 期，第 43—48 页。

[189] 程燕华、吴本虎：《花园幽径句的认知加工模型探析》，《天津外国语大学学报》2011 年第 18 期，第 1—5 页。

[190] 杜慧颖：《关联理论视角下的幽默理解》，《昭通师范高等专科学校学报》2009 年第 6 期，第 58—60 页。

[191] 杜家利：《句法层面中“花园路径现象”的认知心理学阐释》，《通化师范学院学报》2006a 年第 3 期，第 45—48 页。

[192] 杜家利：《“细读方法”对语句“花园路径现象”的指明作用》，《达县师范高等专科学校学报》2006b 年第 1 期，第 58—61 页。

[193] 杜家利、于屏方：《迷失与折返——海明威文本花园幽径现象研究》，中国社会科学出版社 2008a 年版。

[194] 杜家利、于屏方：《NLES 对句层“花园路径现象”的规避类型研究——基于 NV 互动型的探讨》，《计算机工程与应用》2008b 年第 25 期，第 136—139 页。

[195] 杜家利、于屏方：《基于算法的英语歧义句和花园路径句自动辨析研究》，《鲁东大学学报》2010 年第 5 期，第 61—63 页。

[196] 杜家利、于屏方：《花园幽径现象顿悟性的认知解读》，《外语与外语教学》2011a 年第 6 期，第 26—29 页。

[197] 杜家利、于屏方：《花园幽径现象认知解读的程序化特性分析》，《计算机工程与应用》2011b 年第 21 期，第 5—9 页。

[198] 杜家利、于屏方：《花园路径现象层级存在性的认知解读》，《青海民族大学学报》2011c 年第 1 期，第 122—126 页。

[199] 杜家利、滕淑珍、于屏方：《句法新兴节点提示词对花园幽径现象的消解研究》，《通化师范学院学报》2012 年第 11 期，第 64—67 页。

[200] 冯志伟：《中文科技术语的结构描述及潜在歧义》，《中文信息学

报》1989 年第 2 期，第 1—15 页。

[201] 冯志伟:《论歧义结构的潜在性》,《中文信息学报》1995 年第 4 期，第 14—24 页。

[202] 冯志伟:《花园幽径句的自动分析算法》,《当代语言学》2003 年第 4 期，第 339—349 页。

[203] 冯志伟:《汉语术语描述中的三种结构》,《科技术语研究》2005 年第 3 期，第 47—50 页。

[204] 顾琦一、程秀苹:《中国英语学习者的花园路径句理解——与工作记忆容量和语言水平的相关研究》,《现代外语》2010 年第 3 期，第 297—304 页。

[205] 韩迎春、莫雷:《有关歧义消解的句子加工理论》,《广东教育学院学报》2008 年第 2 期。

[206] 黄碧蓉:《幽默话语“花园路径现象”的关联论阐释》,《外语研究》2007 年第 6 期，第 25—29 页。

[207] 黄怀飞、李荣宝:《英语句法歧义句的认知模型》,《泉州师范学院学报》2008 年第 5 期，第 133—136 页。

[208] 黄洁、秦恺:《中国外语学习者 GP 句句法分析模型研究》,《山东外语教学》2010 年第 1 期，第 47—52 页。

[209] 黄洁:《GP 句重新分析难度与加工机制》,《天津外国语大学学报》2012 年第 4 期，第 9—17 页。

[210] 姜德杰、尹洪山:《英语“花园路径”现象的触发性因素》,《青岛科技大学学报》(社会科学版) 2006 年第 2 期，第 117—120 页。

[211] 蒋祖康:《“花园路径现象”研究综述》,《外语教学与研究：外国语文双月刊》2000 年第 4 期，第 246—252 页。

[212] 李瑞萍、康慧:《英语“花园小径”句的认知解读》,《河北理工大学学报》(社会科学版) 2009 年第 2 期，第 176—178 页。

[213] 李宇明:《领属关系与双宾句分析》,《语言教学与研究》1996 年第 3 期，第 62—72 页。

[214] 林亚军:《汉语动词的语义句法特征与双宾语结构》,《外语学刊》2008 年第 3 期，第 89—92 页。

[215] 刘国辉、石锡书:《花园幽径句的特殊思维激活图式浅析》,《外语学刊》2005 年第 5 期，第 7—13 页。

[216] 刘汉德、朱国前：《“足够好”理论下场认知方式与英语花园小径句理解的实验研究》，《江西理工大学学报》2012 年第 6 期，第 87—91 页。

[217] 刘菊华：《顿悟学习理论与阅读教学》，《西南科技大学学报》（哲学社会科学版）2005 年第 3 期，第 124—127 页。

[218] 刘儒德：《论问题解决过程的模式》，《北京师范大学学报》（社会科学版）1996 年第 22 期，第 7 页。

[219] 刘彦生、吕剑：《简论直觉顿悟的思维特征和形成基础》，《天津大学学报》（社会科学版）2005 年第 3 期，第 236—240 页。

[220] 罗劲：《顿悟的大脑机制》，《心理学报》2004 年第 2 期，第 219—234 页。

[221] 罗劲、张秀玲：《从困境到超越：顿悟的脑机制研究》，《心理科学进展》2006 年第 4 期，第 484—489 页。

[222] 罗跃嘉：《揭开顿悟奥秘的一道曙光——评罗劲的〈顿悟的大脑机制〉》，《心理学报》2004 年第 2 期，第 238—239 页。

[223] 马明：《论句子句法加工过程的模块性》，《东北大学学报》（社会科学版）2004 年第 2 期，第 138—140 页。

[224] 满在江：《生成语法理论与汉语双宾语结构》，《现代外语》2003 年第 3 期，第 232—240 页。

[225] 那剑、赵成平：《反语语用机制再考察——传统语用学与认知语用学对反语语用机制考察对比浅析》，《重庆电力高等专科学校学报》2006 年第 2 期，第 41—45 页。

[226] 聂其阳、罗劲：《“啊哈！”和“哈哈！”：顿悟与幽默的脑认知成分比较》，《心理科学进展》2012 年第 2 期，第 219—227 页。

[227] 钱文、刘明：《顿悟研究及顿悟与智力超常的关系》，《心理科学》2001 年第 1 期，第 112—112 页。

[228] 邱江、罗跃嘉、吴真真，等：《再探猜谜作业中“顿悟”的 ERP 效应》，《心理学报》2006 年第 4 期，第 507—514 页。

[229] 邱江、张庆林：《创新思维中原型激活促发顿悟的认知神经机制》，《心理科学进展》2011 年第 3 期，第 312—317 页。

[230] 沈汪兵、刘昌、张小将等：《三字字谜顿悟的时间进程和半球效应：一项 ERP 研究》，《心理学报》2011 年第 3 期，第 229—240 页。

[231] 沈汪兵、刘昌、罗劲等:《顿悟问题思维僵局早期觉察的脑电研究》,《心理学报》2012 年第 7 期,第 924—935 页。

[232] 师保国、张庆林:《顿悟思维:意识的还是潜意识的》,《华东师范大学学报》(教育科学版)2004 年第 3 期,第 50—55 页。

[233] 石锡书:《花园幽径效应探析》,《山东外语教学》2005 年第 3 期,第 48—50 页。

[234] 孙肇春:《花园幽径句的最简方案解释》,《内蒙古民族大学学报》2006 年第 3 期,第 91—94 页。

[235] 田正玲:《花园小径句式歧义现象分析》,《唐山学院学报》2007 年第 1 期,第 57—59 页。

[236] 王璠:《英汉花园幽径句与汉语相声小品中花园幽径初探》,《科教文汇》(下旬刊)2009 年第 1 期,第 258 页。

[237] 王克俭:《创作灵感潜意识动因说述评》,《浙江师范大学学报》(社会科学版)1988 年第 3 期,第 9 页。

[238] 王亚非、高越:《“花园幽径”在“拇指文学”中的应用浅析》,《北京邮电大学学报》(社会科学版)2008 年第 1 期,第 13—16 页。

[239] 王云、郭智颖:《花园路径现象认知分析》,《四川教育学院学报》2008 年第 11 期,第 66—70 页。

[240] 吴红岩:《花园路径句的优选句法分析》,《广东外语外贸大学学报》2006 年第 4 期,第 55—59 页。

[241] 吴先少、王利琳:《英语“花园小径句”刍议》,《郑州航空工业管理学院学报》(社会科学版)2007 年第 3 期,第 121—122 页。

[242] 吴真真、邱江、张庆林:《顿悟脑机制的实验范式探索》,《心理科学》2009 年第 1 期,第 122—125 页。

[243] 邢强、黄伟东、张庆林:《顿悟研究述评及其展望》,《广州大学学报》(社会科学版)2006 年第 1 期,第 47—51 页。

[244] 邢强、黄伟东:《认知负荷对顿悟问题解决的影响》,《心理科学》2008 年第 4 期,第 981—983 页。

[245] 徐杰:《“打碎了他四个杯子”与约束原则 》,《中国语文》1999 年第 3 期,第 3 页。

[246] 徐艳红:《“花园路径现象”的原型范畴理论阐释》,《内蒙古民族大学学报》2010 年第 6 期,第 16—17 页。

[247] 徐艳红:《英汉语中的“花园路径现象”》,《西南科技大学学报》（哲学社会科学版）2012 年第 6 期，第 74—78 页。

[248] 徐章宏:《“花园路径现象”的认知语用学解释》,《广东外语外贸大学学报》2004 年第 3 期，第 16—19 页。

[249] 延俊荣：《双宾句研究述评》，《语文研究》2002 年第 4 期，第 38—41 页。

[250] 阎力:《浅析科学创造中的直觉，灵感和顿悟》,《哲学研究》1988 年第 8 期，第 12 页。

[251] 晏小琴：《英语花园路径句加工的定性研究》，《外国语言文学》2008 年第 1 期，第 39—45 页。

[252] 姚海娟、白学军、沈德立:《认知灵活性和顿悟表征转换：练习类型的影响》,《心理学探新》2009 年第 4 期，第 22—26 页。

[253] 于屏方、杜家利：《扩充转移网络在自然语言句法处理中的应用——以歧义句和花园幽径句对照分析为例》，《计算机工程与应用》2012a 年第 17 期，第 23—30 页。

[254] 于屏方、杜家利：《良构子串表在自然语言处理中的程序化应用——以花园幽径句为例》，《中文信息学报》2012b 年第 5 期，第 107—113 页。

[255] 曾萌芽:《图文广告“花园路径现象”的关联理论解读》,《新乡学院学报》（社会科学版）2012 年第 6 期，第 125—127 页。

[256] 张伯江:《现代汉语的双及物结构式》,《中国语文》1999 年第 175 期，第 184 页。

[257] 张殿恩:《英语“花园路径句”探究》,《涪陵师范学院学报》2006 年第 2 期，第 57—59 页。

[258] 张福勇、杜家利、于屏方:《英语小说花园路径现象研究——以海明威和博尔赫斯为例》，外语教学与研究出版社 2011 年版，第 6 页。

[259] 张庆林、田燕、邱江:《顿悟中原型激活的大脑自动响应机制：灵感机制初探 》，《西南大学学报》（自然科学版）2012 年第 2 期，第 1—10 页。

[260] 张亚旭、舒华、张厚粲，等:《话语参照语境条件下汉语歧义短语的加工》,《心理学报》2002 年第 2 期，第 126—134 页。

[261] 朱德熙:《汉语句法中的歧义现象》,《中国语文》1980 年第 2 期，

第 39 页。
[262] 朱国前、刘汉德：《英语语法技能强化与花园小径句理解的研究》，《宜春学院学报》2012 年第 10 期，第 136—141 页。
[263] 朱海雪、杨春娟、李文福，等：《问题解决中顿悟的原型位置效应的 fMRI 研究》，《心理学报》2012 年第 8 期，第 1025—1037 页。
[264] 邹俊飞：《广告模糊语言的语用功能及误导效应探析》，《现代语文》2010 年第 2 期，第 102—104 页。

后　记

感谢我的导师，教育部语言文字应用研究所冯志伟研究员。三年来，先生的学术思想深深地影响着我，“我无为，而民自化；我好静，而民自正；我无事，而民自富；我无欲，而民自朴”。先生呈现了辽阔的学术海洋任我飞跃，开启了广阔的思想天空任我飞翔，以开拓进取的学科领路人角色指引我们前进。先生熔铸古今，学贯中西，精通英、德、法、俄、日等多种语言，精研之深，学问之博，令学生叹为观止。虽著作等身有三百多项成果，七旬有余仍殚精竭虑、勤耕不辍。有师如此，吾何敢不倾力而奋进？

感谢师母郑初阳在生活上对我的关心。每次从欧洲回来师母都给我的双胞胎儿女带来礼物，对孩子们来说冯爷爷和郑奶奶就像是两个圣诞老人，总能变出很多国外新奇玩具和巧克力来，这些礼物来自法国、德国、英国、比利时等国家。

感谢清华大学江铭虎教授，他总是鼓励我不断前进，奋勇攀登；“ERP 实验室的大门对你是敞开的”，先生对我的信任让我感动良久。

感谢论文答辩委员会提出中肯意见的教授们：中国科学院宗成庆教授，中国社会科学院傅爱平研究员，北京语言大学杨尔弘教授，中国传媒大学李晓华教授、赵雪教授和侯敏教授。

感谢预答辩委员会认真负责的专家们：中国传媒大学侯敏教授、滕永林副教授、何伟副教授和邹煜博士。

感谢论文开题时提出宝贵意见的专家们：教育部语言文字应用研究所郭龙生教授，新加坡南洋理工大学赵守辉教授，浙江大学刘海涛教授，中国传媒大学李晓华教授和于水源教授。

感谢英国伯明翰大学（University of Birmingham）*International Journal of Corpus Linguistics*（SSCI）前主编 Wolfgang Teubert 教授，他对我的研究

提出了宝贵意见，并亲手赠送了很多英文图书、提供了很多花园幽径句的材料。感谢雅典国立大学（National University of Athens）的 Christina Alexandris 教授和德国特里尔大学（Trier University）的 Cornelia Schindelin 教授，通过邮件她们解答了我很多问题。

感谢广东外语外贸大学脑与语言实验室董燕萍教授，她为我提供了两天的 ERP 实验培训和学习机会，让我对神经语言学有了比较全面的了解。

感谢我的博士同学们：李伟娜博士、程南昌博士、刘丙丽博士和徐春山博士，忘不了我们欢聚在“阿道烧烤屋”的岁月。

感谢书中所列文献的作者和学术机构，他们的存在托起了学术的脊梁。

感谢兄弟姐妹、亲戚朋友，让我有了作为社会人存在的土壤。

感谢妻子于屏方，为了让我心无旁骛地进行博士学习，虽肩负社科院博士后研究的重任仍任劳任怨地照顾一双儿女衣食住行。如果说好女人是一所学校的话，我认为她更是一所具有博士点授予权的高校：自强不息、厚德载物。还有女儿杜声悦、儿子杜声誉，他们的茁壮成长带给我们很多的欢乐，希望他们将来能青出于蓝而胜于蓝。

感谢我主持的国家社科后期资助项目（12FYY019）和烟台市规划项目（2012WH06），感谢参项的国家社科后期资助项目（12FYY021）、国家社科重点项目（12AZD115）、教育部项目（11YJA740111）、国家语委项目（YB115－29）、山东省社科项目（07CWXJ03）、教育厅项目（J09wc04）和广东外语外贸大学出版资助。

尤其要感谢父亲杜振璞和母亲韩明香对我的养育之恩。在我外出读书的三年间，他们在精神上和经济上给予了很大支持。父亲年近八旬的人生感悟影响着我的一生；他戎马生涯二十多年，原陵水机场海航 8 师雷达 6 团情报站参谋，在 1970 年 2 月 10 日（正月初五）15 时 34 分标注出入侵的美军 BQM－34A Ryan Firebee 无人机方位，并在飞行员成功击落该机后荣立三等功。他在对陵水机场战机轰鸣中诞生的我讲述这段经历时说：“从攀升性能上说，歼 5 是打不下美军高空侦察机的，但攻击前飞行员抛掉了副油箱，爬上了极限高度，打下了 BQM－34A，创下了全军唯一一次歼 5 击落无人机的战例。所以说，关键时刻要敢于抛掉副油箱才能排除杂念专心做事。”就是在父亲“高调做事，低调做人；做事要专心，做人要厚道”的教导下，已过不惑之年的我跌跌撞撞地爬上了博士之巅。我想说：爸爸，儿子传承了您的血脉，今天我做到了。

正如杰斐逊（Thomas Jefferson）所言，“我很相信运气；我发现我越努力运气就越好”（I am a great believer in luck, and I find the harder I work, the more I have of it）。

现在，我有幸成为广外的一员，居于云山一隅。努力如今正当时。

杜家利

于广外相思河畔

2013 年 12 月 9 日